悪役

世界でいちばん貧しい
大統領の本音

アンドレス・ダンサ
エルネスト・トゥルボヴィッツ　著

汐文社《ちょうぶんしゃ》

私が進むべき道を切り開く手助けをしてくれた両親、きょうだいと友人たちへ。そしてその道を、海底から宇宙まで届くような大きな愛と生命で満たしてくれたルシアとマティルダに捧ぐ。

A. D.

私の太陽、フェデリコとエミリアーノ、愛する弟のセルヒオとマルセロ、そして不死不滅の父と母、エリアスとロシータに捧ぐ。

E. T.

Cover photo : Leo Barizzoni

悪役　世界でいちばん貧しい大統領の本音

目次

はじまり

アンドレス・ダンサ
エルネスト・トゥルボヴィッツ

東京――ひとりの建築家が、ツイッター経由で携帯電話にメッセージを受け取った。「リオサミットの最も重要なスピーチ」に関するもので、十分ちょっとの動画へのリンクが貼られている。リンクをクリックすると、ちょび髭をはやした老人がスクリーンの真ん中で、力強い身振り手振りを交えながら消費主義を批判し始め、その下に日本語の字幕が流れた。老人の言葉と表情にあまりにも感動した日本人の建築家は、パソコンに「ホセ・ムヒカ」と入力し、検索をかけてみる。こうして彼は、地球の裏側にあるウルグアイという小さな国の存在だけでなく、一九六〇年代から一九七〇年代初めにかけて活動の頂点を極めた、民族解放運動トゥパマロスというゲリラグループについて、さらには、リンコン・デル・セロにある農場や、そこの看板娘であるマヌエラという三本脚の犬についてまで知ることになった。

スペイン語ではJosé Mujicaと書くホセ・ムヒカこそ、地球の裏側のリオデジャネイロに集結した各国大統領の前で演説をしている人物だ。日本人建築家は、これまで見たこともないものを見たように感じ、これは知り合いにもぜひ見てもらいたいという思いでリンクを転送した。ひとり、またひとり、そしてまたひとり、さらにまたひとりへと。こうして遠く離れた見知らぬ国の大統領のスピーチが、日本各地へと広がっていった。

モスクワ――赤の広場に並行して走る通りの歩道には、観光客向けのみやげ物が並ぶ露店があふれている。帽子やリボン型の勲章、旧ソ連時代の細々したグッズなどが並んでいるが、人気はなんといっても「マムシュカ」（訳注：南米の一部地域でマトリョーシカはこう呼ばれる）だろう。胴体の真ん中で上下に分かれ、大きな人形の中から小さな人形が次々に出てくる、あのぽっちゃり体型の人形だ。

商人たちは大声で値段を叫び、商品を並べる。「マムシュカ」はその中でも一番値の張る商品で、まるでトロフィーのように飾られている。世界各国の指導者や、スポーツ選手、歴史上の人物のものと並んで、ムヒカのものもある。絵柄は本物そっくりに描かれているが、しかしひとつだけ問題があった。ムヒカがネクタイを締めているのだ。

トラムートラ――南イタリアの山間のバジリカータ州の中心部にある、ひっそりとした小さな村だ。ある秋の、金曜日の午後のこと。石畳が敷き詰められた中央広場の、とあるバーのテーブルで、三人の女性たちが表情豊かに腕を上下させながら、大声でおしゃべりしていた。話題はペペ・ムヒカだ（訳注：ペペはホセの愛称）。

この三人のうち、ひとりはウルグアイに親戚がいる。なのに、彼女たちはこれまで何人かの選手の名前を含めたサッカーの話題以外には、この南のさらに南の国で、今何が起きているのかまったく知らなかった。しかし、今は誰もがペペ・ムヒカ、「世界でいちばん貧しい大統領」の話題でもちきりだ。テレビや新聞、知識人、そして露天商までもが、もっともっとムヒカについて知りたいと思っている。先ほどの三人の女性たちも、今話題の国に親戚がいるとか、流行りに流されているだけかどうかなんてお構いなく、まるで自分たちをひとつに束ねる新しい何かを見つけたかのように興奮しきった様子だ。

東京、モスクワ、トラムートラ。二〇一二年から二〇一四年にかけて起こったこれら三つのエピソードで、ウルグアイ大統領就任後、ムヒカがどれほどの影響を世界に与えたかがわかる。なんという歴史の皮肉だろう。ムヒカという現象は、歴史の大いなるいたずらであり、今という時代を最も正確に切り取ったスナップショットなのだ。こうした歴史の皮肉、歴史そのもの、歴史の瞬間的描写、そして今という時代。これらが本書で取り上げるテーマである。

物語の主役は、ペペ・ムヒカ。彼のもうひとつの顔。そして、彼の素顔。私たちは、ムヒカとは十五年以上にわたって親交を深めてきた。初めはもちろん一定の距離があったが、次第に親しくなっていった。ムヒカとは、ワインボトルを囲んで毎晩のように語り明かした。彼は私たちをいつも快く迎えてくれた。議会の廊下で、大統領執務室で、時にはウルグアイの辺鄙《へんぴ》な村で、そしてハンブルグやハバナでは、海外からの名だたる賓客用に指定されるゲストハウスで。

本書はこのようにして出来上がっていった。ウルグアイ国内で抵抗にあいながらも、すでに歴史の流れに場所が確保された、ムヒカという世界を席巻した現象の背景にあるものを明らかにしたいという思いがあった。また、常に権力を批判し、自分が大統領になるなどあり得ないと言い続けていた人物が世界的な名声を手にし、国際政治の言わば「異端児《オベハ・ネグラ》」的な存在にまでなったという皮肉に、何らかの意味を見出すという目的もあった。

本書の着想を得たのは、二〇〇五年九月二十二日のことだった。その日、私たちはリンコン・デル・セロにあるムヒカの農園にかなり長い時間滞在していた。ムヒカが下院議員、上院議員、大臣、そして大統領を務めたこの数年で、私たちが彼と過ごした時間は数百時間にも及ぶ。彼はいつも変わらなかった。そして、数年に及ぶ作業を通じて、政治家としてのムヒカと、ジャーナリストとしての私たちは、信頼関係を築いていった。

この日、つまり九月二十二日の会話には、特別な点がいくつかあった。その日の午後、私たちが当時上院議員だったムヒカの自宅に到着した時、彼はひとりでマテ茶をすすっていた。私たちの目的は週刊誌『ブスケダ』のインタビュー取材で、ウルグアイ左派政権の一年目を評価しようというものだった。インタビューはいくつかのお決まりの質問で始まったわけだが、ムヒカがもっと掘り下げた話をしたいと言ったので、結局二〇〇九年に予定されていた総選挙が話題になった。ムヒカはかなり興奮して語っていたので、しばらくすると当然の質問に辿り着いた。

「立候補しないんですか？」

「私はもう年だ。もうすぐ七十五なんだ、それも選挙まで生きていられればだが。六十代ならまだ十分いけるだろうが、私みたいな年寄りにはもう無理さ。それに、私は良い統治者にはなれん。なに、票集め自体はまったく問題ないし、それはもう証明済みだ。根本的な問題は年齢だよ」

「七十五歳の自分が大統領になっている姿は想像できないということですか？」

「私には向いとらんよ。今から選挙までの間に、新たな立候補者が出る可能性を妨げるものは何もない。誰か他の候補者が現れる可能性はあるが、私の出馬はあり得んよ」

「本当に彼には向いていないのだろうか？」首都モンテビデオへの帰途、私たちは自問したが、そもそもそんなことを考えていること自体がおかしく思えた。当時は、ムヒカが国を治めるということは可能性ですらなかった。当時のウルグアイでは、ムヒカを有力候補と考える人はほとんどいなかったし、彼を大統領として見る人はそれよりもっと少なかった。

しかし、それから数カ月が経つと、ムヒカの人気はどんどん上がっていった。農牧水産大臣として政府で最も重要な部門のひとつを率いていたムヒカは、有力候補として固まっていった。彼はそれを否定していたが、あまり説得力はなかった。

ムヒカの、出馬の時機は熟しつつあった。その時は来ていた。が、大半の政治学者にとってはそうとも言えなかった。専門家は、ムヒカのくだけた振る舞いや、庶民的な言葉遣い、選挙戦への参加を頑なに拒む姿勢を、大統領選出馬への断固たる「ノー」と分析していた。

ムヒカは、ウルグアイという一国の長になれるかとの質問には、「私はフリーメイソンでも、大学の学者でもない」と答えていた。私たちには率直に、「私は雑魚《ざこ》の魚交《とと》じりだからね」と言っていた。世論調査ではこれと矛盾する結果が出ていたが。

「彼には向いていないのではないだろうか？」と当時は私たちも疑っていた。二〇〇八年の半ば、当時の大統領だったタバレ・バスケスは、ムヒカにダニロ・アストリの副大統領候補として出馬して欲しいと内々に打診していた。当時、アストリは経済相で、次期大統領に立候補していた。ムヒカはこの提案に大喜びした。「聞いてくれよ、今日はすごいニュースがあるんだ」と言って、すぐに私たちに教えてくれたムヒカは、まるで子どものような笑みを浮かべていた。

ムヒカがそのニュースを真っ先に伝えたのは、妻のルシア・トポランスキだった。二人は生涯にわたる長い同居生活を経て、わずか二年前に結婚したばかりだった。二人の関係は、トゥパマロスの旗にくるまれ、非合法なゲリラ活動を行っていた一九七〇年代に始まった。二人はそれ以来、ムヒカが投獄されていた期間を除いては、片時も離れたことはなかった。

裁判官の前で「誓います」と宣誓し、婚姻証明書を受け取った後、ムヒカは「書類上だけでも、きっちりしておこうと思ってね」と言い訳をした。もちろん、「書類」の概念はとても広いのだが、ウルグアイ大統領になるには、既婚者であることが条件になっている。式は二〇〇五年十月七日に執り行われた。その数年後、ムヒカは、出馬を意識して結婚に踏み切ったのではないと言っていたが、真相はルシアにはまだ一度も確認していない。

バスケスが、アストリを筆頭とし、ムヒカが彼をサポートするという選挙の方程式を望んでいるというニュースを聞いた時、ルシアは喜ぶには喜んだが、完全に納得した様子ではなく、「皆と相談しなくちゃいけないわね」とムヒカに言った。

ルシアは正統派の闘士なのさ。彼女みたいなタイプはもういない。当時の状況は今とはまったく違っていた。何かを強く信じるということが狂信に姿を変えるのか、その人の生き方そのものになるのか、情熱になるのか、それともそれら全部ひっくるめたものになるかどうかなんてわからない。私も生涯ずっと闘争に参加してきた。いつ始めたのかも覚えていないくらいだ。トゥパマロスの仲間には、そういう輩が多かった。後になって、私たちは神秘的な存在みたいに言われるようになったが、中身は武装活動家にすぎなかったのさ。こういった連中から立候補するよう説得されたんだよ。

なぜムヒカは出馬しないつもりだったのだろうか？　票も、組織も、エゴも、そして何よりもやる気があったのに。どの政治家にとっても、その角を曲がればキャリアの絶頂に辿り着くというほど簡単にはいかないが、ムヒカの場合、頂上は近くに、それもすぐそこにあった。もはや反対側に走って逃げるという選択肢はなかった。ムヒカが言うには、政治の世界で主役級のポジションを獲得するには「ワニのような皮膚か、カメのような甲羅」が必要だったが、彼はもともとそれを身につけていた。

ムヒカはこの挑戦を受け入れた。一方で、人々の警戒心を煽《あお》らないように、この決断については少しずつ明らかにしていくことにした。彼は、自分が持っている重要な武器のひとつ、つまり言葉を駆使して理解を求めていった。ある日「出馬する」と言ったかと思えば、別の日には「するかもしれない」と言い、またある時には「しない」と言ったりもしたが、言葉の裏には常に「イエス」をほのめかしていた。彼が唯一繰り返し言っていたのは、自分が大統領になれば「地震」のように大きな揺れが生じるだろうということだった。

こうして、二〇〇九年に行われた党内選挙でムヒカはアストリに勝利し、ノーネクタイではあったが一応スーツを身につけ、当時のブラジル大統領ルイス・イナシオ・ルーラ・ダ・シルバを訪問した。ムヒカは、他の候補者とは違ったやり方で選挙運動を展開したが、この違いこそ彼に有利に働いた。つまり、国民の信頼を失った政治家たちとはまったく反対のことをしたのだ。そして、どんどん支持票を積み上げていった。

選挙戦の妨げにならないように、過去については考えないことにした。「こんな思いもよらないことになったのは、私のせいじゃない。運命のどんでん返しが起こったのは、あいつらに担ぎ上げられたことと、私にはこれまでの大統領とは違う経歴があったからだ」とムヒカは言った。ムヒカという現象は、日を追うごとにますます人々の関心を惹きつけていった。

外国からの要人レベルでの支援も当てにしていた。初対面の時からムヒカの後援者になったルーラブラジル大統領の他、アルゼンチンのクリスティーナ・フェルナンデス・デ・キルチネル大統領やベネズエラのウーゴ・チャベス大統領が、それぞれのやり方で協力の手を差し伸べてくれた。本書ではこのことにも触れる。ムヒカが勝利を収めたのは、彼らのお蔭でもあるからだ。その後ムヒカは政権を握り、世界中で有名になり、社会改革を推し進めたが、実行力と計画性のなさを批判されもした。彼は愛を生んだ。そして憎しみも生み出した。だが、彼はこれらすべてに大きな情熱を持って立ち向かった。そして、時には意欲的に、時には憤って、また時には鬱憤のはけ口として、また時には涙ながらに、自分の体験を私たちに語ってくれたのだった。

本書では、このすべてに触れている。

果たして彼は大統領に向いていたのだろうか？　ムヒカが大統領の任期を終えた今もなお、同じ質問が私たちの頭をよぎる。国外からは大声で「イエス」と聞こえてくると思うが、国内には賛否両論がある。

ラテンアメリカ、ヨーロッパ、アメリカ、そしてその他の大陸の国々でも、ムヒカはペペ・ムヒカと呼ばれるようになった。また、ムヒカとウルグアイは、同性婚、人工妊娠中絶、政府管理に基づくマリファナの栽培と販売の合法化により、しばらくの間、国際社会の注目を集めることになった。

「世界でいちばん貧しい大統領」は、ムヒカにつけられた愛称だ。彼は「異端児《オベハ・ネグラ》」であることを誇りに思い、自分にもできるのだということをアピールしたいという意欲を持って、目標に向かって歩んできた。ムヒカがもっと気に入っているのは、政治の世界という「暗闇に輝くひとつの星」という表現だ。

「サンチェスに扮したドン・キホーテ」という表現は、ムヒカの友人である人類学者ダニエル・ビダル[1]が、週刊誌『ブスケダ』の文化欄で、シルバナ・タンツィというジャーナリストのインタビューを受けた際につけてくれたものだ。「ビダルはすごいやつだ」とムヒカは言う。「こりゃあ素晴らしい。今までにつけてもらったものの中で最高のニックネームさ」

ムヒカは遠慮なく意見を口に出したので、抵抗にあうのは時間の問題だった。そして、実際、大きな抵抗にあった。それでもムヒカは辛抱強く、何よりも情熱を持って議論した。ムヒカは、特に大統領としては常に注目の的だ。本書では、そのことについても触れる予定だ。

ムヒカとは何度も対話を行ったが、ある夜、「私は詩人のなりそこないなんだ。これまでいつも言葉を使う仕事が好きだった」とムヒカは言った。ムヒカの言葉、数々の専門家の意見を含む長年にわたるジャーナリストとしての仕事、数々の国内外への移動、そして特権を与えられたオブザーバーとしてムヒカと過ごした多くの時間から、本書の原案は得られた。

言葉、信頼関係、主人公であるムヒカが忌憚なく明かす考え、物語の主人公の裏にある人物像。

この本では、そのようなことについて書いている。

本書では、自分は「貧しい」のではない、「自由」でいるために「質素」であることを選んでいるだけで、そのためには「身軽でいること」が必要なのだと主張する、ムヒカというひとりの人間について紹介したい。料理もするし、皿も洗えば、買い出しにも行く。給料の大半は寄付に充て、三部屋しかない自宅に住んでいると語る。そんな彼の生活の「風変わり」なところは、そういった生活が見せかけではなく、正真正銘本物だというところなのかもしれない。

1　ウルグアイで最も重要な学者のひとり。一九二〇年生まれ。歴史や人類学に関する著作を二十冊以上発表している。

色んなところからジャーナリストが自分に会いにやって来るのは、私がいつも彼らにフックを浴びせるからだと思う。それは私のせいじゃない。私はただ自分のありのままを話し、好きなように生きているだけだ。信じられないのは、これからそれが変わってしまうということだ。世界各地で、こんなクソみたいなじいさんに関心が向けられていることがどうしても信じられないという連中は多い。私はそれについては特に何の努力もしていない。どこであろうと、私は好きなように生きているだけだ。自分は貧しくなんかない。貧しい人間というのは、いつもカネばかり追いかけ、それにとらわれている人間のことを言うのさ。

本書では、自分の世界的な名声は、政治が世界レベルで直面している「突然の危機」であると言ってはばからないムヒカという人物を描写したい。ムヒカは、今の政界では自分ひとりが「星がほとんどない空で輝いている」だけで、その空は「ちょっと頭を使う」ことよりも、「着るもの」や「支持票」の心配ばかりしている大統領たちの凡人政治《ぼんじんせいじ》によって陰っていると感じている。

外国の政治家は中身があることを何も言わんのだよ。スピーチの内容も空っぽだ。だから、私に関心が向けられるんじゃないかね。私は意見をはっきり言う。彼らが賛成しようとしまいとお構いなしにね。乱暴なやり方かもしれんが、私と彼らの大きな違いはそういうところなんじゃないか？

本書では、人生のかなりの部分を歴史の勉強に費やし、ウルグアイでは様々なことを実際に試してみることが必要だと考えたムヒカという人物について理解したいと思っている。それは、ムヒカが「人類にとって最も重要な文化的発展は、小さなコミュニティで生じた」と信じているからだ。彼は、それは自分の国にも当てはまると考えているし、他にもギリシャ、ルネッサンス期に興隆《こうりゅう》した諸都市、アジア諸国などの例を挙げている。

現代の政治は、哲学と完全に決裂している。ウルグアイでも、世界中のどこでもそれは同じだ。これについてはここで議論することはできない。私の言っていることがこれっぽっちも理解できない政治家もいるんだよ。一九四〇年代の政治家が書いた論文を読んでみると、今の政治家と比べて彼らがいかに進歩的だったかがわかるんだ。昔は考えさせられるような政治家もいたが、そういう政治家はいなくなってしまった。大きな変革は小さな国から生じる。だからこそ試してみることが必要なんだ。試さないことには、私たちは何も成し遂げられない。

本書では、ゲリラとしての戦闘経験と、トラウマに残るような社会からの隔絶《かくぜつ》を、ムヒカが和解の重要性を政治的に主張する際に利用するようになり、それが説得力あるものとして受け入れられるようになった理由を探りたい。

私はいつも、自分に回ってきたことはすべて責任を持ってやってきた。歴史における偶然という現象についても説明する必要がある。私が生きているのも偶然だ。世の中には想像を超えた出来事、つまり偶然が存在している。偶然なんか存在しないなんていうのは真っ赤な嘘だ。因果と偶然、この二つは確かにこの世に存在している。もし私が獄中生活を経験しなかったなら、これまでの私の人生は違うものになっていただろう。尻《しり》の穴が半分引き裂かれたようになっていたかもしれない。昔は私もこうではなかった。これが、私が若者に伝えようとしてきたことなんだ。挫折から起き上がること。人は生きているとかなりの回数の挫折を経験する。だが、そこから何度も何度も這い上がることが大事なんだよ。

本書では、自らを「地震」のような揺れに例え、「無政府主義者《アナーキスト》」と定義しながらも、一国の大統領にまで上り詰めた人物の頭の中をよぎることを知りたい。彼は「権力」という言葉を堕落と結びつけ、国を治める憲法は、その場の多数意見によってつくられた単なるお飾りにすぎないと考えている。が、その一方で、「情熱」こそ命の糧《かて》であると信じ、必死に成果を出そうとする。

戦う前から負けたと思うような連中を見ているとむかむかするんだ。勝ったことをひけらかす必要はないが、絶対に勝つと信じて前を向いて進み、人生に意味を与えなければならん。それと同時に、完全に勝利するなんてできっこない。だって、人生みたいに複雑な現象に、どうやったら勝ったと言えるんだい？　それでもなお、人生という冒険に意味を与えることが大事なんだ。情熱を持って、物質的な欲望を超えて生きなければならない。意欲的に生き、何かに力をそそぐということは、何でもかんでもやればいいという意味ではないぞ。確実に言えるのは、私は今人生を最高に楽しんでいるということさ。

任期の終わりが近づいた頃、ムヒカは私たちに決して「生きる喜びを全身で深く感じること」を止めてはならないと、いつもよりも情熱的に語った。

「大事なのはそれだよ」私たちは数多くの夜をともに過ごしたが、そんなある夜、七十八歳のムヒカは言った。「スィー（そうだ）。私は私の人生を生きたんだ」ムヒカは目に涙を溜めて、「スィ」の「イー」を長く伸ばして、二度、繰り返した。

彼が人生を楽しんだというのは確かだろう、特にこの五年間は。では結局、大統領の職は彼に向いていたのか向いていなかったのか？　その答えは、本書の読者の数と同じだけあって欲しいと願っている。

1 大統領候補

二月はウルグアイの梅雨にあたる月で、二〇〇五年の二月も例外ではなかった。当時、タバレ・バスケスは、左派連合の拡大戦線《フレンテ・アンプリオ》[2]初の大統領に就任する準備をしており、党の主なメンバーたちはどこか慌ただしくしていた。ホセ・ムヒカひとりを除いては。

二〇〇四年の終わり、長い選挙キャンペーンを終えたムヒカは体調を崩し、数カ月間表舞台に姿を見せていなかった。バスケスはムヒカを農牧水産大臣に任命すると発表していたが、ムヒカは新年を療養所で迎えた後、その夏は自宅からほとんど出ることができなかった。新たに選出された内閣のメンバーを主役として、会見、会合、声明、公示、任命などが来る日も来る日も続いたが、ムヒカについては何も動きがなく静かだった。

2 拡大戦線《フレンテ・アンプリオ》は、社会党、共産党、キリスト教民主党など、歴史あるウルグアイの左派政党の連立を通じて、一九七一年二月五日に発足した。(後にムヒカの所属会派である人民参加運動〈MPP〉も参画)

二月十日火曜日の午前八時、私たちはリンコン・デル・セロにあるムヒカの農園の門の前に立っていた。ムヒカの体調次第ではあったが、その前の晩に彼の妻から承認を得ていたので、彼と少しだけ話をすることになっていた。

陽はすでに高く、夜のうちに牧草や低木についた雨の水滴が蒸気に変わり始めていた。湿った畑の匂いが広がり、すがすがしく、のんびりした雰囲気を醸し出していた。モンテビデオの市街地とムヒカの農園を隔てる二十分の道のりは、いつも安らぎに似た何かに近づいていく道のりでもあった。

応対してくれたムヒカは不機嫌だった。前の年の十一月から会っていなかったが、あまり体調が回復していないことは明らかだった。さらにやせ細り、髪は白くなって、顔色も良くなかった。まるで目まいがしているかのように、歩き方もゆっくりだった。彼の愚痴が、犬の鳴き声と混ざって聞こえてきた。「休んでいないといけないんだ」彼は何度かそう繰り返し、「まったくこのざまだ」と険しい表情で言った。しかし、数秒後には扉を開けてくれていた。

ムヒカは、最大得票数を獲得した候補者名簿[3]から選出された上院議員として、数日後には新たに選出された議員の宣誓を、そして三月一日には新大統領に就任するタバレ・バスケスの宣誓を受ける役を務めることになっていた。さらに、バスケス政権におけるムヒカの大統領継承順位は第三位となり、大統領と副大統領が同時に不在の場合や休暇の場合には、ムヒカが国を任されることになる。「これ以上人生に求めることは何もないよ」と彼は私たちに言った。「ゲリラとして投獄されていた身から大統領代行になるなんてね」

もちろん、ムヒカはそれ以上のことを求めることができたし、おそらく彼もそのことはわかっていたはずだ。しかし、彼は、自分を苦しめている病をかなり深刻に受け止めていた。政治家としてはこれ以上前に進めないのではないか、史上初めて拡大戦線が政権を引き継ぐことになる今回の式典を任されることが、自分の政治家としてのキャリアで最大の栄誉になるのではないかと弱気になるほど、病気を深刻に受け止めていた。そのため彼は、就任式で読み上げることになっている共和国憲法の条文を自宅で何度も読み込み、準備をしていた。実は、ムヒカがその時練習していた場所は、正確に言うと自宅ではなかった。この時住んでいたのは、自宅の隣にある小屋だった。と言うのも、ムヒカが入院中の数週間を利用して、隣人や友人が自宅を改修することにしたのだが、それがまだ終わっていなかったのだ。ムヒカの抵抗もむなしく彼らは風呂場と台所を新しくした。このふたつはとても心もとない状態だったからだ。この改修工事を要求したのは医者たちで、改修に同意しなければ、ポシートス地区[4]のアパートに引っ

3　ウルグアイで実施された二〇〇四年総選挙において最大得票数を獲得した候補者名簿は、ムヒカ率いる人民参加運動（ＭＰＰ）の第六百九名簿で、有権者数の約十五パーセントにあたる三十二万七千九百四十七票を獲得した。

4　首都モンテビデオの中心にある人口が密集している地区で、中上流階級や中流階級が住む。ラプラタ川沿いに位置している。

越しを命じるとムヒカを脅していた。「そんなところ、腐っても行くものか」というのがムヒカの返事だった。こうして、古い倉庫を片付け、改修工事が終わるまでの数週間、妻と二人で暮らせるように整えられたのだった。

その朝、ムヒカはいらいらしていてどことなく元気がなく、見るからに力もなかった。ウイスキーをストレートでつくり、それをちびちびと飲んだ。正午に私たちを見送ってくれた時には、これ以上人生に望むことは何もないと繰り返した。「私には十分すぎるくらいさ」私たちが歩き始めて数歩離れた時そう言った。

二〇〇四年の終わりに見つかり、ムヒカをこれほどまで悲観的にさせていた病気は「血管炎」で、病変は特に腎臓に集中していた。そのような状態で大統領のバスケス、副大統領のロドルフォ・ニン・ノボア、そして全上院議員の宣誓を執り行い、自らも大臣として宣誓した。その年の九月、ムヒカは「大統領職」は自分には無理だと私たちに言った。随分軽くなったとはいえ、病気の症状はまだ出ていた。しかし、本人はやる気があるように見えたし、これまでより多くの時間を仕事に費やすようになっていた。だから、出馬の可能性について質問するのは、その時点では妥当だった。

二〇〇七年末、もっと正確には十二月二十九日、「血管炎」は姿を消していた。当時自宅の小さなリビングにあった唯一の肘掛け椅子に腰かけたムヒカは、「すっかり治ったみたいだ」と私たちに言い、「これで長く続けられるな」と笑みを浮かべて囁《ささや》いた。この時こそ、ムヒカの身体に希望が蘇った瞬間だった。病気になる前に抱いていた希望は、一旦は遠のいてしまっていたが、ようやくそれが戻ってきたのだ。最後まで到達できる可能性が再び出てきていた。

大統領になるという考えは、夢のような空想として過去にも頭に浮かんだことがある。ムヒカは他人の言うことをいちいち深刻に受け止めるタイプではなかったが、彼が胸に大統領の襷《たすき》をかけることを運命づけられていると信じている人もいた。そのひとりが、ルーシー・コルダノ、ムヒカの母親だ。

ムヒカと親密な会話になると、必ずルーシーが登場する。政治と読書に対する情熱、人生にささやかな楽しみを見つけること、大地とそれを耕すことに対する愛情。ムヒカは、これらすべてを母親と、そして現在暮らす地区《バリオ》から受け継いだ。

ムヒカの父親は彼が七歳の時に亡くなっている。そのため、現在農園のある場所にほど近いパソ・デ・ラ・アレーナ[5]の自宅で、母親がムヒカとその妹を女手ひとつで育てあげた。ムヒカは、幼少期を過ごしたこの大きな古家に愛着があったので、一九九四年にルイス・アルベルト・ラカジェ政権がトゥパマロスのラジオ局を閉鎖するまで所有していた。しかし、トゥパマロスがラジオ局の職員に対して抱えていた負債を返済するため、泣く泣く売却せざるを得なかった。

5　中流階級や中下流階級が居住する地区《バリオ》。モンテビデオ郊外の半農村地域にあり、主に農場の雇人や花卉栽培家が住んでいる。

子ども時代について語る時、ムヒカは動物のことや、青年時代に地区《バリオ》の農家でしたアルバイトのこと、ガールフレンドに会うために自宅をこっそり抜け出したことや、古くなった服に壊れた家具、枯れて地面に落ちた木の枝や、燃えるごみまで何でもかんでも燃やしていた素焼きの窯のことなどを思い出しては感傷的になった。その窯では毎朝自家製パンが焼き上がり、午後になると肉や野菜、そして今でもつくり続けているピザを焼いていた。味の秘密はトマトソースで、オリジナルレシピはルーシーのものだ。「たまにおふくろのに近いものができる時もあるんだよ」と彼は言う。

その後、ムヒカはまず一般犯罪の受刑者として、次にトゥパマロスのメンバーとして刑務所に入れられた。この時ムヒカがどこでどうしているかを確かめ、たとえそれが刑務所で認められていた面会時間内だけだったとしても彼に付き添ったのは、いつも彼の母親だった。ムヒカは合計で四回、檻の中に入った。最初は一九六四年七月で、万引きの罪で八カ月以上の刑期を終えた。ムヒカはこの時の動機については決して明らかにしなかった。

最初に牢屋に入ったのは、モンテビデオにあった工場の預かり金を盗んだ時だ。私はすでにトゥパマロスのメンバーで、カネは組織の資金にしたんだが、そのことは誰にも言わなかった。私は牢屋でひどい目にあい、めった打ちにされた。警察ってのは、いつの時代にも囚人を苦しめてきたのさ。一般犯罪者として投獄されると、あいつらに苦しめられる。一般犯罪者より、政治犯として投獄されたほうがよっぽどマシだったよ。

二度目と三度目の投獄は一九七〇年と一九七二年で、トゥパマロ（訳注：トゥパマロスの構成員。トゥパともいう）として拘留されたが、どちらの場合も一年以内に脱獄に成功している。一九七〇年三月、ムヒカはモンテビデオのモンテ・カセロス通りとルイス・アルベルト・デ・エレーラ通りの角にあるバーで逮捕されたが、抵抗して警官を脅したために銃弾を六発受け、瀕死の状態になった。数カ月後に脱獄に成功したが、また投獄され、さらにもう一度脱獄したが、再び捕まった。

当時は、モンテビデオのプンタ・カレタス刑務所に、多くのゲリラ構成員が収容されるようになっていた。大脱走は一九七一年九月六日に起こる。「エル・アブーソ」と名付けられた作戦で百六人のトゥパマロが脱走した。この作戦では、二十世紀の初めに無政府主義者《アナーキスト》らの手によって掘られた古いトンネルの上に、脱走者たちが新たに掘ったトンネルを使って実行された。当時、看守のなかにはムヒカとその仲間たちの様子に気づき、四十年前から何かが準備されてきたのではないかと感じていた者もいた。

プンタ・カレタスにいた軍人に忘れられないやつがいるんだ。そいつとは、時々二言三言、言葉を交わす程度だったが、ある時、私たちが何人かで一緒にいた時に、私と他の二、三人の顔を見て、大真面目にこう聞いてきた。「この中に将来大臣になるやつは何人いるかな?」とな。あいつにはたまげたよ。私は、ずっとあの言葉に刺激され続けてきたと言ってもいい。

一九七二年八月、ムヒカは再び囚人服を着ることになったが、今回は一九八五年三月まで出られないことになっていた。この時ムヒカは八人の仲間とともにゲリラの親玉のひとりに数えられるようになり、それからの十三年間というもの、ウルグアイ中の刑務所をたらい回しにされた。彼らは「独裁政権の九人の人質」[6]という名で知られるようになった。トゥパマロスの指導部は一九七三年の軍事クーデターが起こる前に倒れたが、クーデターが成ると、権力を掌握した軍部は「九人の人質」を利用し、再び活動をすれば報復として人質を暗殺すると脅すなどして、ゲリラグループの再興を回避しようとした。

人質たちは三人ずつのグループに分けられ、最初の数年間はお互いにほとんど連絡をとりあうこともなく、彼らの独房には換気扇も、トイレも、流しもマットレスも何もないことが多かった。牢獄というより、ただのコンクリートの箱だ。ムヒカは正気を失った。床を這っていたアリに話しかけるようになり、精神錯乱状態になって軍病院に運ばれた。

私はぶつぶつ、ぶつぶつ、うわごとを言っておったよ。八十年代の初めに軍事病院に連れていかれた。ひどい妄想に取りつかれて、幻覚やら幻聴やらが止まらないんだ。精神科の女医が診察に来て大量の薬を処方されたが、ひとつも飲まなかった。しかもこの女は、私に読書と書き物をするのをやめろと言うんだ。読書にはかなり助けられていたのに。おふくろもすごく協力してくれていた。科学系の本しか差し入れさせてもらえなかったがね。生物学に始まり、農学に獣医学、人類学の本まで読んだよ。これでもかというくらい科学にのめり込んだ。一日中どっぷり科学に浸かり続けていたら、ある日突然悟りに達したんだ。あれはパソ・デ・ロス・トロスの刑務所にいた時だった。

たびたびムヒカに本を届けに行っていたルーシーは、ある時、息子の政治家としての人生が始まろうとしていることを予言した。「あの子はきっと大統領になるわ」。当時、ムヒカの母親はそう信じていた。結局息子に直接それを伝えたことはなかったが、何度かの機会にそれとな

6　ムヒカの他に独裁政権の人質となったのは、ラウル・センディック、エレウテリオ・フェルナンデス・ウイドブロ、フリオ・マレナレス、マウリシオ・ロセンコフ、ヘンリー・エングレル、アドルフォ・ワセム、ホルヘ・マネラ、ホルヘ・サバルサ。

く勧めたり、他人に伝えたりした。

ジャーナリストのワルテル・ペルナスは、著書『Comandante Facundo. El revolucionario Pepe Mujica（雄弁な指揮官《コマンダンテ》　革命家ペペ・ムヒカ）』の中で、ルーシーが隣人に「ペペは、あの黄金の口でもっていずれ大統領になるんだから」と語ったというエピソードにふれている。発売前の二〇一三年七月にこの本を読んだムヒカは、その冬のある午後、自宅でフィデル・カストロから贈られたキューバ産ラムの入ったグラスを片手に、興奮気味に言った。


「まったく信じられんよ。私は刑務所に入っていたというのに、うちのおふくろときたら、息子が大統領になると言いふらしてたなんて。この部分をぜひ読んで欲しいと言われて渡された本なんだが、読んでいる間も自分の目を疑ったよ」

「お母さんから直接言われたことはなかったんですか？」

「一度も。近所の人には話していたみたいだがね。だが、言葉にする必要がないこともあるんだよ」

「お母さんの影響があったと思いますか？」

「今私がいる場所を見てくれればわかるだろう。お前さんたちはどう思う？　うちのおふくろはすごいんだよ。刑務所に面会に来てくれた時に言っていた。『息子よ、社会主義の実現なんて無理よ。だってそもそも人間は悪なんだから』ってね」

一九八五年三月の終わり、ムヒカは出獄し、数日後にはもう活発に政治に参加していた。ムヒカが最も尊敬する人物のひとりであるラウル・センディック[7]、通称べべの指揮の下で、ひとりの闘士としてトゥパマロスの再建を少しずつ始めていた。センディックは持病をいくつか抱えていたが、いわゆるシャルコー病（訳注：筋萎縮性側索硬化症、ＡＬＳ）を患い一九八九年四月に亡くなった。そこでムヒカがより重要な役割を担うようになった。ムヒカの存在は、その当時組織に参加してきていた若者の間でますます大きくなり、彼らはムヒカの考えの虜になっていった。

ムヒカは、自由の身になった最初の数日目から、その数年後には彼を大統領の座へ導くことになる演説の基礎になる考えを示していた。一九八五年に行った初の大演説の聴衆は、モンテビデオのプラテンセ・パティン・クラブに集まった、熱狂した若き闘士たちだった。十年以上もの間沈黙を余儀なくされた後だったにもかかわらず、ムヒカは報復についても、政府を武力で攻撃することについても一切触れなかった。許すこと、そして過去を乗り越えることの重要性を説き、異なる意見に対してオープンであることの必要性、これから左派が担っていくべき新しい役割について語り、その後来るべき一切合財の前触れとなる発言をした。

7　ラウル・センディックは、民族解放運動トゥパマロスの創始者で指導者だった。一九八九年四月にパリで死去。

「私は、我々の痛みや苦しみを嘆くために、今日ここにやって来たのではない。ここにやって来たのは、生き残っている古い人間たちには、ミツバチの巣をつくるためには小枝がいるが、重要なのはその枝ではなく、ミツバチの群れだということがわかっていると伝えるためだ」

「私は、獄中での孤立無援の状態を経験したからこそ、わずかなものしか持っていなくても幸せになれることを学んだ。その状態でなんとかやり遂げることができなければ、どんな状態でもやり遂げられない」

「私は、たとえそれが私たちにひどい仕打ちを与えた人々に対するものであっても、憎しみという道を選択する人には賛同できない。憎しみは建設的な感情ではないからだ。扇動しようとしているわけでもなければ、責任逃れをしたり、良い顔をしようとしているわけでもない。これだけは決して譲ることのできない私の信条なのだ」

「『社会主義』という言葉はかなり複雑だ。単純に言うと、人間にとって最も基本的な権利を獲得することだ。人間同士の基本的な平等のために闘うことだ。政治の世界で起こっていることはとても重要なことのように見える。だが、シンプルにわかりやすく説明できないことは、実はそれほど重要ではないのだ」

「どうせ誰も私を止めることはできないから、はっきり言おう。私は人間の正義というものを、それがどんなかたちであれ、これっぽっちも信じていない。私の自前の哲学では、あらゆるかたちの正義は報復の必要性に妥協することなのだ」

一九九四年の選挙で、ムヒカは下院議員に選出され、国会議員として国会に足を踏み入れる初のトゥパマロとなった。伝説は、この瞬間に始まった。異端児《オベハ・ネグラ》の姿と声をとらえようと数々のインタビューが設定され、カメラやマイクの取材が入った。初めのうちは、ムヒカのメディアへの露出はまばらだったが、回数を追うごとにその頻度は増していった。人々は、原稿にないムヒカの発言に微笑み、共感し、噂を流していった。

ムヒカは、カウボーイブーツにデニムの上着という出で立ちで、ヤマハの小型バイクに乗って国会議事堂に到着し、それを国会議員の車に並べて駐車した。警備員から、バイクはそこに長期間停めておくのかと聞かれたムヒカは、「そうさせてもらえるなら、五年間は停めさせてもらうつもりだよ」と答えたという。ムヒカは実際このような発言はしていないそうなのだが、この噂はモンテビデオ中に広まり、伝説になっていった。国民は、これまでとは違う何かを求めていたのだ。

ムヒカは、この様子を見て理解した。そして、この状況を利用して、毎日少しずつ自分をさらけ出していった。メディアで、ムヒカに失望させられることはないとわかっていたので、常に彼を追いかけていた。ムヒカは、モンテビデオ市内の視察や路上インタビューを取り入れたり、ウルグアイ内陸部への視察に頻繁に出かけたりした。ムヒカは、一対一の対談や少人数の会合を好んだ。そのほうが得意なのだ。毎週のようにバスに乗っては違う県に出かけ、一秒たりとも立ち止まることはなかった。このお蔭でムヒカは、人口十万人以上の都市から、わずか三百人が住む小さな村に至るまで、ウルグアイという国の隅々を知りつくすようになっていた。

私の計画はいつも長期計画なんだ。議員になった時には、国内のできるだけ遠くまで足を伸ばすという計画を立てて、実行したんだよ。これほどの成果がこんなに早く出るとは思っていなかったが、非常に良い成果を出せたと思っている。私はそのまま同じ道を歩み続けた。連中は絶対にできっこないと思っていたが、私はその先に必ず何かがあるんじゃないかと思っていた。絶対に何かがあると思ったから、それが何なのか見つけたいと思ったんだ。

左派の連中は、私が内陸部を視察してきたことから恩恵を受けているんだ。連中はこれまで一度も内陸部に足を踏み入れたことはないし、そうするには色々と面倒なことが多いからね。だが私は、何年もかけて内陸部を歩き回った。ルイス・アルベルト・デ・エレーラ（訳注：ウルグアイの政治家、ジャーナリスト、歴史家。二十世紀におけるウルグアイで最も重要な政治家のひとり）みたいに全国を駆け回ったんだ。エレーラは、一九三〇年代に国民党の幹部と対立していた。だが、連中がエレーラと交渉したいと思った時に、エレーラたちはすでに全国を回っていたから、連中を完全に食い物にしちまったってわけさ。私もそれと同じことをしたのさ。

一九九九年の選挙キャンペーンでは、ムヒカは政治家として全国的な影響力を持っていた。働きアリのムヒカは、すでにアリの群れ全体を味方につけていた。その人気ぶりは、同じ年に拡大戦線（MPPも含む政党連合）がホルヘ・バジェ率いるコロラド党[8]に政権を渡したにも関わらず、ムヒカの所属政党である人民参加運動（MPP）が最高得票数と最大議席数を獲得したほどだった。

晴れて上院議員となったムヒカは、重要な公共政策に関する専門家となり、相談役となった。上院でのムヒカの演説は最大限の関心を集めた。彼の隣には、トゥパマロスでの生涯の同志であるエレウテリオ・フェルナンデス・ウイドブロも上院議員として座っており、二人は機会あるごとに重要な審議で際立った発言をし、人々を驚かせては楽しんでいた。公の場で不適切な発言をすることを流行らせ、支持票をどんどん増やしていったが、ムヒカは内陸部へ頻繁に視察に行っていた頃を懐かしくも感じていた。

二〇〇四年の初め、上院議員としての任期も終わりに近づいていた頃、拡大戦線が政権に就く可能性について真剣に考え始めたムヒカは、タバレ・バスケスを大統領にすることに力をそそいだ。再び国の隅々まで駆け回る生活が始まり、協力を申し出てくれる政治家とは誰とでも

8 コロラド党はウルグアイの伝統的な政党のひとつで、百八十年の歴史を持つ。政権就任期間が最も長い政党で、政治傾向は中道、中道右派に位置する。

手を組んだ。「必要とあらば、ヘビだって抱きしめなければならんのさ」とムヒカは言った。こうして勝利を手中に収め、拡大戦線は政党として政権をとり、MPPも再び過半数を獲得した。

私をぼろぼろにしたあの選挙キャンペーンは、タバレが勝つべきものだった。私は身を削って働いてぼろぼろになり、仕舞いには病気になって入院した。疲労であまりにも免疫力が下がったので、例の病気にかかったんだ。選挙キャンペーン中でさえ、この病気の時ほど激しく闘ったことはなかったよ。あの時のことは一生忘れられないが、選挙の結果はこの上なく嬉しかった。

こういうわけで、農牧水産大臣に就任した当時のムヒカは、十分な体力があったわけではなかった。就任後最初の数カ月は体調が悪く、自分は大臣として失敗に終わるだろうと初めから弱音を吐いていた。彼のことを理解できないだけでなく、彼の仕事に十分なスペースを与えなかった国の組織と何千回も衝突した。その結果、専門的な仕事の大部分を任せるために、トゥパマロのエルネスト・アガシという信頼できる人物を副大臣に据えることにした。

ムヒカが今なお誇りにしている業績がいくつかある。彼は農牧業に大変関心があり、この分野で何らかの功績を残したいと思っていた。牧牛のトレーサビリティ制度を導入したのも、国立入植研究所（Instituto de Colonización）を通じて小規模農家に分配するための土地を政府が購入するシステムを導入したのも、ムヒカが在任中のことだった。また、彼は、ウルグアイ産牛肉の海外売上の増加に取りつかれたように取り組んだ。そこで助けを求めたのが、ドイツやイランなど様々な国で勤務経験のある外交官だった。彼の名は、ルイス・アルマグロ。二人は意気投合し、後に大統領となったムヒカはアルマグロを外務大臣に任命したほど気が合っていた。

もうひとつムヒカが大臣として実行したのは、与党である拡大戦線の多数派勢力を引き続き率いていくことと、世論に大きな影響を与えたいくつかの措置を導入することだった。これはムヒカお得意の分野だった。影響が非常に大きかったのは、ウルグアイで最も多く消費されている、アサード用（訳注：バーベキューグリルもしくはバーベキューのこと）の牛肉の値引きを実行したことだ。こうして「ぺぺのアサード《アサード・デル・ペペ》」政策が誕生した。

> 私の大好物はアサード・デ・ティーラ（骨つきリブ肉）だ。この肉は、他とは比べものにならん。脂が少しのった骨の周りの肉が最高なんだ。私がこの値下げ政策に「ぺぺのアサード《アサード・デル・ペペ》」という名前をつけた時、あれこれ言う連中もいたが、みんなかなり夢中になっておったよ。私たちが食べるアサード用の牛肉は、アルゼンチンにもブラジル南部にも、他のどの国にもない切り方なんだよ。

二〇〇八年の半ば、ムヒカは農牧水産省を辞め、あるキャンペーンを開始した。このキャンペーンの成功によって、一年半後に彼は大統領へと華麗な変身を遂げることになる。気さくで小商人的なこの政治家の変身には、多くの人の協力があった。ムヒカはまず、一国の運営を任されるにふさわしい人間というイメージを身につける必要があった。

この選挙キャンペーンを率いたのは、広報専門の社会学者フランシスコ・パンチョ・ベルナサだった。彼は、制御不可能なものの制御を試みるという、彼のキャリアで最も困難な任務のひとつに対応しなければならなかった。ベルナサは、広報業界の同僚だったクラウディオ・インベルニッツィの推薦でムヒカのもとにやって来た。「あの仕事は、私の人生で一番面白くもあり、最大の挑戦でもありました。仕事のオファーを頂いた時には、二つ返事で引き受けました。ムヒカ以上の人材はいないことはわかっていましたからね」とベルナサは回想する。

ムヒカは、自分が直感で良いと思ったことだけをいつもやってきたので、アナリストや政治学者やアドバイザーの意見に耳を貸したことがなかった。もとい、ほぼ一度もないといったほうがいいかもしれない。というのも、ベルナサの意見だけはよく聞いていたからだ。ネクタイこそ締めなかったが、スーツはオーダーした。どんなテーマでも話し始めると止まらないムヒカではあったが、インタビューはこれまでよりも間隔が空けて設定されるようになった。庶民的で率直な話し方はやめなかったが、ルンファルド（訳注：十九世紀末からアルゼンチンのブエノスアイレスで使われ始めた俗語の総称で、モンテビデオでも使われるようになった）はかなり減った。トゥパマロであることや元ゲリラとしての過去を隠したことは一度もなかったが、グループには別れを告げた。

「一ペソたりとも」要求せず、「才能豊かなプロフェッショナルとして振る舞った」ベルナサは、ムヒカの守護霊のような存在になっていった。彼はムヒカの行く先々に同行し、もっと静かにしろとか、もっと細やかにしろとか、もっと社会民主主義寄りになれとか、ありとあらゆる要求をムヒカに課した。それだけでなく、鞄に櫛を入れて持ち歩き、一日に何度か乱れた髪をとかしつけるようにも要求した。また、ムヒカと「大統領《プレシデンテ》」という言葉を結びつけないことを、選挙キャンペーンのポリシーとした。常に「ムヒカ二〇〇九」または「ペペ二〇〇九」が用いられ、スローガンは「レッツゴー・ペペ《バモス・ペペ》」で、コマーシャルソングには「ペペは国民とともに《ペペ・コン・ラ・ヘンテ》」と付け足されたが、「大統領《プレシデンテ》」という表現は決して使われなかった。

こうしてムヒカは、拡大戦線の党内選挙で勝利を収め、その後党内選挙でのライバルだったダニロ・アストリが副大統領候補になることで合意した。この合意によって、ムヒカに欠けていた本気度と確かさが加わった。カリスマ的リーダーとしてのムヒカと、国の指導者というイメージを持つ確かな統治者としてのアストリ。しかし、アストリにイエスと言わせるのは、実は容易ではなかった。

選挙翌週の六月二十八日の午後、大統領選を戦う正副大統領の組み合わせを具体化するための交渉が始まった。その日の交渉は、フェルナンド・ロレンソ——この日アストリの代理を務め、その後ムヒカの経財大臣になった――が、エドゥアルド・ボノミ――ムヒカの代理人で、将来の内務大臣――に放った一言で始まった。「おめでとうございます。ぶっちぎりの圧勝でしたね」

その数日後、タバレ・バスケスはマルヴィンという住宅街にある自宅にアストリを訪れた。アストリは肺炎にかかって数日寝込んでおり、副大統領のポストを引き受けるべきか否かまだ頭を悩ませていた。と言うのも、アストリはその数週間前に、ムヒカ政権が「カオス」に陥るだろうと公言していたからだ。そうなるのを防ぐという理由で、アストリ側がナンバー2になるための条件を引き上げていたのだった。

バスケスは、ベッドに椅子を近づけ、左派政治の未来について落ち着いた口調でアストリに語り始めた。長期プロジェクトという考えで、アストリを説得しようとしたのだ。「選挙で勝つためにも、ペペの隣にいてやってくれ」とアストリに言った。そして、二〇一四年の段階でムヒカが大統領の襷《たすき》を自分かアストリのどちらかに引き継いでくれることがいかに重要かを説明した。それならば、ということで、アストリは引き受けることを決心したが、正式に返事をしたのはそれからさらに数日経ってからのことだった。あまりにも返事が遅かったので、ムヒカは代替案を検討し始めたほどだった。

党内選挙から一週間以上経った七月六日月曜日。雨の朝九時ぴったりに、アストリの自宅で見知らぬ人物が玄関のベルを鳴らし、家の主人を呼んだ。エバリスト・コエドと名乗った訪問者はムヒカの使者で、拡大戦線の大統領候補としてのムヒカの署名が入った手書きの書簡を携えていた。それは、アストリがナンバー2になる条件として要求したものは受け入れないことを決定したと伝えるものだった。

ムヒカが却下した要求というのは、拡大戦線が二度目の政権を握ることになった場合、(経財省だけでなく)経済担当チーム全体をアストリ直属にすること、そして外務大臣やその他の主要な大臣の任命にあたってはアストリと協議すること、の二点だった。

その同日、アストリとムヒカは拡大戦線の本部で対面した。この会合はわずか十五分で終わったが、アストリはムヒカの方程式を受け入れた。その後、精彩を欠く短い記者会見が開かれ、そこで二人はやっとお互いの顔を見た。すべてが形式的で、写真撮影のための抱擁さえなかった。しかし、アストリは受け入れたのだ。それも無条件で。これは、その後起こるべきことと比べても、決して取るに足りないことではなかった。

ムヒカは、選挙キャンペーンの最終局面でひとつだけ重要な過ちを犯した。しかし、彼の大統領候補としてのイメージはそれを跳ね返すことができるほどすでに十分に強化されていた。この二カ月間というもの、彼は毎週月曜日の朝、ジャーナリストのアルフレド・ガルシアと対話を続けていたのだが、その年の九月、この対話をもとに『Pepe Coloquios(ぺぺとの対話)』という本が出版された。その中でムヒカは、バスケスや社会主義者、アルゼンチン人を批判し、ほぼすべてのテーマについて辛辣なほど率直に語っていた。だが、ムヒカもベルナサも、選挙キャンペーンのチームも、この本の出版について知らされていなかった。その結果、選挙の五週間前にこの一大スキャンダルが巻き起こったのだった。

その時ちょうどアメリカに滞在中だったタバレ・バスケスは、ウルグアイのテレビ局、チャンネル12《カナル・ドセ》のインタビューに対して、本に記載されたムヒカの発言の一部を「馬鹿げた発言」だと言った。ベルナサはこの事件を「大失態」と呼び、ムヒカに撤回を求めた。ムヒカは謝罪し、個人的見解だと弁解した上で、自分の誠意を悪用したとしてこのジャーナリストを非難した。その結果、その数日後には騒ぎも収束し始め、選挙の行方を変えようとしていた一大事は、ひとつのエピソードになった。

ムヒカとアストリのペアは、第二回投票で投票数の五十二・四パーセントを獲得した。対抗馬は、国民党[9]代表のルイス・アルベルト・ラカジェとホルヘ・ララニャガのペアだった。第二回投票では、一回目より九万人も多くの有権者がムヒカに投票した。これは、たった二百五十万人しか有権者のいないこの国では、有権者四パーセントに相当する数字だ。かなりの人数だった。

ムヒカは、これらの新たな投票者を獲得したのは自分で、アストリではないと思っている。また、バスケスやアストリとは距離を置いていたアルゼンチンのクリスティーナ・フェルナンデス・デ・キルチネルやベネズエラのウーゴ・チャベスなど、各国の大統領の支持が得られたのも、ムヒカだからこそできたことだった。
ラカジェは、一九九〇年から一九九五年にかけてウルグアイの大統領を務めたが、同じ政治思想を持つ人のなかにも彼を嫌っている人がいる。国民党のメンバーは非常に熱心だが、彼らのなかにもラカジェの敵は多い。過去にラカジェから決して癒えることのない傷を受けたために、彼に抵抗しているのだ。ラカジェ政権に対する汚職疑惑の告発もあった。そのなかには間違っているものも正しいものもあったが、ラカジェが直接的に関わり得なかったものばかりだった。しかし、誰も彼を信じなかった。ムヒカは、このような反ラカジェ派の連中と、ブランコ（訳注：国民党または国民党員の別名）に投票することを拒んでいたコロラド党の古参メンバーの票を当てにした。そして、このような伝統政党の投票者たちが自分に親しみを感じてくれるようなスピーチをし、成功したのだ。

日が経てば経つほど、ますます私が出馬していなかったら党は敗けていただろうと思うようになった。街で会う人たちもそう言ってくれている。ブランコもコロラドもだ。この間、一回目の投票ではボルダベリー（訳注：ペドロ・ボルダベリー。ウルグ

9　国民党は、コロラド党と共に、ウルグアイの伝統政党のひとつ。一八三六年に興り、国の内陸部や農村部との結びつきが強い。政治傾向は中道右派および中道。

アイの政治家で、一九七二〜一九七三年と、一九七三年のクーデター以降は事実上の大統領を務めたフアン・マリア・ボルダベリーの息子）に投票したが、二回目は私に投票したと言ってくれた人がいた。彼らはブランコに投票することを拒むコロラド党支持者たちだ。こういう人は高齢者に多い。うちのおふくろはブランコ党だった。拡大戦線ができた時、おふくろは私にこう言った。「ミリコを立候補させるっていうのかい？　お前たちはまったくどうかしてるよ！」ってね。私には彼らの存在が見えていなかった。「ミリコ」ってのは、コロラド党員と同義語だった。

もし私が出馬していなかったら、クキ（ラカジェ）が勝って、国民党が勝利していたのは間違いない。この国の選挙の行方を左右するのは、アストリみたいなやつには投票しない層だからね。私は党内選挙で勝った後、大きな勢いを得た。笑いが止まらなかったよ。クキが勝てないのはわかっていた。それに、私には国民党の内部にも支持者がおったからね。ラカジェに投票するなんて考えられないという有力な国民党員の多くが、私に投票してくれた。

クキは特権階級の人間だから、私を侮っていたんだ。「この年寄りが相手なら楽勝だ」とでも思っていたんだろう。あいつは労働者階級の支持が得られていなかったのに、それに気づいていなかったのさ。後になって私に言っていたよ。お前には例の過去があるから簡単に勝てると思っていた、とね。だが私が大統領になれたのは、私がトゥパだったからじゃない。政治家は、過去のことなど気にせず支持してくれる国民の考えや心の広さがわかっていないんだ。たとえその思想に賛成であろうとなかろうと、自分の思想に賭けて闘ったことを尊敬してくれる人たちもいるってことをさ。

ラテンアメリカ地域全体としては、ムヒカの大統領選出馬を喜びと期待を持って受け止め、支持した。当時南米で影響力を誇っていた指導者はチャベスとルーラの二人で、どちらもゲリラ出身の候補者がウルグアイを率いていくことができるように動いてくれた。

チャベスは、二〇〇八年にその任務を開始し、同年九月に公式訪問で訪れた南アフリカで、その意図をはっきりと述べた。南アフリカのタボ・ムベキ大統領との晩餐会の前に、チャベスはウルグアイのギジェルモ・ポミ駐南アフリカ大使——ムヒカの親しい友人である——を儀礼行事に参加させるために呼びにやらせた。大使は招待を受けていなかったが、チャベスはどうしても大使の同席を望んだ。

その夜、ポミ大使と南アフリカ政府のメンバー数人の前で「ルーラ、クリスティーナ（フェルナンデス）、エボ（モラレス）、ラファエル（コレア）と話をして、ペペがウルグアイ大統領になれるよう協力しなければならない」とチャベスは言った。チャベスはその数日前にカラカスで、協力は惜しまないとすでにムヒカに伝えていた。

事実、チャベスは選挙キャンペーン中、終始協力を惜しまなかった。それだけでなく、チャベスは選挙の数日前にモンテビデオに赴き、はっきりと支持を表明し、拡大戦線が選挙に勝った暁には、ウルグアイに対して何らかの支援を行うことを発表したいとまで申し出たが、ムヒカは丁重に辞退した。ウルグアイ政治の中道から支援を受けていない人物のように思われたくなかったからだ。選挙は中道の支持を得なければ勝てないと言われているが、ムヒカはその支持をすでに十分獲得していたのだ。

ルーラは、選挙の数週間前にブラジリアでムヒカを迎えてくれた。ムヒカは、アストリとともにブラジル訪問を決め、二人はすでに発足した政府の代表者であるかのように振る舞った。それだけではなかった。ルーラは彼らに正統性を与えるために具体的な提案をし、アルゼンチンとの関係改善を勧めた。当時、ウルグアイとアルゼンチンの両大統領、タバレ・バスケスとクリスティーナ・フェルナンデス・デ・キルチネルは、ウルグアイ側のリオ・ネグロ県におけるパルプ工場の建設計画を巡って対立しており、互いに口もきかない状態だった。

このため、クリスティーナ・フェルナンデスも自分の政党を利用して、ムヒカを強く支持することを決めた。選挙についてムヒカから協力要請があったことはすべて提供し、アルゼンチンに住む何千人ものウルグアイ人が帰国して投票できるように、帰国の便宜を与えた。この措置も、選挙の最終結果と、後日発足した政権に影響を与えることになった。

ブラジルは、私が勝ってアルゼンチンとの関係が修復されることを期待していた。

ルーラは、「あなたが大統領になれば、隣国との多くの関係が解決されるだろう」と言ってくれた。あの威張り屋のラカジェが勝っていたら、どうなっていたことか！

アルゼンチンの連中は私たちにこう言ってくれた。「必要なものは何でも提供するから、何が必要なのか言ってくれ」とね。第一回投票の後、私の代理で（フリオ）バライバルがアルゼンチンに行き、いくつか協力要請をしてきた。連中はこちらから頼んだことは全部やってくれた。マル・デル・プラタからブエノスアイレスまでワゴン車を数台出してウルグアイ人を運び、選挙が終わったらこっちからあっちへ連れて帰ってくれた。五十台くらい調達してくれたよ。アルゼンチン中からウルグアイ人を集めるためにブエノスアイレスで大きなポスターを作り、投票に来た人には休暇を与えるなどの措置をとってくれた。私たちもそれ以上は求めなかったから、連中もそれ以上のことはしてくれなかったが、向こうも私たちとの問題をどうにかしたいと思っていたのは明らかだった。


二〇〇九年十一月の半ばに実施された第二回投票の二週間前に、私たちはモンテビデオ市街のあるバーでムヒカと会った。その段階でムヒカは当選を確信しており、この確信を疑いに変えるような間違いは犯すまいと思っていた。

今はもう存在しないそのバーの一階には個室があった。待ち合わせは午後七時だったが、ムヒカは数分前に到着していた。落ち着きがなく、緊張している感じだった。彼の守護霊、ベルナサは、私たちが会うことを望んでいなかった。と言うのも、ほぼ確定している勝利の数時間前に、私たちが必要以上に親密な話をするのを恐れていたからだ。それでもムヒカは待ち合わせに姿を現し、私たちと話をするために腰を下ろしてくれた。だが、インタビューには応じてくれなかった。気のおけない話がしたいだけだったのだ。彼は、自分が大統領になろうとしているのがまだ信じられないでいた。

数分だけのつもりが、何杯か飲んでいるうちにいつの間にか三時間以上経ってしまった。ムヒカは、今後自分を待ち受けているであろう「苦労」について語り、いくつかの優先事項を示唆してくれた。この挑戦に立ち向かうにあたって自分が何を感じているかも教えてくれた。反対派を招集すること、過去と伝統を忘れること、すぐに譲歩すること、これらすべてが、テーブルの上にのせられていた。

当時、ムヒカが短期的な優先事項としてトップに掲げていたのは、アルゼンチンとの敵対関係を修復することだった。「条件は出そろっている。向こうもサインをいくつか出しているんだ。私に電話までかけてきて、事前取り決めをしないかと聞かれたよ。だから、まずは選挙で勝たせてくれたらね、と返事しておいた」と打ち明けた。

その頃、ムヒカが中期的に取り組んでいたのは、内陸部における公立の職業訓練大学の設立、貧困層向け住宅の整備、鉄道・港湾・高速道路といった国のインフラ整備だった。ウルグアイ内陸部の状況は、その頃ムヒカの頭を最も悩ませていたことだった。首都以外の地域に住む若者を教育し、技術訓練を通じて地元で就職する機会を与えること。「これについては譲歩の余地がない」と言っていた。また、教育「自治権」を要求しようとしていたレプブリカ大学との対立に向けても準備を進めていた。だが、これについてはすでに答えは出ていた。「自治権が欲しければ、キューバへ行って、あの国がどういうことになっているか見てくればいい」

ぜひ大統領をやりたいと思いつつも、信じられない気持ちでいっぱいだった。自分が大統領として宣誓し、自分の妻が最大得票数を獲得した候補者名簿でトップ当選した上院議員としてその宣誓を受けるということが、彼を感動させていた。「まるでガルシア・マルケスの物語みたいだ」と頭を振り、何度も何度もそう繰り返した。こうして、宣誓文の暗記につとめながらムヒカは最後の数週間を過ごした。

その数カ月間で、ありとあらゆる悪魔をすべて解き放った。多くの連中が悲惨な状況になると予想していたが、私は障害をすべて乗り越え、立候補を決めた。「いくらなんでもやり過ぎだ」と彼らは言っていたが、ウルグアイは私のような大統領を迎え入れる準備ができていたんだよ。まったくすごいことじゃないか。

ムヒカの選挙戦も終盤に入り、トップの座を勝ち取ろうとしていた時、彼は元来の誠実さと信頼性を取り戻し、新政権は必要に応じて多くの浮き沈みを経験するだろうが、たとえ物事の進み具合が遅くなったとしても、常に交渉を前提として進めていくと言った。

私の記念碑でも建てて欲しいくらいだよ。ウルグアイの政界で、思ったことを何でも口に出すのは私くらいなんだからな。だが、思ったことを口に出すのは居心地が良くないこともある。私は狂信者ではないから、譲歩することができる。情熱家だが熱狂者ではないし、国の運営もそういうふうにやっていくつもりだ。対話をたくさんして、できる限り多くの人たちに関わってもらいたいと思っている。

この会話では、将来の大臣についての話題も出た。ムヒカはあまり名前を出したがらなかったが、彼らのプロフィールについては教えてくれた。すべての党派から「有能な人物」を探し出し、「大金持ち」の企業家や、ムヒカが「友人」と呼ぶ人物らと相談して人選すると保証した。

「もう誰も過去の私を見ないだろう」と断言した。これが、一晩中彼が言い続けたこの夜のテーマだった。恨みつらみや報復、思想的教義から完全に自由な政府にするのだと言った。会話も終わりに近づき、二本目のワインもなくなりかけた頃「私も変わったよ、それもかなりね」と言った。

最悪なのは、政党のイデオロギーのせいで、現実を現実として受け止められなくなってしまうことだ。私は随分前にそういう思想は捨てて、白か黒かというよりも、現実の微妙なニュアンスが重要だということに気がついたんだ。

人生は未来だ、過去じゃない。だからといって、過去が存在しないと言っているわけではない。過去は確かに存在する。が、重要なのは未来なんだ。未来があるからこそ人間は過去を忘れることが出来る。いいや、忘れるんじゃないな。そんなに簡単に忘れられるものじゃないからね。これまでに起こったことをどうやって忘れろっていうんだ！　重要なのは過去を乗り越えることなんだよ。

彼が言っていたことはすべて本当なのだろうか？　これが証明される日は数日後に迫っており、彼はそれを実行することしか考えていなかった。

2　大統領

これ以外の始まり方はあり得なかった。一風変わったユニークな候補者が勝利し、その違いは細部にもはっきりと表れていた。二〇一〇年三月一日に執り行われたホセ・ムヒカの大統領就任式では派手な仕掛けはないだろうということはわかっていたので、誰も驚かなかった。しかし、その日タバレ・バスケスがムヒカの胸にかけた大統領の襷のサイズが大きすぎたことは、確かに予想外の出来事だった。

その数日前、大統領の襷の製作が、政治家でさえもない仲介者を間に挟んで、バスケスとムヒカの間の間接的な議論の原因になった。仲介者の名はアルベルト・フェルナンデス。ウルグアイ最大の水産会社フリプールの社長だ。フェルナンデスは、バスケスとムヒカの両方と親しく、選挙キャンペーン中にさらに親しくなった。彼は、候補者への資金援助だけでなく、国の内陸部や海外への移動用として自家用機や自家用車を貸し出してくれた、数多くの企業家のひとりだった。

ムヒカの任期開始にあたり、フェルナンデスからもうひとつ支援の申し出があったが、それが結局は頭痛の種になることになった。フェルナンデスは、「大統領の襷を贈りたいんだ」と、就任の数週間前にムヒカに申し出た。だが、彼はムヒカの答えに驚かされる。

「なあにが襷だ！　私はタバレの襷をもらえればそれで構わんよ」

「そうは言っても、襷は個人的なものだ。大統領経験者は自分の襷を大事にとっておくものだ」

「私には、とっておきたいものなんて何もない。タバレのをもらえばそれで一件落着だ。もちろん終わったら返してやるよ」

「そうかい、じゃあタバレにそう伝えてみるよ」

フェルナンデスは、その機会が来るとすぐにこのやり取りをタバレに伝えたが、話を切り出す前から、この問題はそう簡単には解決しないとわかっていた。

「タバレ、こういうことになっている。ムヒカが自分用の襷はいらないから、お前のを貸して欲しいと言っている」

「気でも狂ったのか、あいつは！」

「だが、あいつはそうしたいらしい」

「そういうことなら、俺は就任式に襷を持っていかないまでだ。紙の襷でもつければいいんだ!」

フェルナンデスは途方にくれ、ムヒカが疲れて折れるまで申し出を繰り返す以外に代案が思いつかなかった。何度か行ったり来たりを繰り返した後、未来の大統領はようやくフェルナンデスの申し入れを受け入れたが、事前の試着を強制しないという条件つきだった。「好きなようにすればいいさ、だが絶対試着はしないからな」とフェルナンデスに忠告した。

どうにかしてムヒカの寸法を測らなければならなかったが、残り時間は日に日に少なくなっていった。絶望的な状況に追い込まれたフェルナンデスは、遂に大きめのクッションをつかんで自分の腹の辺りに抱えて採寸し、聖イエス寄進修道院(Congregación Oblatas del Santísimo Redentor)にオーダーした。この任務を歴史的に担ってきた修道院だ。

製作過程で修道女らがムヒカの農園まで足を運び、彼のサイズを少しばかり図ることができたが、これは補助的なものだった。もっと重要な採寸はすでに終わっていた。そのはずなのに、出来上がった襷は大きすぎた。バスケスのひざ下、ムヒカの太腿の半分くらいまであったのだ。

フェルナンデスの襷をめぐる長旅は採寸だけでは終わらなかった。ムヒカは、出来上がった襷を受け取りに行こうとはせず、信頼できる人物にも行かせなかった。ムヒカの前任者たちは、この役目を自分の妻に託していたが、またもやムヒカは例外になることにした。受け取り担当になったのはフェルナンデスで、報道陣を避けるために修道院の裏口から出入りしなければならなかった。そして、黒い袋にくるまれた襷を、用意していた木の箱に入れてムヒカの自宅に届けようとした。

フェルナンデスは、この重要なものを一刻も早く手放したいと思い、モンテビデオ市内のカラスコという高級住宅街にある自宅に到着するやいなや、リンコン・デル・セロの農園にいるムヒカに電話をかけた。電話に出たのはルシアだった。

「襷を預かっているので、今日中にお届けします。箱に入っているので、とても開ける勇気はありません」

「まあ、素晴らしいわ。でもペペは持ってこなくていいと言っているわよ。ここだと汚れてしまうから、三月一日に持って来てくれればいいって」

フェルナンデスは言葉に詰まり、挨拶をして受話器を置いた。襷が自宅から盗まれやしないかと冷や冷やし、二晩眠れない夜を過ごした。わざわざ民間の警備員を雇ったほどだ。しかし三日目にはもう我慢できなくなり、農園まで届けに行った。この時すでにムヒカは、フェルナンデスから襷を贈られたとメディアに対して発言していたため、フェルナンデスは渦中の人と化していたのだった。

ムヒカは、このように堅苦しいことや儀礼的なことにはとらわれずに、大統領としての任務を開始した。彼が最初にしたことは、争いの種になった襷をバスケスがムヒカに手渡し、遂に大統領の座を譲り受けた時、「五年後にはこれをお前に返すことになるかもしれんな」とバスケスに伝えることだった。ムヒカは同じものを副大統領のアストリにもつくって欲しいと頼んだのだが、アストリがきっぱりと断ったため、さすがにこれは実現しなかった。ムヒカは就任以来ずっと、いつ退任してもおかしくないという気持ちでいたのだ。

当時、ムヒカは「三年もつかどうかわからん」と言っていた。体調不良と七十を超える自分の年齢に言及し、初日からそう長く持つとは思っていなかった。三月一日を迎える前から計画が山のように積み重なり、不安でほとんど眠れなかった。大統領職をあまり遠くないうちに終わりがくるものとして考えようとした。少なくとも最初のうちは。

「なあ、私たちはなんて面倒なことに足を突っ込んじまったんだ！」二〇〇九年十一月三〇日の朝、ムヒカはマテ茶を回し飲みしながら妻のルシアにこう言った。その前の晩、当選したばかりだった。二人は「人生は山あり谷ありだ」とか「最高の夢の中でもありえないことだ」などと、そういったことをあれこれ語り合った。ルシアは、最大得票数を獲得した候補者名簿のうちトップ当選した上院議員として、自分がムヒカの大統領宣誓を受ける大役を任されていることを思い出させ、喜びと緊張とで、二人はしばらく笑い合った。あの異端児《オベハ・ネグラ》が、ついに政権に就くのだ。

ムヒカは、拡大戦線が所有している古い邸宅に新政権の移行本部を置いた。これまでの政権移行とは異なり、ホテルを使うわけでもなければ、室内スペースを大幅に変更することもなかった。ムヒカは、これまでと同じオフィスで執務することにした。こういった細かいところでも、質素さをアピールしようとしたのだ。政権移行や就任式だけでなく、自分の給与に至るまでそうだった。ムヒカは初日から自分の給料の七割を貧困層向けの住宅建設のために寄付することを発表し、任期が終わるまでその通り実行して、総額五十万ドル近くを提供した。

政権移行の準備を拡大戦線の本部で行うことに決め、瀟洒《しょうしゃ》な場所やこれみよがしな行動は慎んだ。カネのために政治家になったわけじゃないし、カネにはもともと興味がないんだ。カネが好きな連中に反対なわけではないが、カネと政治は区別せねばならん。特に左派の連中が私を唆そうとする時は頭にくるんだ。

拡大戦線の本拠地に本部を設置したことは、党に対する敬意の表れであり、彼らを政権に関与させるためでもあった。要職者の人選には、相対的な割り当てを考えなければならなかった。閣僚には一番有能な人材を採用しなくてはならんのだが、一体誰を選べばいいのか？　国民は大統領候補に投票するだけでなく、候補者の所属政党にも投票している。だから、政党が候補者を推薦し、大統領がよく考え、選ばなければならない。招かれざる客や私の思いつきで選ぶわけにはいかん。選挙で協力してくれた連中も皆、同じ舟に乗りたいと思っているからね。

二〇一〇年三月一日の正式就任に先立ち、ムヒカは、自分の政党だけでなく、野党とも対話を行い、これに基づいて組閣の準備を始めた。しかし、ムヒカはあくまでも彼のやり方で行った。制度的仕組みにはあまりとらわれず、あくまでも相性や好みを重視したのだ。党や党派の主だった幹部との公式会合の他、腹を割って話せる人たちとの円滑なコミュニケーションを継続した。ほぼすべての要職に自らの腹心を任命したが、ほとんどの場合、彼らは大臣にはなれなかった。各部門に大臣職が置かれることになっていたが、ムヒカは各大臣を監督する担当者を置くことにした。ムヒカなりのずる賢いやり方だった。

野党について言えば、大統領選のライバルだった国民党のラカジェよりも、ホルヘ・グアポ《色男》・ララニャガと頻繁にコミュニケーションをとることにした。ムヒカはラカジェとはあまり相性が合わず、その逆も然りだった。十年前に上院で自分がいた場所に座っているムヒカを初めて目にしたラカジェは、「あの薄汚いやつが俺の椅子に座っているなんて信じられないよ」と嘆いた。その後、ムヒカはさらに出世することになるというのに。ムヒカが将来引き継ぐことになるのは大統領の椅子なのだったが、ラカジェはムヒカに対する拒絶反応を弱めることも、また隠すことも決してなかった。

> クキ・ラカジェとは接点がまったくないから、腹を割って話せない。だから、グアポと話すことにしたんだ。新政権の地盤固めと、あいつを対話の相手として利用する

ためにね。周りはブランコの連中ばかりだが、自分が一番話しやすい相手と話したいじゃないか。

大統領が政治家と話をするための制度的仕組みはたくさんがあるが、私はすべて水面下で進めるつもりだ。これからも一番話しやすい相手と対話をしていくつもりだ。これまでもずっとそうしてきたし、これは今さら変わらない。

その後、コロラド党の連中と交渉しなければならないが、彼らとは必ず合意できると思っている。連中は合意するのに難しい相手ではないが、中には取引をしようとする見苦しい連中もいる。連中は何世紀にもわたって政権を握ってきたから、その癖が染みついているのさ。だが、まあ仕方ない、これが現実だ。


数週間が経ち、遂に三月一日がやって来た。大統領宣誓を終えたムヒカは、議会、ウルグアイの主だった政治家たちや世界各国から集まった代表団の前で「今日は天にも昇る気持ちだが、明日から試練が始まる」と述べた。新たに誕生した国家元首はこの機会を利用して、これから始まろうとしているのは、単なる五年間ではないということを明確にした。

妻によって宣誓式が執り行われた後、ムヒカは三十分以上のスピーチを読み上げ、各方面から拍手喝采を浴びた。その人の政治的信条にかかわらず、多くの人が聞きたいと思っていた内容だった。ムヒカは、一番重要なのは、教育、教育、そしてまた教育であると力説した。この国の二十年後について考えることと、全政党と合意を形成すること。自由な政権運営と自由な生き方。公務員に与えられている過剰な特権をなくすための国家改革。まずまずのスタートだったが、期待はかなり高かった。

海外の要人の前でも臆することなくごく自然に振る舞い、形式的なことはできるだけ避けた。襟なしシャツにノーネクタイ姿で、各国の国王、大統領、大臣の間を回り、冗談を言ったり、儀礼的な言葉を言い間違えたりした。よく「第一印象が大事」と言うが、この日ムヒカはそれを証明したのだった。

当時アメリカのバラク・オバマ政権で国務長官を務めていたヒラリー・クリントンとは三十分以上会談し、自分の元ゲリラとしての経歴について冗談を言って膝をたたき、アングロサクソン文化の生真面目な代表者を幾分ナーバスにさせたりもした。しかしこの印象のお蔭で、ワシントンに戻ったクリントンは、ジュリッサ・レイノソを駐ウルグアイ大使に任命した。レイノソは、ニューヨーク州ブロンクスで育ったラテン系アメリカ人で、ムヒカと非常に友好的な関係を保つことになった。

スペインのファン・カルロス国王（当時）の息子であるフェリペ・デ・ボルボン皇太子（当時）には、感極まって力強い握手で挨拶をし、皇太子の耳元に近づいて「親父によろしくな」と囁《ささや》いた。未来のスペイン君主から返ってきたのは、居心地の悪そうな笑みだった。

クリスティーナ・フェルナンデスとは、次期大統領としてすでに何度も接触していた。二人の関係は、この時が絶頂期だった。その日、彼女に挨拶をする順番がきた時、ムヒカは親しみのこもった抱擁までした。前任者のバスケスを傷つけないためにあまり熱烈になりすぎないようにしたが、見ている者には、求愛に始まり、最終的にはロマンスにまで発展するではないかという印象さえ与えた。

チャベスはムヒカとの個別会談を希望した。二人の良好な関係は、かなり以前から始まっていた。ムヒカは農牧水産大臣としてカラカスをすでに何度か訪問していたし、チャベスもモンテビデオを訪れていた。二人は様々なテーマについて語り合い、互いに友人と認め合っていた。三月一日の夜、儀礼的な行事がすべて終了した後、大統領に就任したばかりのムヒカは、チャベスの滞在するホテルへ向かった。ムヒカは疲れ切っていたのでわずか三十分ほどの滞在だったが、チャベスにあることを伝えた。

私は、チャベスがベネズエラで大統領になった時、社会主義国を建設するなんて無理だと最初から警告していた。そして、やはりそんなものはできていない。だが間違いなく、多くの貧困層が昔より良い暮らしができるようになった。できることは何かしら常にあるし、それが歴史に残るんだ。私の政府でも同じような成果を残すことになるだろうが、私はチャベスとはまったく違う方法でやるつもりだ。このことを就任したその日に彼に伝えたのさ。「私は違う方向に進ませてもらうよ」とね。もし良いチャンスに恵まれれば成功に終わるだろうが、もしそうでなければ憎まれて終わるだろう。だが、私はカネをくすねたりはせず、貧しい人たちのために働くということは確かだ。

就任の翌日、ムヒカは、モンテビデオの中心である独立広場に建つ大統領行政府の十一階にある大統領執務室に入った。その部屋はムヒカにはとても大きく、巨大に感じられた。自宅の約二倍はあるだろうか。どこから慣れ親しんでいけばいいのかわからないほど広かった。五年の任期の間に、執務室は壺、写真、鉄道や住宅の模型、彫刻、扇子、エレキギターなど、様々な贈答品で埋めつくされていった。しかし最初のうちは砂漠のようで、殺伐とした光景だった。

ムヒカは、大きな窓から数分間、モンテビデオの南側の大通りを眺めた。陶酔感も収まり、これまで熱望していたことがようやく始まろうとしていた。彼の頭の中にはアイデアが入り乱れており、思考を整理する必要があった。整理整頓が得意だったことは一度もないが、今は頭の中を整理することが必要だった。鉛筆と紙を手にとり、いくつかメモを書き留めた。

机の上にはパソコンがあったが、ムヒカにとってはまったく意味のない代物だった。彼はそれを装飾品の一部と見ていたが、まだ何かが足りない感じがしていた。そこで、花畑で撮った妻の写真の入った写真立てを探し出し、パソコンの隣に飾った。ベベ・センディックの写真も同じところに飾った。ムヒカは十年以上前から、新しい職場に行くたびにこれと同じ儀式を繰り返してきた。
ムヒカは、机の上にはあまり物を置かなかった。初日も、最後の日もそうだった。届けられる贈り物が、まるで野原を占領しようとしている軍隊のように、部屋の脇の部分を埋めつくしていった。目の前には、ペンと、その時その時のテーマによって変わる書類、新聞、そして写真がいつも置かれていた。テクノロジーの世界の敷居は、またぐことすらなかった。

テクノロジーにはどうも慣れんのだよ。私は時代遅れだし、それは今さらどうしようもない。机の上のパソコンに何度か電源を入れてみたことはある。だが、目もくれやしない。必要ないのさ。いくつかのことには、もうこれ以上挑戦しないようにしているものがあるんだよ。だって、私はもう七十八だよ。「もういい加減やめろ!」「そろそろゆっくりしろよ!」と自分に言いたくなるね。時々ルシアのパソコンを使ってみるんだが、お粗末なもんさ。もしパソコンと格闘しているところを子どもに見られたら、笑いものにされるのがオチさ。練習しなきゃならんのはわかっとるが、私は何せもう年だ。新聞もパソコンで読もうと思うんだが、できる範囲ですることにしている。世界がそっちの方向に向かっているのはわかっているが、私が住んでいるのは別の世界だ。私から読書と紙とペンをとられたら、もうどうしようもない。人間もここまで来ると、もうリサイクルは無理だ。それに、インターネットにはつまらないことばかり書いてあるから、パソコンなんて全部尻《しり》の穴に押し込んでしまえばいいのさ。くずみたいな記事を読むのはもううんざりだよ。新しいアイデアは書いていない。当たり前のことばかりで頭が痛くなる。

私は本を読んで、考えるほうが好きだ。読んだ内容をできる限り噛み砕いて理解するようにしている。時間がある時には、頭の整理のために時々アイデアを書き出してみるんだ。そうすると少し考えがまとまるのさ。

読書し考えることは、ムヒカをあの錯乱状態から救い、すべての政治家が志す最高の栄誉にまで導いてくれた。これからは「実行」という、次の一歩を踏み出さねばならない。ムヒカはそのために準備し、書いていた。ムヒカのイデオロギーの基礎に常にあったのは、最も単純な形の社会主義だった。これを実現するために、一体何ができたのだろうか？　できることはあまりないというのはわかっていたが、何らかの道標になるものが必要だった。そこで、模範となり得るいくつかのプロジェクトについて、政府内部で自主管理を進めてみることを思いついた。「自主管理」という言葉は、机の上に置いていた文書の一枚目にしっかりと書き留めてあった。

今、小国や第三世界における社会主義ブロックの建設に向けて試みることができるのは、自主管理という方向に舵をとることだ。労働者によって自主的に管理されている模範的な企業をつくることが目的だ。私は人類による人類の搾取には反対だ。誰もが貢献しなけりゃならん。資本主義の大きな原動力となっているのは創造力だ。もし創造力がなければ、私たちは昼寝ばかりしていることになるだろう。のらりくらり暮らし、何も達成せずに終わるのさ、ほぼすべての社会主義国でそうだったようにね。

ムヒカは、そのような社会主義の過去の失敗例など知りたくもなければ、今また同じことを試すことなど考えたくもなかった。だからこそ、彼がもうひとつ紙に書き留めたのは、思考の流れを止めてしまうようなイデオロギーを完全に取り除くということだった。ムヒカ自身にはそのようなイデオロギーはないが、もしなんらかの名残がどこかに残っているならば、それを完全に消さなければならなかった。いくつかの具体的なケースでは、人間の人間による搾取に代わる方法を模索する手段として自主管理が効果的な場合もあり、「教養なんて関係ない」。このことはすでにチャベスにも伝え、選挙キャンペーンの最中もずっと繰り返していた。狂気の沙汰、などではないのだ。

ムヒカのインスピレーションの源は一般常識だった。大改革を起こそうとしているわけでも、既存の秩序を変えようとしているわけでもなかった。彼の革命の場所は、武力闘争から投票箱へ、そして彼の思考へと移ってきたのだった。

知識の源となるもののひとつが一般常識だ。問題なのは、現実よりもイデオロギーが優先される時だ。現実とは、顔面にパンチをくらってノックダウンされるみたいに厳しいものだ。もしイデオロギーが現実にとって代わるようなことになれば、人は架空の世界を生きるようになって崩壊し、現実とはかけ離れた絵空事のような結論に辿り着く。私は、今現実を生きている人たちの生活を良くするために闘わねばならんのだ。そうしないことは倫理に反するんだ。これが現実だ。私は理想を実現するために闘っているんだよ、素晴らしいだろう。だが、国民の幸福を私たちの理想の犠牲にすることはできない。一度きりの短い人生だからね。

ムヒカの優先事項として、任期中たびたび繰り返されるテーマになっていったふたつの課題が、土地と教育だった。ひとつ目はベベ・センディックの薫陶を受けている、ゲリラ時代からすでにムヒカがのめり込んでいたテーマだ。土地の価値、所有者は誰か、どのように耕すのか、農村への移住を促すにはどうすればいいかといったようなことだ。三月一日の夜、海外からの賓客を全員招いて催された晩餐会で、ムヒカは南米の貧困国の農民をウルグアイの農地に移住させる努力をすると発表した。ウルグアイでは、人口の半分がモンテビデオに住んでおり、残り半分のうち農村部に暮らしているのはたった五人にひとりにすぎない。

ムヒカは一旦政権に就くと、農村部への再入植を促すいくつかの試みを実施したが、どれもほとんどうまくいかなかった。唯一具体化したのは、二百ヘクタール以上の土地を所有する大地主に対する課税だ。だが、アストリを始めとするかなりの数の政治家の反対を押し切って、しかも詳細をあまり詰めずに実行したため、後にその影響に直面しなければならなくなる。この措置については最高裁で違憲判決が出てしまったため、任期途中で最初からやり直さなければならなくなったのだ。しかし、ムヒカはこれについては一歩も譲らなかった。大地主に対しその他の増税を課すことを主張し、今日もその課税は続いている。

私と意見が異なっても構わない。意見が異なるやつは、政府に入る必要はない。ただ、最終的には誰かが決断しなければならないから、私が決断しているだけだ。だが、私は議論するのが大好きで、ダニロとは何年でも議論し続けていられるが、決して意見が折り合わない問題がいくつかある。土地集中税は、もともとはバジェのアイデアだ。土地問題はトゥパにとって非常に重要なんだ。ホセ・バジェ・イ・オルドニェス[10]は、二十世紀の初めに、土地の一部は社会のものであり、それについては税金を納めなければならないと主張していた。地主は何らかのかたちで社会に還元しなければな

10 ウルグアイ大統領を二期務め（一九〇三～一九〇七年および一九一一～一九一五年）、国家とカトリック教会の分離や様々な社会改革を促進した。

らない。さらに、こうして集めた税金は、全知事との合意のもと、農村部の道路を整備するために用いられる。

ムヒカも農園を所有しており、そこにルシアと二人で暮らしている。出所した時に購入し、それ以来改修を繰り返し、周囲の土地を買い足していった。そうすることで地価上昇の基準がわかり、地主に対する課税は交渉の余地がない問題だと確信するに至ったのだった。

私の農園は、八十年代の終わりには一万七千ドルの大安売りだったので、十四ヘクタール買ったんだ。その後、隣の五ヘクタールを一万ドルで買い足した。今はもっと高くなっているが、地価の上昇はその土地の上で行った労働の成果ではない。その後またさらに土地を買い足した。今は合計二十五ヘクタール持っている。最後に買った六ヘクタールの土地は五万ドルだった。そこにすごくいい井戸があったから買ったんだ。今私が持っている土地を全部売るとなると、五十万ドルはくだらない。購入金額と現在の価格が釣り合っていないんだ。このなかには、社会のものでなくてはならない土地がある。何百万ドルもの不動産を持っているのに一ペソたりとも払いたくないなんて、そんな馬鹿なことがあるかい。罵りたいやつは、好きなだけ私を罵ればいいさ。だがこればっかりは譲れないね。

教育について言うと、大統領の任期の開始時点でムヒカの頭につきまとっていたのは、若者が職業訓練を受けやすい環境をつくるという課題だった。就任演説では「教育」という言葉を三回も繰り返したが、これは決して拍手をもらうためではなかった。この時ムヒカは、ちょっとしたショック療法をしたいと思っていた。だが、いくつかのアイデアを具体化することができたにもかかわらず、ショックを受けたのは彼のほうだった。二〇一〇年三月、ムヒカは技術教育と正規教育を分け、若者が大学まで行かなくても早く労働市場に出て働けるようにする計画を立てていた。伝統的な教育機関の他に、基本課程を終えた若者向けの教育機関として、ウルグアイ技術大学（UTU）を中心とする新たな組織を創設したいと考えていた。しかし、この計画は実現せず、UTUは自治権を維持する中央の教育当局に依存したままの状態だ。

もしやらせてもらえるなら、あの中等教育を牛耳っている連中からUTUを引き離し、ウルグアイ技術研究所やその他の機関にまとめて、どうなるか見てみたい。だが、できるかどうかわからない。私の夢はね、新しい教育機関を作って、これまでかなりの害を及ぼしてきた正規の教育機関の分別とやらと自治権を頭から全部とっぱらうことさ。これを実現するには、色々試してみないといけないし、これは中等教育で実現できると思っている。何をしなければいけないかがはっきりわからない時は、方向性が見つかるまで試し続けなければならない。

ムヒカはこれを実行したが、大多数の政党から、特にムヒカを大統領の座に押し上げた二つの党派であるウルグアイ社会党と、アストリ率いるアサンブレア・ウルグアイ（Asamblea Uruguay）からの根強い抵抗にあった。「社会党のロケ・アレギとアストリ派のホセ・カルロス・マイアが、ブランコ党とコロラド党の議員らと一緒になって改革を妨げたんだ。野党の知事たちまで私を支持してくれていたのに」ムヒカは任期も終わりに近づいた頃、こう私たちに告白した。

技術教育と正規教育を法律によって分ける計画が失敗したことを、ムヒカは最も残念に思っている。しかし、それでもなお、職業訓練校を序列化する方法を模索していた。正規教育に慣れきった政治家たちが発した「ノー」により、ムヒカは別の手段に訴えなければならなくなったのだ。

そこで教育当局に対する「クーデター」を促し、非正規の技術教育の出身者たちが指導的機関を率いることになった。「力づくで権限を握ったんだが、誰も気づかなかったよ」大統領でなくなる数日前にムヒカはそう皮肉った。

この変更によって、UTUへの登録が大幅に増加し、彼らはこの分野で最高の成績を修めることができた。このことは、ほんの少しではあったが国の内陸部に教育を拡大できたこととともに、ムヒカにとって大きな慰めとなり、安堵となった。これは、モンテビデオの外にも短期の技術課程に特化した新しい公立大学をつくりたいという彼の思いと、ムヒカが友人として大切にしている当時のレプブリカ大学（ウルグアイを代表する最古の大学）のロドリゴ・アロセナ学長のお蔭だった。しかし、ムヒカはこの結果に満足していたわけではなかった。「教育ってのはクソみたいに面倒だ」というのが、ムヒカが最後に導き出した結論だった。

小中学校用の校舎の整備にも問題があった。この場合の主な抵抗勢力は、国の官僚たちだった。しかしムヒカはここでも方法を模索し、複雑な状況を覆すことに成功した。しかし、ここでもまた裏道を通らなければならなかった。

共犯者は国家開発公社、特にアドリアナ・ロドリゲス社長で、彼女は校舎の改修作業を完了させることを深刻に受け止めていた。ムヒカは彼女を模範的な人物として利用し、大義のためならば価値ある策略を擁護することを躊躇しなかった。「地方の教育危機を克服するためには、国家に匹敵するものを作り上げる必要があった。そうでなければ、何もできなかったと思う」

アルゼンチンとの対立の克服、軍部との接近の模索、国の過剰歳出の大幅削減は、ムヒカが最初の数週間に着手することにした三つの課題だった。

アルゼンチンについては、働きかけが成功した。バスケスとネストル・キルチネルの間で始まった対立は、その後、キルチネルの妻クリスティーナ・フェルナンデスとの対立に発展し、実に四年もの間、アルゼンチン・ウルグアイ両国の重要な架け橋が閉ざされたままになっていた。往来を絶ったのは、ウルグアイ側のパルプ工場の建設計画に反対した、グアレグアイチュという国境の街に住むアルゼンチン人だった。ムヒカは一旦閉ざされた両国の関係を復活させることを大きな目標のひとつとし、六カ月後にはそれを達成した。この目標が念頭にあったからこそ、バスケスの反対にもかかわらず、南米諸国連合の事務局長選ではネストル・キルチネルに投票したのだった。こうして、緊張関係はほぼなくなったと言えるほどまでに縮小していった。しかしながら、最初の目的は達成されたにもかかわらず、ムヒカが政権に就いていた数年の間に、クリスティーナ・フェルナンデスとのロマンスは破局に終わることになる。

アルゼンチンとの争いでは、どちらが強いかを競っていた。まるでニワトリの喧嘩だよ。あんな馬鹿らしいことのために五年間も行き来がなかったんだ。大統領っていうのは、譲歩することも知らなければならない。重要なのは国民だ。私たちが気まぐれで行動することは許されんのだよ。両国の関係改善について快く思っていない連中がいることは知っているが、私は我が国にとって最善をつくしたまでさ。我々は、たまたまアルゼンチンの属州になっていないだけだ。私は、どんな歴史があったかよく知っているんだ。アルゼンチンと争えば、我々にとって不利になるだけだ。観光業がいい例だ。連中はウルグアイが大好きで、ここに来たら狂ったように楽しんで帰る。ウルグアイは理想的な場所だと言って、慕ってくれている。その感情を利用しない手はない。コロニア（訳注：ウルグアイ唯一の世界遺産、コロニア・デ・サクラメントのこと）でアルゼンチン人観光客と写真撮影をせがまれるのには正直言って辟易している。だが、連中は私のような大統領が欲しいと言ってくれるし、ウルグアイに遊びに来てカネを落としていってくれる。これは大事にしないといけない。そのカネで生活している国民がどれくらいいるか知っているか？　すごい数だぞ！　私はそういう国民のことも考えているのさ。

大統領になったトゥパマロは、軍部にも妙なくすぐったさを感じさせた。当時の軍関係者の多くは六十年代の対ゲリラ抗争で中心的な役割を果たしたわけではなかったが、センディックとその同志たちはウルグアイの悪魔に等しいと聞いて育った世代の人間だった。

ムヒカはそれを知っていたので、初日から軍部を優先事項の中心に据えた。三月二日には、軍隊の全司令官、大佐、軍曹との会合を調整し、その十五日後に国内中部のドゥラスノ県での会合を設定した。そこでは長い議論が行われ、ムヒカは軍隊の能力をほめたたえ、緊張していた連中を落ち着かせた。「我が祖国の兵士たちよ」と彼らに向かって呼びかけたムヒカは、いかに彼らを誇りに思い、できる限りの手段をつくして彼らを大事にしていくつもりであるかを伝えた。

私は、軍部の役割は重要だと思っている。ナイーブになっちゃいけない。軍隊がなければどうしようもないことは明らかだ。権力のために闘う者は、軍隊のことを気にかけないといけない。なぜって、軍事独裁を「二度と起こしてはならない」と思う気持ちは、それはそれで素晴らしいが、現実問題としてそれを保証できるのは、軍幹部に少なからず国の政治的現実が反映されている場合だ。クーデター支持者たちが、政府を倒すためにこの軍事機構の支配権を握るには、団結が必要になってくる。このようなクーデター支持者の団結に対抗する唯一の保証された手段は、軍幹部のメンバーに政治的多様性を反映することだ。社会の政治的多様性が幹部に反映されていなければ、セクトの手に落ちる。連中はフリーメイソンかもしれんし、愛国主義者かもしれんし、まあなんだって構わん。これが世界の軍部で起こっていることさ。だから、拡大戦線としては我々自身のために軍部を味方につけなければならん。これは民主主義を保証するためなんだよ。

残念なことに、軍部と政治協定を結ぶことを恐れる慎重な左派政党もある。私は、自分の政党が軍部と協力しないことのほうが恐ろしい。これでは右派に軍人をとられてしまう！　馬鹿言ってるんじゃないよ！　これは、私が最初から引き受けた権力闘争なんだ。世界中を見渡しても、権力のために闘った連中で軍部を味方につけようとしなかったやつは誰も知らない。そうしないと、闘いに勝つことはできんのだよ。

さらに、政治的なジェスチャーとして、ムヒカは軍政時代（一九七三～一九八五年）に犯した罪のために投獄されていた二十名近くの退役軍人を自宅軟禁にしようと試みた。このプロセスは第一次拡大戦線内閣の時に始まり、鉄格子の向こうにいた多くの人はムヒカが投獄されていた時の看守たちだった。ムヒカは、和平の印として、彼らを自宅に送還することを試みた。しかし、就任後の最初の週にこの計画を正式に発表したがまったく支持が得られず、措置は見送られた。

軍人たちのためにも自宅軟禁の実現に取り組みたかった。しかし、何も具体化できないうちに負けてしまった。発足したばかりの政府が真っぷたつに分裂しそうになっていたし、それが無駄な争いだということはわかっていた。敗けるのは目に見えていたからね。だが、私の意見は一度も変わらなかった。八十歳の老人が牢屋につながれているのなんて見たくないじゃないか。こんなふうに他人の過去の不幸を喜ぶことに何の意味もないし、結局こういう連中は刑務所の中で死んでいくだけだ。これでは何も変わらない。いい加減にしないといけない。私はとにかくずっとそう言い続けてきたんだが、何もせずじっとしていなければならず歯がゆい思いをした。

政府の過剰歳出の一部カットが、ムヒカが就任後すぐに取り組んだ三つ目の課題だった。世界的に有名な東海岸のリゾート地、プンタ・デル・エステにある大統領の別荘を売りに出し、海外への公務出張手当を減らした他、アンチョレナの大統領別邸から、近くのサン・ファン川に泊めてあったヨットを回収するよう命令するなどした。そして、その内容を公表した。節度ある政府を目指しているというサインを出すのが狙いだった。

あそこからヨットを撤去させたのさ。ヨットを持っていれば、船員をひとり無駄に雇わなければならん。それで、船員をやっている友人と一緒に遠くへ送ってやったんだ。あれは確か、統一教会からパチェコ[11]に贈られたもので、一度もあそこから出したことがなかったのさ。それがサインだよ。プンタ・デル・エステの別荘も同じだ。ぜひ明日はプンタ・デル・エステに行きたいという大統領が来たら、コンラッドに行ってプレジデンシャル・スイートにでも泊まってもらえば、馬鹿みたいに節約できる。そうすれば、一年中何もしない無駄な五人の職員に給料を払わなくて済むんだ。（モンテビデオの）スアレスにある大統領公邸にも、何もしない職員がたくさんいる。だが、ちょっと頭がおかしいと思うかもしれないが、これについてはまったく改革しようがないんだ。

これらは肥大化した政府内部の氷山の一角だった。その他のことは、ほとんど何も手をつけられなかった。しかし、ムヒカは初日から自分の意図を明らかにしていた。執務室の扉に「大統領に恥をかかせないこと。拡大戦線に寄付をすること」と書かれた張り紙をするくらいに。ムヒカは海外への公務出張費を一度も請求したことがなく、任期中ずっと給料の七割を寄付し続け、この模範的行為が広がっていくか確かめていたが、正面から壁にぶち当たった。彼が抱えていたフラストレーションから判断するに、その壁はかなり固かったようだ。

出張費承認のサインをするのはもうまっぴらだよ。まったくひどいもんさ。各省の全局長に、無駄な出張はやめるように伝えた。ほとんどの出張は何の役にも立たないからだ。

私には純真な気持ちもあるんだが、連中は私を無視しておる。あいつらの中には時々ひどいやつらもいる。私は給料の大半を寄付しているのに、政府のほとんどの人間は、貧困者向けの住宅整備のためになんか一ペソたりとも出そうとしないんだ。ほんのわずかな例外を除いてはね。まったくひどい話だよ。

11 ホルヘ・パチェコ・アレコは、オスカル・ヘスティドの死後、一九六七年十二月六日から一九七二年までウルグアイ大統領を務めた。トゥパマロスとの抗争を率い、憲法に規定されている緊急事態措置をとった。

時とともに政府内で具体化することができた改革は、節約よりも、管理やイノベーションと関係している。どちらもムヒカにとって不可欠だった本来の目標ではないが、ムヒカは間違いなく自分の功績を主張し、将来的にインパクトを残せる具体的な成果となった。

ムヒカが五年の任期中に行ったその他の取り組みとしては、再生可能エネルギー（風力、太陽エネルギー、バイオ燃料）の導入や、ＬＮＧ基地入札、ウルグアイにおける油ガス田の探索開始、ブラジルとの新たな電気相互供給などがあり、これらはどれも歴史の教科書に記載されることになるだろう。

他に指摘すべき成果は、例えば、公共企業が大幅に投資を増やした結果、任期の終わりに多額の債務を抱えてしまっていたとはいえ、地域経済に大きなダイナミズムを生み出したことである。この債務についてムヒカは「必要経費」と正当化していた。さらに、何回ものやりとり、交渉、ストライキ、原文の修正、修正への修正を経て、公務員に適用される新たな法律ができた。その結果、より現実的な労働規則が作成されたのだが、公務員を民間労働者と同じように扱うという、もともとのアイデアからは程遠かった。

まず手始めに、五年間の成果をいくつかの失敗例と成功例にまとめることができたとはいえ、実際のリストはもう少し長い。しかし、ムヒカが権力の座に就いたことによって、以前ムヒカ自らが例えていたような、地震にも似た揺れを社会全体にもたらすことができた。ムヒカが思っていたよりももっと微弱で、もっと地下深くで起こったもので、地表でこそ大きな変化は起こさないものの、長く影響を残すタイプのものだった。

3 無礼者

その朝は、もうすでに何かが違っていた。午前八時を数分回った頃、何もかもが瞬く間に始まった。モンテビデオから約二百十キロ離れたコロニア県にある、アンチョレナの大統領別邸の入り口に向かう途中の牧草地は、まだ昇ったばかりの太陽に照らされ深い緑色に輝いていた。私たちは証明書を提示して、最初の門を通過した。二番目の門の前に車を停めた時、私たちの背後でクラクションが大きく二度鳴った。三菱製の白いSUVが前に進もうとしていた。ドライバーが素早くハンドルを切り、私たちの横で止まった。「私について来い、連れていってやるよ」運転席の窓を下げ、そう叫んだのはムヒカだった。助手席にはルシアが座っていた。これでもうチェックポイントはなくなった。ギアをファーストに入れ、大統領が運転する車についていった。

二キロほど走った後、ようやく主邸に到着した。二十世紀の初めに、アアロン・デ・アンチョレナというアルゼンチン人の大富豪によって建てられ、大統領専用としてウルグアイ政府に寄贈されたコロニアル調の邸宅だ。ムヒカが妻とともにSUVから降りると、私たちはそこに三番目の乗客がいたことに気づいた。飼い犬のマヌエラだ。大統領とファーストレディはパンツ姿にスニーカーを履き、少し色褪せたセーターを羽織っていた。ムヒカはひさしつきの帽子をかぶりサングラスをかけていたので、すぐに彼とはわからなかった。サングラスはレイバン。当時、国営石油会社アンカップの社長だった息子のほうのラウル・センディック（現副大統領）が忘れていったので、ムヒカが頂戴したものだった。

ムヒカは、二つ三つ歓迎の言葉を述べるとすぐ、「ちょっとドライブに行こう」と私たちを誘い、SUVに乗り込んだ。私たちは三人——パートナーがひとり同行していた——で、ムヒカとルシア、そしてマヌエラ。これが、大統領が運転手兼ガイドを務めるドライブ旅行の参加者全員だった。オークの森を走り抜け、鹿の群れに出会い、ブエノスアイレスが臨めるラプラタ川の川岸まで下りた。間違いなく、特別な朝だった。

これで終わりではない。主邸に戻ると、ムヒカは建物の中を案内すると言ってくれたが、使用中だったのは台所だけだった。その「ツアー」では、四つの寝室とリビングルーム、狩猟のトロフィーが飾られているエリア——ヒバロー族（訳注：干し首で有名な中南米の先住民族）の頭まであった——、様々な国への旅の思い出が飾られているエリアや、二十人掛けのテーブルと暖炉のある大広間を回った。どれも旧く趣があり、豪華だった。「博物館みたいだろう」とムヒカは言った。「例えば、ここの端っこは、私が地下牢につながれていた頃、軍部の連中が座ってウイスキーをちびちびやっていた席で、こっちの椅子には三年前にブッシュが座ったんだ」

と、巨大なテーブルの席をいくつか示しながら説明してくれた。

「私たちはこの家では寝ないのよ」とルシアが言い、もともとは家主のために建てられた、主邸の隣にある建物のほうへ歩き始めた。「私たちはこっちを使っているのよ。ゲストもここに泊まるから、みんな小さなホテル《オテリート》って呼んでるわ」

私たち五人はマヌエラに案内され、その建物まで行った。玄関のすぐ脇には、穴だらけの古い毛布で整えられたベッドがあった。リビング兼ダイニングでは暖炉に火が灯り、テーブルがきちんと整えられていた。レンズ豆のスープとワイン二本をご馳走になった。しばらくすると、用を足したくなったので、トイレに入ってドアを閉め、便器の前に立ったとき、その日最大の衝撃を受けた。なんと、大統領と夫人の下着が窓に吊してあったのだ。

これが、儀礼という観点から見たムヒカ大統領だった。アンチョレナでのエピソードのようなことは日常茶飯事で、世界各地で今もなお伝説として語り継がれている。私たちがたびたび交わした会話の中でも、ムヒカは「儀礼や典礼、その他の無意味な慣習は全部クソくらえだ！」と言っていた。

ムヒカは海外でも終始こんなふうに振る舞った。要するに、無礼者である。彼は、しきたりというものをほとんど守らず、国家元首に関わるあれこれを担当する者たちを発狂させていた。

儀典担当者たちは、大統領行政府の大統領執務室の一階下の十階にいた。儀典を担当しているのは二十名ほどの職員だったが、ムヒカの任期を通して、大体皆いつも仲たがいしていた。

仕事はあまりなく、わずかにあった仕事さえ、まるでもともとそう計画していたかのようにやり遂げなかった。

「ムヒカと仕事をするのはとても難しい。台本通りに進めてくれないし、こちらから最低限の提案をするだけも怒ってしまうんです。いい加減、我慢できませんよ。もう辞めて欲しいと思っている職員はたくさんいますよ」と、大統領府に二十年以上勤務する職員は告白した。多くの職員が彼と同じように感じていた。ムヒカの予定を調整しなければならなかった五年間は、皆することがなく時間を持て余し、それがかえって職場関係を難しくしていた。

次の訪米には儀典の連中も同行する。私としては、連中をここに置いていっても何の問題もないんだが、我慢しなければならん。私が儀典なんて気にするタイプじゃないことは知ってるだろう？　私の部屋のすぐ下にいる儀典の連中は、一日中何もしておらんのだよ。あいつらには関心もない。どちらにしても、儀礼的なことは我慢してたくさんやらないといけないからね。最近、君主制というものを違う目で見るようになった。と言うのも、どこへ行ってもスペインの王子が来ているんだ。どんな料理にでも添えられているパセリみたいにね。あれを我慢するのは大変だと思う。外交儀礼で絶望的に感じるのは、政府によるカネの無駄遣いだ。ボリビアでさえもそれを経験したよ。裏では、こういうことで攻撃されるのさ。

問題は儀典の役人たちだけではない。大統領たちも、時計の歯車のようにきっちりと動く仕組みに守られている。人間は入れ替わり立ち代わり交替するが、この仕組みの骨子は残り、守られるようにできている。任期を終える者は、まるでシャツのようにそれを脱ぎ捨て、次に任期を始める者がそれを身にまとう。このことは、肩書きの重要性や、身辺警護の必要性、制度に対する尊重や配慮で説明される。ムヒカは、このすべての仕組みを解体し、アンチョレナも大統領行政府も、セキュリティも移動手段も、コミュニケーションも何もかも、自分の任期の五年間は秩序を乱したままにしておくことにした。

ムヒカは、訪問先のドアや移動用の車のドアを、自分のためには絶対に開けさせなかった。運転手たちも小言を言われるのが嫌で、こういった形式的なことはしないようにしていた。また、大統領専用車ということが一目瞭然の車で街に出るのも嫌がった。そして、いつも運転手の横の助手席に座った。ただこれは、自分の青いフォルクスワーゲン・ビートルを運転してモンテビデオ市内に出かけることをまだ思いついていなかった頃の話だ。また、外出する際にボディガードに伝えないこともあった。

二〇一二年冬のある朝、私たちはムヒカの自宅近くの路上で集合することになっていた。「上り坂で待っているよ」と彼は言った。予定の五分前に着くと、道路脇にビートルが停まっているのが遠くに見えた。まるで捨てられているように見えたが、私たちが車の左側に停まると、ムヒカは座り直して窓を下げ、頭を出した。そして、「ここから四ブロック先の友人の家に行こう」と言うので、私たちは彼についていった。一軒の平屋の前で車を降り、家の主人に許可をとった後、そこに一時間ほど滞在し、政権が抱える問題について語り合った。ムヒカは、その時すでに大臣のひとりに辞任を申し入れており、私たちにその理由を説明したかったらしい。ムヒカの携帯電話が四回鳴った。四回目の着信音で電話をとり、「もうすぐ行くから、しばらく放っておいてくれ！」と怒鳴った。電話の主は、ムヒカの居場所を確認しようと躍起になっていたボディガードだった。「ざまあみろ。あいつらは気が動転しているよ」と笑いながら言った。そう言いながらも、このような任務の担当者たちを気遣う面もあった。

公用車に乗る時は、私のために車のドアを開けさせたりしないし、後部座席にも絶対に座らない。攻撃されて、運転手だけ犠牲にするわけにはいかないだろう。私も運転手と一緒に戦わなければならん。私が乗っているのは大統領専用車だが、その車にはその辺のごみ箱で拾った一般のナンバープレートがついている。軍部の連中はどのプレートか知っているから、意味がないんだがね。私は、私と気づかれずに街を歩きたい。目立つのは好きじゃない。大統領の身の回りのお飾りは全部尻の穴にでも突っ込んでしまえばいいのさ。私には必要ないよ。

モンテビデオのプラドという住宅地に、大統領公邸に指定されている、二ブロックにわたって広がる旧い瀟洒《しょうしゃ》な大邸宅がある。タバレ・バスケスが政権に就くまでに四人の前任者がそこで暮らした。バスケスは、同じプラドにある自宅に住むことを選び、スアレス通りとレジェス通りの角にある大統領公邸を執務室とした。ムヒカもこれと同じことをした。あるいは、ほとんど同じことをしたと言ったほうがいいかもしれない。

ムヒカは、モンテビデオ郊外にある農園を副執務室にすることを望んだ。スアレス通りの大統領公邸に行ったのは数えるほどしかなく、そこで寝たことは一度もなかった。海外の著名人や指導者、内閣の大臣たち、国内外のジャーナリスト、国会議員は皆、折を見てムヒカの自宅に立ち寄った。私たちも何十回となく訪れた。ある時は、ムヒカが一日の大半を過ごすキッチンのテーブルを囲み、またある時は小さなリビングの暖炉の横で語り合った。しかし、私たちのミーティングのほとんどは戸外で、ムヒカが応接室兼会議室として使っている森の中で行われた。そこには、パラグアイ人の友人から贈られたという、彼の名前が火で焼きつけられた木のテーブルが置かれていた。

十一月のある日曜日の暑い夜、ムヒカは玄関先の井戸の上に腰かけて私たちを待っていた。春のように新鮮な空気を吸いに外に出ていたのだった。自宅ではほとんどいつもカジュアルな格好で、入れ歯もしていないことが多かった。ムヒカは、私たちそれぞれにウイスキーの入ったグラスを渡し、迎えてくれた。私たちも井戸の上に腰かけ、一時間以上語り合った。私たちの間を、カタツムリが苦労しながら円を描いていた。ムヒカは、自分が話している時は、井戸の縁にグラスを置いていた。話を終え再びグラスを手に取った時、カタツムリが琥珀色の液体と氷の間に浮かんでいるのに気づいたが、殻をつまんでかなり遠くまで放り投げ、まるで何ごともなかったかのようにまた飲み続けた。冗談ひとつ言わなかった。ホスト役は彼だったので、私たちも何も言わなかった。

ムヒカは、掃除婦であれ料理人であれ、決してサービススタッフを自宅に入れなかった。アンチョレナでは、ゲストを迎える場合を除いては、自分のために料理もさせなかった。このことは、彼の妻が海外や国の内陸部へ出かけるたびに、リンコン・デル・セロの農園でもわかった。最低限のことだけだったが、ムヒカは自分で掃除もしていた。普段料理をするのはルシアだったが、犬の餌の準備など、いくつかの仕事はムヒカの担当だった。

料理上手っていうのは、家にあるもので料理ができるということだ。アンチョレナでは、あいつと私で一緒に料理し、皿洗いまで全部やる。頭の体操になるんだよ。食事の準備や掃除をしてくれる使用人なんかいらん。大統領専属で雇われている連中は、私がここに来た時、それがなかなかわからなかったみたいだ。以前は、大統領一家全員のために食事をつくっていたのに、今はゲストが来る時だけになってしまったんだからな。

トマトソースを作ったり、台所仕事だって少しはするよ。マヌエラの餌は私がつくるんだ。上等な肉を刻んで玉ねぎと一緒に炒めてやる。これをやらないと、「何よこれ！」と言わんばかりの顔で私をジロっと睨むんだ。完全にあいつの尻に敷かれているよ。まったくやられっぱなしだ。明け方に目が覚めて一番最初にすることは、マヌエラの餌の準備なんだ。

ムヒカの身の安全を守るために提案されたルールも、一度も守ったことはなかった。外出時の同行者もいつも少数だった。例えば、運転手のダニエル・カラバハルや政府のメンバーだけを連れて、モンテビデオ市内のあちこちのバーで昼食をとったりもした。

ムヒカはいつも、写真や抱擁、握手に応じたし、殺《や》ろうと思えば殺《や》れるほど市民の近くにいた。「そんなに注意して出歩く必要はない。殺《や》られる時は、何をしていても殺《や》られるんだから」と言っていた。「トゥパマロスで学んだのは、護衛を増やせば増やすほど、安全ではなくなるということだ」

「外出する時は武器を持っていくんですか？」すでに大統領になっていたムヒカに聞いてみた。

「ああ、自宅には銃が一丁以上あるし、私はひとりでよく出歩くから必要な時は銃を持って出かけるよ」と、私たちに告白した。「襲われたとしても、何人かは必ず道連れにできるだろう」

海外には、武装したボディガードを少なくともひとりは同行させた。他国へのミッションに同行する代表団はいつも少人数で、将校づきの副官が大統領の安全を守り、武器を携行する役目を担うことが多かった。同行者はほぼ全員、任務を兼務していた。ムヒカの主治医ラケル・パンノーネも秘書とカメラマンを兼務し、ジャーナリストや他国の外交官、さらにはムヒカに遭遇して驚く通行人の求めに応じて、何百枚もの写真を撮った。

短距離の移動には、ウルグアイ空軍が所有する四十年以上も年季の入った小型飛行機二機を使ったが、合わせて三十人も乗れなかった。大きな国際会議の開催中に、空港に停められているプロペラ機は、他の飛行機とは著しい対照をなしていた。「勇気だけはあるんだよ」とムヒカは言っていた。

ムヒカは、機内のトイレでは立って用は足さなかった。プロペラ機の中で用を足すのはある意味冒険だった。機体はまるでおもちゃのように揺れるし、食事用のスペースさえかなり限られていた。それだけでなく、平均速度が遅かったので、このまま旅が終わらないのではないかと感じられさえした。ムヒカは機内では靴を脱ぎ、狭い通路を散歩したり、足を前の席に上げたりしていた。

ウーゴ・チャベスの葬儀には、アルゼンチンのクリスティーナ・フェルナンデス大統領が自分の飛行機で連れていってくれたが、その機内を見てムヒカは自分の目を疑った。「美容師まで乗っていたよ」と、後日ムヒカが教えてくれた。ダブルベッドにクローゼット、シャワーつきトイレにリビングなど、ありとあらゆるものが揃っていた。「いやまったく、あれこそが国家というものだね」と皮肉った。

長距離の移動には民間機を利用した。待ち時間と乗り継ぎはできるだけ少なくしようとしたが、いつもうまくいったわけではなかった。こういう時はファーストクラスを何席か確保するのだが、旅の途中で退屈になって、エコノミークラスに散歩に行ったりもした。乗客は彼を見て驚き、一緒に写真撮影をしたり抱擁をしたり、意見を言ったりした。

海外でも、外交儀礼や形式的なことにこだわらないスタイルは変えなかった。逆に、自分の習慣ひとつひとつを守り、それがかえって行く先々のホストたちの関心を引いた。このような情報が世界の主要メディアによって伝わったお蔭で、ムヒカが注目されないことはなかった。他と違うユニークなものはよく売れるということを、ムヒカも常に意識していた。ウルグアイではすでに常習犯だったので驚かれなかったが、世界はまだ彼を知り始めたばかりだった。

スウェーデン訪問時には、王宮の大広間のテーブルの上に国王への贈り物を置き忘れ、映画並みの軍事作戦を引き起こした。ムヒカは、スウェーデン王室との短時間の謁見を終えた後、贈り物を渡すのを忘れてその旧い宮殿を後にしてしまった。ムヒカらしい典型的な略式行為だったのだが、これがスウェーデンの爆弾対策部隊を動員することになるとは夢にも思わなかった。何十人もの警官と特殊部隊が王宮に送り込まれ、王宮周辺を封鎖し、その不審な包みを取り扱うためのロボットとともに突入した。その不審物が、ウルグアイの国名が刻まれた紫水晶だったことがわかった時、緊迫した空気が一瞬にして笑いに包まれた。

ベルギー王宮では、さらに扱いにくい一面を見せた。訪問時には、儀典担当者たちが入り口でムヒカの到着を待っていた。大臣たちもムヒカより数分前に到着してスタンバイしていた。担当の役人が、「大統領はネクタイをお使いになられないと伺っていますが、こちらにお入りになる際には必要ですので、僭越ながらギフトとして一本用意させていただきました」と告げた。

それを数メートル離れていたところから聞いていたムヒカは、「そういうことなら私はどこにも入らんと伝えてくれ！ さあ帰るぞ！」と叫び、入り口とは反対の方向に踵を返した。役人たちは謁見を中止しないようにムヒカを説得しなければならなかった。それでも彼は「わかった、だがなんと言われてもネクタイだけは締めんぞ」と言い張り、ベルギーの役人たちを驚かせた。

これらの外遊では、ムヒカが示す親密さの度合いも違っていた。例えば、二〇一三年五月の中国訪問の際には、国家元首には贅をつくした滞在先が用意された。寝室は三十平米以上あり、巨大なジャクジーつきの浴室があった。この時にムヒカのボディガードとして同行したのはトゥルコ・エルナンデスだった。部屋に到着すると、トゥルコは服を整理し、スーツをかけ、風呂に入った。驚いたのは、隣接する自分の部屋に休みに行こうとした時だった。

「おいおい、どこに行くんだ？」

「そろそろ休ませていただきます。隣に部屋が用意してありますので」
「ああ、なるほど。そいつはいいな。だが、私のベッドは八十人寝られるくらい大きいから、今晩はワシと一緒に寝ればいい。このベッドならマットレスも快適なはずだし、二人乗っても大丈夫だ」

大統領と寝室を共にしたのはトゥルコだけではなかった。同じように他国に同行したフラコ・アジェールとダニエル・カラバハルもムヒカの隣で眠り、彼のいびきと夜中に何度もトイレに行く足音に悩まされたが、ムヒカをコントロールする術はなかった。

二〇一三年のマドリード訪問の際、ムヒカはウルグアイ大使公邸で朝三時三十分に目が覚めてしまったので、少し体を動かすことにした。中国から移動してきたので、時間の感覚が完全に狂ってしまっていたのだ。大使公邸の地下にはサウナやトレーニングマシン、エアロバイクなどが置いてあるスペースがあった。この時同行していたトゥルコは夢うつつで反応し、ムヒカの後を追った。スペイン駐在のウルグアイ大使フランシスコ・ブスティジョはまだ起きていて、翌日の予定を確認していた。「しばらくひとりにしてくれ！　まったくお前らは軍人みたいだな、何でもかんでも命令しないといけないのか！」とエアロバイクに乗っていたムヒカが怒鳴った。三十分後、ムヒカは随分リラックスして、再び眠りにつくために寝室に上がった。

海外でも着るものにはあまり気をつかわなかった。たまに、ジャケットにシャツとズボンを合わせるくらいだった。自由な時間があればスポーツウェアに着替え、その格好でメディアにも対応した。せめてセーターかシャツを着てくれと頼んだアドバイザーを、ムヒカが一蹴したことは一度や二度ではない。野党の友人であるグアポ・ラランニャガからも、就任してから三年間ずっと使っている薄汚い格子柄の上着は、少なくとも海外へは持っていかないように言われたが、ムヒカは「私がこれを着ていることを有難く思え」と答えた。ムヒカはいつもその上着を着ていたので、すっかり彼のトレードマークになっていたのだ。前任者や他国の同僚たちと違えば違うほど都合が良かった。彼はそれを巧みに利用する術を知っていたのだ。

一般市民と統治者の間にアパルトヘイトが生じることがある。生活スタイルというのは一見取るに足らないことのように見えるが、そうじゃあない。そこには政治家に対する不信感もある。国民は、大統領になるやつはみんな同じだと思っていて、最後には政治にものすごい不信感を持つようになるんだ。これは深刻な問題で、だからこそ私は闘おうとしているんだ。だがよく聞けよ、私には自分のスタイルってものがあるが、私と同じ生き方をしていないやつらを非難するわけじゃない。私にはものすごい金持ちの友達だっているし、そいつらのことは高く評価している。私の生き方を他人に押しつけようとしているわけでもない。だが、政治と、大多数の国民との間には隔たりがある。私に票を入れてくれた人も入れなかった人も、大多数の街の人たちは私を尊敬してくれているし、気に入ってくれている。それは、私が大統領であることを鼻にかけないからなんじゃないかと思うんだ。

私がいつも言っているのは、「自分の考えに従って暮らそう。そうしなければ、暮らしぶりに合わせて物事を考えるようになってしまう」ということだ。これはいつの時代にも言えることだ。人が自分を正当化するために用いる言い訳の数は半端ない。このとんでもなく非効率な政府では、何でもかんでも正当と認められてしまうわけで。こういう連中は絵空事のような世界で暮らし、権力者におべっかを言っているだけのごますり連中に囲まれるようになるのさ。これは危険極まりない。だが、これと同じ状況を色んなところで見てきた。

だからこそムヒカはウルグアイの大統領経験者たちとは一定の距離を置いてきたのだろう。自分が「雑魚《ざこ》の魚交《ととま》じり」であると感じ、彼らと一緒に行事に参加することはほとんどなかった。「私はクラブのメンバーじゃないんでね」と言い、それを社会「階級の問題」と捉えていた。フリーメイソンでも大学教授でもない彼にとって、元服役囚だったことは大統領になる際の妨げにはならなかったが、「大統領OBグループ」に加わる際の障害ではあった。

私は生まれながらの無礼者なんだ。大統領経験者たちと一緒にいても、まったく気が合わないし、連中も私のことを変な目で見る。あいつらは、私が彼らの世界に属さないことを知っているのさ。私は彼らのグループには今も所属していなければ、今後所属することも決してない。そもそも私は、ルールからはみ出しているんだよ。

確かにムヒカは例外かもしれないが、きちんとした計画と、正当な根拠のある例外だ。ムヒカは大統領も一国民として位置づけることを常に目標としていた。そのために、国家元首と一般市民の日常生活の間にある距離をなくそうと努力し、節度と共和制を取り戻そうとすることで、世界にも名前が知られるようになっていった。

共和制の歴史は、従属の時代が始まった後の自由への闘争で、人類全体の歴史で見るとほんの少し前のことだ。共和制は資本主義の枠組みのなかで出現するものなので、基本的には自由や機会均等を求める闘いなのだが、エゴイズムが原動力となっている。国王や地主を追い出すためだ。だが、共和国という概念には、共和制とはまったく関係がない階級社会というテーマが無理やり押し込まれている。共和制の定義は、誰も人の上に立たないということだ。それなのに、大統領たちは今も、君主制を起源とする封建制を受け入れるよう飼い慣らされてしまっている。だから、彼らの周りにつくられたお飾りを全部受け入れていられたんだ。派閥、レッドカーペット、表敬行為など、こんなのは共和制とは何の関係もない。共和国では誰もが平等で、すべてが国民によって決められる。そして、その国民に対して私たち政治家は全身全霊で責任を負っている。統治者というものは、自分に投票してくれた圧倒的多数の国民のように、節度を持って生きなければならない。大統領も同じ国民なのだ。私の家でだって、便所に行こうと思ったら、左官を呼んで便器を取りつけてもらわなけりゃならん。私は配管工や左官と何も変わらない。ちくしょう！ これについて私は何もできないが、少なくとも私は連中に飼い慣らされたりはせんよ。

これは日和見的な意見ではなく、じっくり考えた末の意見なんだ。これについては何度も考え抜いたから、おそらく私の最大の遺産のひとつになるだろう。お前さんたちの大統領は、任期半ばに心臓麻痺で死んでしまいそうな普通のじいさんなのだから、国民はそれに気づかないといけないね。

このテーマは、ムヒカとの会話においてたびたび繰り返された。ムヒカの権力の行使の仕方が通常とは異なっていることが毎週のようにニュースになり、彼は君主制と共和制を対比させて自分のやり方を正当化していた。ウルグアイの元大統領たちは、ムヒカの台本から離れた行動を静かに見ていた。内輪では、これを大局的に見ようとしている者もいた。「殻と同じだよ。中身がないのさ。こればっかりは直せないし、何も変わらないよ」と、元大統領のひとりが遠慮がちに私たちに語った。さらに彼は、自分たちの間でムヒカが「毛色が違う」と見られていることを認めた。コロラド党のフリオ・マリア・サンギネッティやホルヘ・バジェ、国民党のルイス・アルベルト・ラカジェ、それに拡大戦線の同志であるタバレ・バスケスも皆、そう思っている。

さらに、ムヒカは任期中頻繁にラカジェやサンギネッティ、バスケスとも意見交換をした。三人全員からアドバイスをもらったが、ほとんどどれにも従わなかった。このなかでムヒカと最も親しかったのは当然バスケスだったが、彼はムヒカと最も対照的な人物のひとりでもあった。「あいつはまるで君主みたいに振る舞っている」と、ムヒカはバスケスについて言ったことがある。

お前は自分が大統領だから、他人より上の階級に属していると思っているようだな。伯爵、侯爵、あるいは君主というところか。いい加減にしろよ！　まったく最悪だね。

国民と「距離を置く」ことは、就任後最初の数日にラカジェがムヒカに勧めたことだった。「大統領は常にミステリアスな雰囲気を身にまとっている必要がある」とムヒカに言った。また、「ギフトを全部とっておく」ための部屋を一室用意するようにとも提案した。

「あいつの言うことにはまったく耳を貸さなかった」とムヒカは告白した。だからといって、ラカジェを無視していたわけではない。ラカジェのことは「何を考えているのかよくわからない、ひねくれた男」だが、常に学ぶところのある一流の政治家だと思っていた。

大統領就任中、バジェとはあまり話をしなかった。重要性の低いテーマについて何度か電話で話し、あまり意味のない会合を何度かもった程度だ。ふたりにはのんびりしたスタイルと、おしゃべりで、とっぴな考えをするという共通点があることを考えると、なんとも残念だ。

サンギネッティのことは尊敬し、彼の言うことはよく聞いた。彼からは頻繁に電話がかかってきていた。ほとんどが外交問題に関するアドバイスだったが、昼寝《シエスタ》をとるようにとも勧められた。ムヒカはメモをとり、いくつかのアドバイスには従った。公の場では、サンギネッティに鋭い質問を投げかけたり、ウルグアイ社会における最も重要な価値観を破壊したとして非難したりもしたが、一対一のときは一切このようなことは起こらなかった。

あいつは実力者で、ヘビ使いのようだ。私には気持ちよく接してくれるし、衝突しないように気をつかってくれるとてもいいやつだ。今は政党を離れ、また色んなことに関わるようになっている。だが、ギフトのことや、ミステリアスでいろとか、儀礼がどうとかについては、ラカジェとまるで同じ意見なんだ。大統領時代にもらった絵をまだ後生大事にガレージにとっているそうだよ。私たち夫婦の持ち物はすごく少ない。ほとんどのギフトは譲ってしまった。

連中は皆、自分こそがボスだと思っている。私のことを間抜けなじいさんと呼ぶのは勝手だが、あいつらこそ何が起こっているかわかっとらんのだ。連中は、物事を黒か白かに単純化してしまうことが多いと思うんだ。

ムヒカは、どんな時にも自分に責任があるということを忘れたことはなかったが、おそらくそれが彼の最大の欠点のひとつでもあり、長所のひとつでもあったのかもしれない。大統領というものは、大統領であらねばならないと同時に、大統領のように振る舞わなければならないと言う。ムヒカは、常にどんな時も大統領だった。片時たりとも自分の任務を忘れたことがなかった。しかし、大統領のように見えたことは一度もなかった。しかしむしろこのことが、彼に影響力と信頼感を与えると同時に、彼自身と彼の周りの人間たちにとって問題にもなった。大統領っぽく振る舞わない大統領の日程を設定するのは容易ではないし、会話の中身も沈黙もコントロールすることはできない。一部の人によって賞賛されたことは、別の人たちにとっては不信以外の何ものでもなかったのだ。

私の地区《バリオ》のボウリング場には今も通っていて、以前からの友人もいる。ほとんどの連中は私のことを「ぺぺ」と呼び、大統領なんて誰も言わない。ラッキーなことに、「トゥ（tu）」で話してくれるしね（訳注：相手が目上の人の場合や少し距離を置いて話をする場合には三人称の「ウステ（usted）」が用いられるのが普通だが、大統領に二人称の「トゥ」を用いるということはそれほど親しい間柄であることを示している）。「大統領」なんて呼ばれたくもない。そんなことは何の助けにもならないという連中もいるが、クソくらえだ。とにかく私はこういう人間なんだ。それでも信用してもらえないなら、それはそれで仕方がないさ。

あまり知られていないことだが、ムヒカの伝統や形式を敬わない態度やこれらに感じる苛立ちは無政府主義《アナーキズム》に起源があった。ムヒカは本質的に、信念を持った無政府主義者《アナーキスト》だった。何年にもわたって彼のことを知り、彼と付き合い、彼の考えを深く掘り下げて研究した今、そのことに疑いの余地はない。政権を握った無政府主義者《アナーキスト》なのだ。これはこれで理解し難い矛盾だが、事実だ。罪悪感のようなものを感じながら権力を生き、そのメカニズムの一部を疑問視しつつ、権力を行使することにも強い関心を持っている大統領。無秩序を生み出し、そうすることさえ楽しんでしまう、歩くパラドックス。

できる限り儀式ばったやり方を避けるのと同じように、憲法や法律もあまり好きではなかった。それらが、政治家としての自分の仕事を律するものだということがいくらわかっていたとしても、単なる形式としてしか捉えないこともあった。大統領としてそれらを廃止しようとは決して思わなかったが、相対的な重要性しか与えないこともあった。

「司法の上に立つ政治」というコンセプトは、ムヒカによって確立されたものだ。単なる気まぐれでも、法の支配や民主主義を軽視しているわけでもない。ムヒカは、民主主義とは、ウィンストン・チャーチルが言ったように「最悪の政治形態であると言える。これまでに試みられてきた民主主義以外のあらゆる政治形態を除けばだが」と信じていた。

ムヒカは、憲法や法律は政治から生まれた社会的信条であって、絶対的に尊重されるべき価値はない、と確信を持って主張する。在任中ずっと弁護士たちに言われていたことをいつも思い出す。「大統領、まずご要望を我々にお伝えください。それから私たちがそれを正当化する法律を探します。すべてうまくいきます」ムヒカはいまだにこれについて冗談を言う。彼はそもそも政府で働いている弁護士たちにはあまり好意を持っておらず、その時の統治者の使用人にすぎないと考えている。そのため、人類の歴史上ずっと政治が司法の上に立ってきたし、今もそれは変わらないと信じている。人間はいつも主観に基づいて法律をつくり、修正してきたのだ。

弁護士はまず私たちの要望を聞き出し、それに合わせて法律を変えていく。常に顧客の側に立って行動するんだ。これまでもずっとそうだった。実定法は、その時の統治者が求めていたことを正当化するために生まれたものだ。法の支配は素晴らしい。なぜなら、その反対は、国王が好き放題できる君主制という政体だからだ。しかし、大きな問題は、法の支配にはもう少し常識を与しなければならないということ。完璧で、疑いの余地もなく、すべてに勝る法律なんてない、そんなのは嘘っぱちさ。それが嘘っぱちなのは、自分の意見があり、主観的で、階級に所属していることを自覚していない人間がそれを解釈しているからだ。

このような考え方は、ムヒカが法律を無視して政治を行ったことについて彼を許していない野党だけでなく、司法府にも影響を与え、いくつかの重要な法律に違憲判決が下されることになった。最高裁は、二千ヘクタール以上の農地所有者に対する課税を含む、ムヒカ政権が重視していた三つの法令を廃止した。

私は法律家ではない。問題なのは、弁護士にあちこち引きずり回されることだ。あいつらはどんなことについても私を説得しようとする。ひどいもんだよ。その後、最高裁で足を引っ張られ、また私に反対の議論をするんだ。足かせになるのはいつも法律家だ。大統領準備コースがないのが問題なんじゃないか？　そんなものは存在しない。ウルグアイでは、極めて予防的な司法制度を作ることに成功したと思う。人間のありとあらゆる欠陥を念頭に置いた、予防主義的な民主主義だ。だから、何もできないんだ。普通と違うことをするのはそれなりに難しいんだぞ！　必ず憲法と法律に邪魔されるからね。

任期終了間近に、ムヒカが司法府に対するフラストレーションを改めて確認することになった裁判官との事件があった。それは、常にムヒカを苛立たせたカネの問題だった。行政府の大臣たちが昇給を受けたため、最高裁の判事たちも昇給を要求したのだ。政府はこの要求を却下したが、ウルグアイの裁判官の給与は政府の大臣職の給与と連動しているため、最終決定は裁判所によって下された。大統領はこの決定に憤ると同時に、孤立していると感じた。異端児《オベハ・ネグラ》の孤独だ。

まったく司法には幻滅したよ。ここにも階級闘争があると思う。司法は、依頼されたことや、カネを受け取って頼まれたことを決めるという意味では、右に出るものがない。しかし、自分たちの正義を擁護するし、正義なんてほとんどないこともある。ここに重大な人間的欠陥があるんだ。おまけに、裁判官は自分で真ん中にパスを出し、自らヘディングでゴールを決めることができる唯一の人たちなんだ。同じく正義を行政府に委ねることもできない。そのために人類はこれまでものすごく苦しんできたからね。

目隠しをした正義の女神が司法の象徴だなんて言わないで欲しいね。正義の女神の目は実はいつも大きく開いていて、カネに対しても敏感だ。四百人もの裁判官が給料アップを求めて、裁判官と原告を同時に演じる国が他にどこにある？　これにはショックを受けたよ。大体において、誰も全体像を見ていないことが、わかったよ。どの分野でも、細かいことばかり気にするやつらばかりだから難しいんだ。連中は、国のために判決を言い渡す立場にある。持続不可能な制度をこれまで存続させてきたくせに、今になって法律はすべての上に立つと言ってきおる。あいつらだってそんなことまるで信じちゃおらんくせに。

ムヒカの過去の経験も、これと深く関係している。十年以上もの間せめてベッドとトイレが欲しいと願い続けた人間が、形式を重要視しなくなるのは理解できる。扉を開けたり、空を見るのにも他人に頼らなければならない立場にいた人間が、もう誰も彼のためにそんなことをしなくてもいいと言う。事前の裁判もなく、人生の一番実り多い時期を小さな独房で過ごした元服役囚は、法律や司法をあまり信頼していない。

ムヒカは、トゥパマロとして非合法に活動していた時代から、ルールというのは破るためにつくられ、事前につくられた法律よりも人間の方が力を持っていると気づいていた。ある時、政治的にふさわしくないムヒカの言動が話題になった時、ムヒカはゲリラ時代の話を思い出していた。特に投獄中の最初の数年間は、彼の記憶に強く残っていた話だったと思われる。この経験から、その後見られるようになったムヒカの曖昧なロジックができあがっていったのだ。

この国では、いつも水面下で交渉が行われた。だから、形式がどうのこうの言わないで欲しいね。どういうことか理解するのに役立った話をしてやろう。一九七〇年代の初め頃、私はセンディックとエル・ニャトと会った。二人は服役中だったが、私はもう外に出ていた。ウルグアイの特異性がその時すごく役に立ったんだ。私たちはゲリラとして、フロリダ部隊の中で会うことになったんだ。センディックも、まだ捕まっていなかった時はそうしていた。フロリダ部隊に入り、交渉して、また戻っていくという具合だ。軍部は約束を守った。これを、海外の連中に説明できるかい?

軍部から交渉に参加していたのは、アルマンド・メンデスと数人の大尉たちだった。しかし、ある日、軍部のトップに入れ替えがあって、すべてが台無しになっちまった。政治家が軍部を裏切った形だ。すでに交渉はかなり進んでいた。私は外から交渉に参加していた。第十三要塞の隣にユーカリの木の丘があって、その丘で眠っていた。これは全部、プンタ・カレタスでの「エル・アブーソ」(訳注:プンタ・カレタス刑務所で、ムヒカらが実行した大脱走のこと)の後のことだ。その丘の上で、夜間会議みたいなこともしたよ。その時に、私たちが降伏を受け入れる代わりに、やつらもいくつかの農場を国有化することを約束し、そこで私たちが働くことを条件としたんだ。これはベベの提案だった。軍部のもっと上のほうの連中や政治家は、交渉者を邪魔者扱いした。フロリダ部隊を率いていたレグナニ（訳注：当時の防衛大臣、アウグスト・レグナニ）は解任された。エステバン・クリスティ将軍が、全員を一掃した張本人だった。

ベベ・センディックは、この流れを成功させることができれば素晴らしいと言っていた。彼は優秀な交渉者だった。彼から色んなことを学んだよ。ベベに派手な失敗劇を演じて欲しいと軍部に提案されたが、そんなの知ったことかと言ってやったよ。私たちは、ベベに国外逃亡するように勧めていた。彼は私たちの象徴的存在だったから、生き延びて欲しいと思っていた。これが私たちが当時直面していたことだが、今起きていることをうまく説明していると思う。私たちにはその後何が起こるかなんて予測できなかった。ナイロンの寝袋を持って自転車に乗り、天気が悪くてもどこでも眠っていた。建設現場のつなぎを着てね。

場所やダイナミクスはあまり変わらなかったが、それから何年か経ち、大統領としての責任も含めてムヒカの責任は増えていった。ムヒカはいつも、予告なく、許可も得ず、どこへでも出歩いた。彼の哲学は、毎日同じことを繰り返さないことだった。それは過去から学んだ教訓でもあった。それ以上は何もない。そして、できる限り国民の前に姿を見せることだった。

私たちが大統領としてのムヒカと交わした会話の多くは、中心部にあるパルケ・ロドー地区の、私たちのどちらかの自宅で行った。ムヒカは午後八時頃到着し、明け方まで滞在した。決まったテーマは特になく、様々な話題を少しずつ語り合った。ムヒカは、数本のワインボトルと、少しばかりのタバコと食事を囲んでリラックスしていた。彼は特に甘いものが好きで、ウルグアイ名物のチャハとマッシーニという菓子に目がなかった。家庭料理も好きだった。家庭料理はいつも興味深い昔話を思い出させてくれた。

十回以上、ムヒカを自宅に迎えたと思う。訪問のプロセスはとてもシンプルだった。まず運転手が玄関のベルを鳴らし、その後、ムヒカが車から降りる。時々、同じ建物の住人がムヒカに出くわすことがあると、彼らは決まって驚き、ムヒカは彼らを落ち着かせるために二つ三つ冗談を言った。外ではボディガードが数時間待機していた。通りの角に停められた車の中には四人いた。それを怪しんだ隣人が警察に通報したことは一度ではなかった。

親しみやすさや信頼感という表現は、「ムヒカ大統領」にぴったりだった。メディアで報道され、神話化されている人物の裏には、それと変わらぬ人物がいて、変わらぬ関心を持ち、もっと綿密に練り上げられたアイデアを持った人物がいた。私たちを考えさせ、異端児《オベハ・ネグラ》の立場から挑発する明晰な人物だった。

任期終了を一年以内に控えた頃、大統領になってから権力に対する考えは変わったかと聞いてみた。ムヒカは返事をする前にしばらく考え込んだ。質問を真剣に受け取ったようだった。

大統領の権力に対する認識はほとんど変わっていない。私は騙されやすいガウチョ（訳注：アルゼンチン、ウルグアイなどに居住していたスペイン人と先住民の混血住民）ではないから、どうやって政府を運営していけばいいか知っている。なんとかそこまで辿り着くことができた。しかし、いくつかの難しい問題が山積している。人間的貧困や虚栄心、愚かな権力を熱望することなどだ。一体お前さんたちはどの権力の話をしているんだ？　人々がなぜ争うのかわからないことがある。嫉妬心も問題だ。ただ、権力というのは人々をありのままに映し出すものでもあると思う。

ムヒカは、このテーマを繰り返し強く主張した。ラカジェについて話が及んだ時、ラカジェが、政治家には菜食主義者と肉食主義者の二つのタイプがいると言っていたことをムヒカに伝えた。ラカジェは、最も重要なポジションに到達できる政治家が肉食主義者で、菜食主義者は道半ばで終わると言っていた。「ラカジェはとても賢い。その説明も非常に的を得ている」とムヒカは言った。「もちろん私が肉好きなのは知っているだろう？」と、ムヒカらしい茶目っ気のあるジェスチャーをしながら笑った。

ムヒカは上着を手にとり、グラスに残っていたワインを急いで飲み干し、玄関の扉に近づいた。そして、別れの挨拶をした後、こう言った。

「お前さんたちはひどい大統領を持ったもんだ」

「国民の大半はそうは思っていませんよ。国内でも海外でも」

「そうかい。だが、私は大統領閣下ではないからな」

「あなたは間違いなく大統領ですよ。誰かより優れているわけでも劣っているわけでもない、ただちょっと変わっているだけです」

「実は大統領であることが面倒くさく感じる時もあるんだよ」

「もう遅いですよ、そうじゃありませんか？　自分でやると決めたことじゃないですか」

「ああ、確かにそうだ。矛盾しているかもしれん。だが、人生とはそもそも矛盾するものだ。ただ、私は自分がやることにはすべて情熱を持って取り組んでいることだけは確かだ。これは、性格の問題なのかもしれん。私の後に来るやつはさぞかし大変だろうな」

4 アナーキスト

モンゴル中心部の牧草地の中の滑走路。一台のプロペラ機が下降すると、車輪が緑を打ち、わずかな搭乗者を揺さぶった。二十歳を少し越えたくらいの青年が、窓から荒涼とした風景を眺めている。彼の脳裏に最近の出来事が再び蘇る。わずかに残っていた夢を打ち砕くほどに。

「共産主義は道ではない」。キューバ革命から数カ月後の一九六〇年代初め、ムヒカはこの言葉に多少の違和感を覚えていた。しかしなぜかその言葉を静かにつぶやくのを止められなかった。モスクワはすでに訪れたことがあり、そこで貧しさの極みを経験していた。その街の主要なホテルのひとつでは、ペルシャ絨毯や大理石の階段に金の燭台など、プロイセン王国の栄華を目の当たりにし、帝国が滅亡への道を辿るよう運命づけられていたことを悟った。

愕然としていたこの青年はムヒカだった。ウルグアイ国民党青年部の代表としてソビエト連邦と中国を訪れていた。当時は彼もブランコだった。ムヒカはイデオロギー的には今もブランコだと言うが、その頃はリーダー格で、当時のエンリコ・エロ産業大臣の秘書室で働いていた。その時代の二大共産主義国家に招かれたムヒカは、一瞬の迷いもなく招待を受けた。好奇心をそそる何かがそこにはあった。

移動は波瀾の連続だった。「まるで乗合馬車に乗っているみたいだったよ」と今も当時を思い出す。モンテビデオからサンパウロ、サンパウロからリオデジャネイロ、リオデジャネイロからベレン、ベレンからマドリード、マドリードからウィーン、そしてそこからモスクワへ飛び、モスクワには一カ月近く滞在した。その後、再び飛行機に乗り、モスクワからモンゴル経由で北京へ移動した。

モスクワでは、ニキータ・フルシチョフを始めとする当時のソビエト政府のメンバー数人を訪問した。中国ではすでに年老いていた毛沢東との面会も果たした。毛は、広大な公園に囲まれた家で遠く南米から訪れた代表団を迎えてくれたが、ほとんど話はせず、記念写真を一枚撮っただけで終わった。ムヒカは、室内の至るところに置かれていた書物の量に圧倒された。その数年後、ヘンリー・キッシンジャーの回顧録を読んでいたムヒカは、米国と中国共産党が国交正常化交渉を行ったのがあの家だったことを知る。

しかし、この旅で最も重要だったのは、モスクワに対する失望だった。ムヒカの考えはすでに左傾化していたが、その当時キューバで起こったことを受けて、共産主義にある種の共感を覚えるようになっていた。それゆえに、ソビエト連邦への訪問は、内臓に一撃をくらったように感じられた。

レーニンの国に行けるのだと思っていたムヒカだったが、ロシア人の典型ともいえる人物は、実は十六世紀の後半にロシア帝国を最も長く支配した初代ツァーリ（君主）のイヴァン雷帝だったということがわかった。イヴァン雷帝は過激で、凶悪で、暴力的だった。ムヒカはこの人物にロシア人の姿を見ていた。階級のない社会というよりも、マフィアのほうが多い過激派の国だった。

実際、ムヒカは当時のことを自分の中で共産主義が崩れ去った瞬間だと位置づけている。今日もなお、人生から学んだ最も大切なことは、「ニュアンスの重要性だ。白か黒か決めつけたって、何の役にも立たない」と言う。ムヒカにとっての知識とは、今のところ、考え方の違う人を受け入れるという意味での「真のリベラリズム」だ。だが、モスクワにはそれがまったく見られなかった。反体制派はせいぜいシベリアに送られるのがオチだった。

当時彼が感じていたのは狂信的行為に対する嫌悪感だった。現実を解釈するには、ただひとつの理論に基づくだけでは十分でないことに気づいていた。ウルグアイに戻ったムヒカは、書物をむさぼるように読みあさった。国民党を離脱し、トゥパマロスのゲリラ活動に参加したが、ソビエトの影響はあまり受けていなかった。複数のイデオロギーを組み合わせ、決してひとつに固執することはなかった。青年時代のアジア横断の経験から、ひとつのイデオロギーに縛られなくてもいいことを学び、それゆえにその旅行が大切な思い出となっていたのだった。

私がソビエト連邦に行ったのは、共産党の連中が贅沢な暮らしをしていた時代だった。その時すでに民主主義が勝利するように見えていたが、共産主義者たちにはそれが見えていなかった。たぶん私はもっとリベラルだったから、彼らに見えないものが見えたのだろう。工場に行くと労働者たちの陰鬱な表情が目に飛び込んできたが、連中はそれにも気づいていなかった。要するに、社会主義は自由に反するものであってはならないのさ。確かにリベラリズムは理想ばかり追い求めているかもしれないが、哲学としては、人類にとって一段レベルの高いものだ。そのため、人類をより良いものにしようとするものならば、リベラリズムを否定できないはずだ。何ごとも自由を基本原則にするところから始めなければならないからだ。社会主義陣営にはこのことがどうしても理解できなかったので、失敗に終わってしまったんだ。

青年ムヒカは読書に没頭した。読んだすべての書物からアイデアを抽出して混ぜ合わせ、思想のオリジナルカクテルをつくっていった。なかでも無政府主義者《アナーキスト》たちは、ムヒカが最も傾倒した人たちだった。

本当の意味で自由が尊重されるのは無政府状態《アナーキー》だ。だからこそ、私はあらゆるイデオロギーのなかで無政府主義《アナーキズム》に一番関心がある。しかし、人間の自由とは、責任の不在や、制限がないことを意味しているわけではない。制限とは、他人に迷惑をかけないことだ。そして、他人を搾取することなく自分で努力して、さらに多くのことを達成できるのなら、それは賞賛に値する。極端な平等主義なんてものは考えられないし、そんなものありはしない。下に合わせるなんて馬鹿げたことで、そんなことをしたって良いことは何もない。それが最も不公平なものになる可能性だってある。

また、この時期は、ムヒカが古典作家に夢中になった時期でもあった。彼は、ギリシャの思想家や儒教、ニコラス・マキャベリにのめり込み、一日六時間を読書に充てて過ごしていた。国立図書館とモンテビデオ大学人文学部を、午前と午後、交互に行ったり来たりした。知識の引き出しがどんどん増え、多数派の左派からますます距離を置くようになっていった。

特に関心を持ったのがカール・フォン・クラウゼヴィッツと、その著書『戦争論』だった。この本はムヒカの心を揺さぶった。その頃読んだものの中で今も自宅に置いてある数少ない書物のひとつだ。「政治について最も多くを学ばせてもらった本のひとつだ」とムヒカは回想する。「クラウゼヴィッツは、ナポレオンと闘った若き将校で、プロシア学派の父だ。戦争論のマルクスと言ってもいい。彼は、戦争は他の手段を持って為す政治の継続であるとする独自の定義をした。確かに戦争には政治的な目的がある」

初めは戦争理論から入り、その次に影響を受けたのがベベ・センディックだった。そして、トゥパマロス、秘密結社、その他の方法による政治の実践。ムヒカは、イデオロギーという面でもべべから多くを学んだ。彼がムヒカに勧めたのはローザ・ルクセンブルクだった。べべは彼女の思想に導かれており、彼女の著書の出版をウルグアイで実現させた。ローザ・ルクセンブルクは、共産主義者の中の異端児《オベハ・ネグラ》だった。女性であり、礼儀に欠け、議論好きだった。今でもムヒカは彼女の著書に目を通し、彼女の思想を伝え、歴史に理由を見出している。

あの女は非常に面白い。民主主義を擁護し、社会民主主義やレーニンと対立していた。原則の問題、知的発展を実現するための自由への闘争の問題だと言っていた。私もそう思う。彼女には将来何が起こるかが見えていたように思う。一九三六年か一九三七年あたりにトロツキーもローザが正しいと認めている。べべは、彼女の著書を出版するにあたって社会党と闘わなければならなかった。連中は何も知りたくなかったんだ。

当時、社会主義ブロックが壊滅すると言ったのはセンディックが初めてだった。ロシアの共産党指導者やヨーロッパ人、キューバ人にも面と向かってそう言っていた。それから四十年経った今、ムヒカがそれと同じことを他の人々に繰り返して言っている。ムヒカはこのすべてをセンディックから学んだのだ。

べべは、わかりやすい言葉で話す、とても賢い同邦人だった。しかし、厳格なインテリでもあった。ヨーロッパに滞在していたこともあり、共産主義の第一人者たちとも文通していた。こういう人たち全員を相手に、社会主義ブロックの崩壊を予測したんだ。キューバでも同じ発言をしたので、キューバ人たちは決して彼を許さなかった。そんなに厳しいコメントをする一方で、その理由についてはあまり多くを語らなかった。

ムヒカは、チャベスを筆頭とする二十一世紀の社会主義者や二十世紀の共産主義者の主張とは一線を画して、大統領の座に就いた。彼らを評価してはいたが、実際に同じ意見を持っているわけではなかった。キューバは思春期の「年上のガールフレンド」のようなもので、時とともに魅力を失っていくように思われた。当時のキューバモデルに多少の哀れみも感じていた。ムヒカはカリブ海に浮かぶこの島の素晴らしさをよく強調してはいたが、その失敗について語ることも恐れなかった。キューバには大統領として二度訪問し、同国が直面していた経済危機の打開策の模索に手を貸したりもした。二度の訪問のうちのひとつでは、ハバナの中心にある「ラ・ボデギータ・デル・メディオ」（訳注：ハバナ市街にあるレストラン・バーで、ヘミングウェイなどの文豪や著名人が常連だったことから現在は観光スポットになっている）に座り、キューバ政府の要人らに向かって、キューバが抱えている問題は、この国では「全国民に仕事が与えられている」ことと、だから誰もあえて冒険を冒さないことだと言い放った。「資本主義にも問題があるかもしれないが、成長を促すのもまた資本主義だ」とモヒートを飲みながら語った。ムヒカはキューバのモデルを信じていなかったので、キューバが違う方向に向かうように彼らを説得しようとした。

ベネズエラのモデルについてはもっと信じていなかった。多くのベネズエラ国民を貧困から救い出したことについてはチャベスを評価していた。しかし、それはムヒカにとっては社会主義ではなく、似ても似つかぬものだった。ムヒカが、友人であるチャベスに「資本主義に至る最も長い形態だ」と言うと、彼は笑って応答した。「信じるか潰すか、それだけだ」。ムヒカは信じなかったが、チャベスはその数年後に他界し、ベネズエラはその危うげな実験を今なお続けている。

南米大陸に広まっていた左派の波は、ウルグアイにはあまり影響を及ぼさなかった。ムヒカは、二十世紀の先達たちの功績を頼りにすることのほうが多かった。ローザ・ルクセンブルクやウィンストン・チャーチル、その他の世界的な著名人に加え、ルイス・アルベルト・エレーラやホセ・バジェ・イ・オルドニェスなど、ウルグアイの歴史的なカウディージョ（訳注：スペイン語で頭目、親方を意味する言葉で、ラテンアメリカでは、スペインによる植民時代が終わった後、各地で生じた権力の空白の間に登場した土着の指導者を指す）たちの知恵も絞り取った。ムヒカは彼らから、国をより良く運営していくためのアイデアをもらったが、無政府主義《アナーキズム》を主張することは止めなかった。

「無政府主義《アナーキズム》について話しましょう。無政府主義者《アナーキスト》でありながら国家元首でもあるのは難しくはないですか？　あまり理解してもらえないのではないでしょうか」

「それは、瞬間的な、歴史的な時間の問題だ。私は、昔から無政府主義者《アナーキスト》だ。一番効果的な国家改革は、国家をなくすことだ。問題は、私たち人間が国家なしでは生きられないということだ。これは私たちの短所の表れだ。人類の歴史の九割には、国家は存在しなかったのだがね。国家が存在するということは、社会に階級が存在していることの証明だ。一部の人間が他の人間を支配するようになると登場する。防衛大臣や内務大臣、外務大臣が任命されると政府ができる。政府が最初にやるのが、まずこういうポジションを決めて、国民をコントロールすることだ。経済大臣でも教育大臣でもないんだ」

「あなたも政府にやられたということですか？」

「ああ。だが、無政府主義《アナーキズム》の共和国は、戦車の下敷きになって滅びたのであって、ソビエト連邦のように錆びついていったわけじゃない。だから今も無政府主義《アナーキズム》にはあかりが灯ったままなのさ」

大統領行政府十一階の執務室にあるムヒカの椅子の後ろには、木製の黒い額に縁どられた五十センチ四方の写真が一枚飾られている。それは、ある元大統領の肖像で、ムヒカの執務室にある唯一の写真だったが、自分の党の政治家ではない。彼の背中を守っている肖像画は、コロラド党の代表的かつ歴史的なカウディージョ、ホセ・バジェ・イ・オルドニェスのものだった。

ホセ・バジェ・イ・オルドニェスは、二十世紀の初めに大統領を二度務め（一九〇三～一九〇七年と一九一一～一九一五年）、その頃から近代ウルグアイの建設を推し進めた。カトリック教会と政府の分離や八時間労働の実施など、様々な社会保障政策を進め、一連の自由主義改革を率いるなどした人物で、ムヒカはこれらの改革を誇りに思っている。

ムヒカは、自分の政権が抱える問題について説明する時、よくバジェに言及した。ドン・ペペ（訳注：ホセ・バジェ・イ・オルドニェスを指す。「ペペ」はホセの愛称）から受け継がれたバジェ主義《バジスモ》は、二十世紀の百年のうち九十年政権を握っていたコロラド党によって吸収された。しかし、二十一世紀になると、拡大戦線がバジェ主義《バジスモ》の旗を盛大に振るようになり、ムヒカもそのひとりだった。

バジェは大胆だったから何でも実行した。彼の著書や発言を見てみるといい。当時の神と言ってもいいくらいだ。ドン・ペペはウルグアイ、いや、近代ウルグアイの最愛なる父だった。私よりもずっと頭がおかしかったよ。バジェもかなりの無政府主義者《アナーキスト》で、無政府主義《アナーキズム》の連中にいつも囲まれていた。それに加えて、彼は共和国の大統領でもあり、仲たがいしていた妻と同居までしていたんだ。どんな苦労があったことか！　しかし、彼はそれに耐えた。「立ち上がれ、レーニンは死んだ」と書いたんだぜ。まったく、なんて勇気なんだ！　バジェはコロラド党だけのものではない。偉大な人物というのは党の所有物ではない。国の遺産であり、財産なんだ。

　ムヒカが行政府を率いていた時期は、第二次バジェ・イ・オルドニェス政権から百年後のことだったというのも歴史の偶然である。この偶然の影響は大きかった。ムヒカは、二〇一二年以降、国内の小中学校、高校、大学、あらゆる公的な建造物の百周年記念式典に少なくとも月一回は招待されていた。ムヒカは、歴史が繰り返されることが興味深いと思った。ウルグアイ内陸部のある小さな学校で催された祝賀会のひとつで、ある古い本を渡されサインを求められたことがあった。その本というのは、その学校の設立文書で、なんとそこにはバジェ・イ・オルドニェスのサインがしてあったのだ。「その時に、バジェの功績がいかに大きいかがわかったよ。その後も同じような百周年記念式典にさらに二十件くらい出席したよ」

　ムヒカは、バジェ・イ・オルドニェスが当時のウルグアイを最も的確に分析した人物であると考えている。彼は、ウルグアイのブルジョワ階級が非常に弱体化していたことを明らかにし、そのために国家を経済の原動力として用い、両手を広げて移民を迎え入れた。その後、二十世紀の中ごろ、甥のルイス・バジェ・ベレスにより「第二バジェ主義《バジスモ》」なるものが登場し、その時にすべてがもうどうしようもないほどの恩顧主義と官僚主義に行き着いた。しかし、子どもがしたことについてその父親を責めることはできないし、それが甥のしたこととなればなおさらだ。

ムヒカは、バジェ・イ・オルドニェスを象徴的な存在としても尊敬している。ウルグアイが一九五〇年代に「南米のスイス」と呼ばれていたことを、バジェの功績と認めている。また、バジェ主義《バジスモ》についてはその思想を、移民については彼らの労働意欲と国家建設の推進力となったことを評価している。バジェにとって、公的建造物は最高レベルのものでなくてはならなかった。こうして、国会議事堂や獣医学部や農学部の建物がつくられ、その後オスピタル・デ・クリニカス病院や、エスタディオ・センテナリオ・スタジアムが建てられた。模範が行動を生み出したのだ。

社会政策の分野では、現代のペペは、昔のドン・ペペの親類であるように感じている。ムヒカ政権は、人工妊娠中絶や同性婚を合法化し、国の管理のもとに大麻の販売を認めたことで歴史に名を残すであろう。これらはすべてリベラルな改革であり、ムヒカはこれらをバジェ・イ・オルドニェスが今世紀の初めに行った改革と比較することをためらわない。

この国には、バジェ主義《バジスモ》のリベラリズムがあった。客観的に見ても、これがモデルになっていたのだと思う。バジェはそれをあるひとつの歴史的、政治的な状況の中で実施し、移民の流入や当時の経済状況による後押しを受けた。それと同時に、私たちが進むべき道も示してくれた。私たちも、これと同じようなリベラルな改革を行っている。自由主義と無政府主義《アナーキズム》はいとこ同士みたいなものだ。今のウルグアイは、昔のウルグアイに似ていると思う。つまり、前衛的な国だ。それがバジェの時代に起こっていたことだ。女性に投票権が与えられ、離婚が認められ、国がアルコールの生産を始め、女性の教育を受ける権利が認められた。売春まで合法化されたんだ。

ムヒカは、前世紀前半に活躍したウルグアイ伝統政党の二大指導者として、コロラド党ではバジェ・イ・オルドニェス、国民党ではルイス・アルベルト・デ・エレーラ[12]の名前を挙げる。似ても似つかない二人だったが、ともにカウディージョだった。ムヒカはエレーラからも、自身にとってとても役に立ってきた教えを受け継いだ。

エレーラは若い頃、一九〇四年の革命で、バジェ・イ・オルドニェス政権と武力対立をしていた。彼は、アパリシオ・サラビア[13]の指揮の下、ブランコ党の反乱軍に加わった。彼は内戦によって分裂した国で教育を受けた。それから数年後、非常にユニークなスタイルで国民党を率い、コレヒアード制（訳注：第二次世界大戦後、大統領制を廃止して導入された、九人のメンバーからなる執政委員会により執政を行うウルグアイ独自のシステム）が実施されていた時に、執政委員会の議長に就任した。彼は、政治の世界において一時代を築き上げたと言っていい。

ムヒカはエレーラから二つのことを学び、今でもそれらを実行している。ひとつ目は、ウルグアイがとるべき外交政策について。エレーラは、南米諸国と強いつながりを持つべきという立場を常に主張し、アメリカ合衆国と必要以上に接近することに反対した。

私は、外交問題については、心の底からエレーラ主義者《エレリスタ》なんだ。エレーラがまず守ろうとしていたのはラプラタ川で、彼は正しかった。だからこそ、アルゼンチンとの関係を修復する必要がある。不動産投資、ウルグアイの物流、コロニアを訪れるアルゼンチンの中流階級、これは全部あちらからやって来ている。エレーラはすでにこのことについて警告していた。保守的なじいさんだったが、国際政治については明解な考えを持っていた。彼のお蔭で、この国にはアメリカ軍の基地がないんだ。コロラド党が状況を改善してくれた。

---

12 ルイス・アルベルト・デ・エレーラは、一八七三年に生まれ、一九五九年に八十五歳で亡くなった。五十年間国民党のリーダーを務め、晩年はウルグアイ執政委員会のメンバーになった。

13 アパリシオ・サラビアは、十九世紀末から二十世紀初めに活躍した国民党のカウディージョ。コロラド党政権に対する革命を率い、リベラ県マソジェールでの戦いの後、一九〇四年に他界。

エレーラがムヒカに残した二つ目の教えは、国の内陸部を頻繁に視察し、国内各地にいた地元のカウディージョたちと面識を持つことの重要性だった。エレーラはいつも、国民党が過半数を占めていたウルグアイ奥地を支持基盤として頼りにしていたからだ。そして、彼はそれを非常にプラグマティック（実利主義的）に、政治的目的を持って実行した。

ムヒカもウルグアイ内陸部に愛着を感じており、遊説をしながら少しずつ制覇してゆき、二〇一四年の選挙では初めて、人口の少ないいくつかの村でも過半数の票を勝ち取った。様々な県の知事たち、特に国民党の知事たちは、ムヒカが大統領になった後も彼と円滑な対話を続け、様々なやり方で彼らの忠誠心を示してくれるようになった。このようにして、ウルグアイ全土で全国共通の運転免許証の導入と大土地所有者への課税について合意を取りつけることができたのだった。それだけではない。ブランコ党の地方政府の長たちも、これらの政策に反対するよう求めてくる党の指導部の要求に対してどう対応すればよいかを相談するために、ムヒカとコミュニケーションをとるようになった。ムヒカは、知事たちとは隠れて会っていた。これも、エレーラがよくやっていたことだ。テーブルの下で交渉を行うことと、党派を超えて個人的に接触することは、エレーラから学んだことだった。

さらに、ムヒカは、ウィルソン・フェレイラ・アルドゥナテの式典など、より最近活躍した国民党のカウディージョたちへ敬意を表す記念行事にも参加した。ウィルソンは一九七〇年代の軍事独裁政権に対するウルグアイ国民の闘いにおけるアイコン的な存在で、その大義を掲げて闘った人物だが、ムヒカが彼を擁護するのはそれだけが理由ではなかった。

ウィルソンがただのブランコだって⁉　彼はそれ以上の存在だ。彼はウルグアイ国民全体を象徴しているんだ。確かに、戦いにはすべて敗れたかもしれないが、彼が正しかったことは歴史が証明している。私たちが地下組織として活動し、ゲリラ活動にどっぷり浸かっていた頃は、彼と交渉をしていたんだ。彼はいつもとてもプラグマティックに動いていたよ。大胆で、世話好きなやつだった。

「プラグマティック」というのは、ムヒカが何度も繰り返し述べる概念だ。プラグマティズム、ニュアンス、バジェ主義《バジスモ》とエレーラ主義《エレリスモ》くらい異なるイデオロギー、すべて気に入っている。要するに、現実的であるということだ。歴史学者のヘラルド・カエタノによると、この点についてはエレーラにも似ているという。ムヒカの大統領就任から数カ月後に、カエタノはモンテビデオの「ラジオ・オリエンタル」の番組でムヒカをエレーラ主義者《エレリスタ》だとした。

「他の多くのことに加えて、彼は非常にエレーラ主義者《エレリスタ》だと思いますし、これまでもずっとそうだったと思います。彼はエレーラ主義者《エレリスタ》の政治家として誕生したわけではありませんが、政治のスタイルが明らかにエレーラ主義者《エレリスタ》ですよ。時とともにその傾向が強まってきたように思います」とカエタノは述べた。

ウルグアイのこの著名な歴史学者にとって、「エレーラ主義者《エレリスタ》の政治」とは一体何なのだろうか?

「エレーラ主義《エレリスモ》はプラグマティズムです。それはエレーラ自身が口をすっぱくして言っていたことですが、ムヒカもプラグマティックです。しかし、エレーラ主義者《エレリスタ》の政治のやり方は戦術的なスタイルで、戦略的ではありません。それは、こっちでドリブルし、あっちでドリブルするサッカー選手のようなものです。要するに、戦術に基づいて方針を決めているのです。戦略というのは戦術を合わせたもので、交渉の傾向が強い。ムヒカは、エレーラと同じように、政治とはそのようなものだと考えています。ですが、エレーラさえ、ムヒカと同じように、自分のやり方についてはいつも疑問視していました。彼は、あっちに行ったりこっちに行ったりするので『狂ったイモムシ《グサーノ・ロコ》』と呼ばれていました」

ラカジェはエレーラの孫で、彼もムヒカがエレーラ主義者《エレリスタ》的な側面を持っていると考えている。ムヒカに好意を持ったことはなかったが、政治家としては評価しており、選挙で彼に敗れてからは一層評価が高まっていた。

二〇〇九年、「エル・エスペクタクラル」ラジオのインタビューで、ラカジェはこう告白した。「ムヒカ上院議員は頭脳明晰で、非常に抜け目のない人物だと思います――賢さと抜け目なさは二つの違うことです。それだけでなく大変な読書家で、彼の発言には深い知的洞察が感じられます。ですが、彼はその知性を、一般の人々が普段話す言葉を使うことによって、うまく包み隠しているのです。政治家として考えると、これは素晴らしい才能です。エレーラ博士も同じでした。政治の話を噛み砕いて説明したい時には、クレオールの比喩を使っていました。ですが、(拡大戦線の)教条主義者たちはそういうことにはあまり関心がないのです」これが異端児《オベハ・ネグラ》の魅力なのだ。

「歴史書を読まなければならん」とムヒカは繰り返し言う。それも、特に近代史と古代史を。そのために伝記を頼りにし、地域や世界各地で銅像になっているような歴史上の人物について学んでいる。トロツキーとチャーチルの回顧録は、ムヒカがものを考える時によく参考にする本だ。水と油のような組み合わせだが、彼はそういうものを好む。

また、ラテンアメリカ諸国が相次いで独立を達成した十九世紀に、ウルグアイとアルゼンチンのカウディージョたちが成し遂げたことについても熱心に研究した。ムヒカは、そこにねつ造の余地はほとんどないと信じているので、あらゆることから重要なことを抽出し、吸収する。名前や状況は変わっても、指導者が抱えるジレンマはいつの時代も同じで、同じ決断が繰り返されるからだ。

ウルグアイの歴史については、ムヒカは、ブエノスアイレスとの対立において、ラプラタ川と地方の団結の重要性を確信している。十九世紀前半に活躍した人物でムヒカがよく参考にするのがホセ・アルティガスだ。アルティガスは、アルゼンチンの代表的な州とボリビアの一部を、今日のウルグアイを形成している領土に統合したいと考えていた。また、アルティガスは、ブエノスアイレスの覇権とも戦い、密輸業者として働き始め、絶対自由主義運動を率いるに至り、先住民と貧困層に土地を与えたいと考えた人物でもある。ムヒカは、ファン・アントニオ・ラバジェハやフルクトゥオソ・リベラなどについての書物も読んだが、彼の関心を最も引く指導者はやはりアルティガスだった。アルティガス、そしてすべてをもたらした港の戦い。ラプラタ川の主要な目的地としてのブエノスアイレスとモンテビデオ。これらはムヒカにとって、今日もなお見られる両国間のライバル関係の起源であり、これを説明するものなのだ。

アルゼンチンの歴史上の人物でムヒカのお気に入りなのは、ファン・マヌエル・デ・ロサスだ。連邦主義者として、アルゼンチンという民族意識の形成者として、混血と統合の推進者として、そして人とは違ってユニークであることについて尊敬している。

ファン・マヌエル・デ・ロサスは、政治に通じていた。砂漠に滞在中、妻のドニャ・エンカルナシオンに手紙を書き、ムラータ（訳注：白人と黒人の混血女性）やネグラ（訳注：黒人女性）たちの要求に応えてやるようにと伝えた。「彼女たちをできる限り助け、援助してやりなさい。貧しい人たちの忠誠心というものが、どれほどのものかがわかるから」と言ったそうだ。これが、後に登場するペロン主義《ペロニスモ》（訳注：アルゼンチンの政治家で元大統領のファン・ドミンゴ・ペロンの思想）の本質だ。ペロンはロサスについてありとあらゆることを学び、労働者階級を支援することによって権力を築き上げていった。ペロンは非常に抜け目ない男だったが、彼に方向性を示してくれたのはロサスだったんだ。ロサスはラプラタ川流域の牧場主だったが、そこで穀物の栽培を始めた。というのも、自分の農園にたくさん人が欲しかったからで、牧畜業だけではそれが実現できなかったからだ。これによって千人ちょっとの農夫を雇うようになり、彼の個人的な部隊である騎兵隊を結成することができた。彼の政治家としてのキャリアが始まったのはこの時期だ。彼は、自分の農園ではある規則を定めていた。期待に背いた者はむち打ちの刑などの厳しい処罰を課されるというものだ。私にとってロサスは、アルゼンチンという民族を確立した人物だ。ロサスがいなければ、アルゼンチンは五つ、六つ、あるいは七つもの国に分裂していただろう。彼だからバランスを保つことができたんだ。

歴史上にはこういう人物がたくさんいて、彼らから多くを学ぶことができる。ロサスは連邦主義者ではあったが、ブエノスアイレスの連邦主義者だったので、結局はブエノスアイレスの港の独占を主張していた。アルティガスもアルゼンチン人だったが、ラプラタ川の対岸の出身だった。ウルグアイの最初の独立宣言には、「アルゼンチン東方人」という表現が用いられているから、アルティガスはアルゼンチン人であると同じくらいウルグアイ人だったのさ。これは本当だ。

古代史について言うと、ムヒカはギリシャの思想家たちに関心を持った。一般科学や哲学、特に人類学を楽しむのと同じようにギリシャの哲人たちの書いたものを好んで読む。人間を研究対象として最もうまく利用した人々として彼らを選んでいるのだ。人間と自然、それがムヒカの関心を最も惹きつける。この無神論者で無政府主義者《アナーキスト》の老人にとって、そこには宗教に最も近い何かがあるのだった。

独立した思考を持った人間は自由であり、その思考の先を想像することができる人間が未来を作ることができる。ムヒカはこのような前提を、ギリシャの哲人たちだけではなく、イタリアのルネッサンス期の偉人や、あらゆる時代の前衛的な科学者たちからも学んだ。

> 最も深遠なヒューマニズムは、科学に由来している。結局のところ哲学と数学は姉妹のようなもので、哲学や科学がなければ人類はない。若い頃は数学にはあまり関心がなかったが、生物学や哲学には非常に興味があった。数年前からは、幾何学を学んでいるんだが、これは素晴らしい学問だ。もうひとつ学んでいるのは統計学だ。必要にかられて数年前からもう一度学び直しているんだ。そうしないと、資料を渡されても何が何だかわからんからね。若い時に数学をきちんと勉強しなかったことを後悔してるよ。問題は、数学を教えている連中が役立たずばかりということだ。数学とは古代に立ち返ることで、そこに知識の泉がある。黒板の上で発見をし、その後四十年か

けてそれを証明した数学者が一体何人いると思う？

ムヒカは常に何かを発見しようとしてきた。暇さえあれば何らかの確信に至る努力をしてきたし、それは今も変わらない。答えを探すというのは、賢い人のひとつの特徴だ。これと関係している他の要素が、フラストレーションと不安だ。ムヒカは不安を抱いて生きている。しかし、知識の追求を通じてそれを一定の方向に向けようとしている。これについて最も有意義だった時代は投獄中だった。なぜなら時間があり余っていたからだ。

「独房で本を読みながら、人間とは何なのか、何度か自分に問いかけたことがある。あそこではそういうことを考える時間がたっぷりあったのさ。私みたいに科学的な観点から自分が社会主義者だと思うなら、じゃあ人間とは一体何なのか？　この重要な問いかけをしたのは、パソ・デ・ロス・トロスの刑務所にいた時だった。人間のハードディスクドライブを構成するものは何なのか？　我々は文化や周りの環境からどんな影響を受けるのか？　そこから人類学を愛好するようになったんだよ。その時に、レンソ・ピ（訳注：一九三四～二〇一二年。ウルグアイの人類学者）やダニエル・ビダルなどの友人たちのことを思い出して、出所してから彼らに会いにいったのさ」

「いくら人類学者でも、その問いかけに対する唯一の答えというのはないように思うのですが」

「膨大な数の本を読み、色々な人と話をした結果、私はある結論に辿り着いた。人間は群れをなす、社会的な生き物なんだ。社会の中で生活をする。孤独では生きられない。地上における人類の歴史の九十パーセントは集団の中で起こっている。その点から見ると、人間は社会主義的な生き物だということができると思うのさ」

「今起こっていることを見ると、その考え方はとてもユートピア的で、あまり現実的ではありませんね」

「まあそうかもしれん。しかし、近代の歴史はまだ一ページほどしか書かれていない。一番難しいのは、人間が自らの主《あるじ》になることだが、それは可能だと思う。選挙キャンペーンで、クン・サンというあるアフリカの先住民の村について話をした（訳注：カラハリ砂漠に住むサン族のことと思われる。北部の住民はクンとも呼ばれる）。そこでは、土地の私的所有が認められておらず、住民は一日に長時間働いたりもしない。色々言われたが、私はとにかくそのことについて話し続けた。極端な例を出すことで、人間もこれまでとは違う暮らし方ができるということを示したかったんだよ」

「クン・サンの人たちは、アフリカの真ん中で孤立して暮らしていますね。仏教徒、菜食主義者やヒッピー、ＵＦＯの会なんかのコミュニティもありますが……」

「人類の歴史は、今起こっていることよりも長い。人間を個人主義や資本主義にしたものは一体何なのか？　ここ数世紀で何が起こったか。技術の発展、さらなる知識の追求、植民地形成の野望。人間は一定の条件の下で生きる生き物なんだ。歴史によって人間はある形になったが、今はまた違う。人間は本質的には社会的な生き物で、時とともにエゴイストで野心的になる。これが、現代の人間が抱える不安なのだと思う」

「それは誰のせいなんでしょうか？　人間自身のせいではないのでしょうか？　これらすべては、自然な進化の一部なのでは？」

「人間は歴史の九割を、様々な価値観に基づいて、様々な社会の組織構造に基づいて生きてきた。私は本当に、そこから詩的なことは一切取り除いて、人間というものは本質的に群れをなす社会的な生き物だと思っている。社会主義は万能薬ではない。手を抜かずに着実に向上していくための手段なのだ。それは問題の終わりではないし、楽園と同じでもない。より向上するために役に立つだけだ。私は社会主義者だが、貧しい国や教育レベルの低い国では社会主義を実現することはできないと思っている。豊かさとか教育レベルの高さを求めるために社会主義を志向するわけではないが、豊かさや教育といったようなことは、本来人間に備わっているものなので、基本的な条件なのだと思う。これは、資本主義者が実現した文明の歴史的な発展だ」

人類についてのこれほど理想主義的なイメージは疑問だ。ムヒカ自身も疑問を持っており、それを認めている。この説明を信じ、立証してみたい気持ちはあるが、現実はそう甘くはない。彼にとって確かなことは、自分自身が行使するものであれ、他人によって代表されるものであれ、人間には権威が必要だということだが、こうして生き残った文明は家父長主義だ。これはベストなシナリオとは言えないし、クン・サンからも程遠いが、これが現実だ。誰かが統治をしなければならない。そして、統治するためには、信念がなければならない。信念のない人は深刻な問題に直面し、彼らには何も良いことは起こらない。「信念のない人間は、サヨナラと言って立ち去るしかない。迷いのある状態では誰も導くことはできないし、だからこそ各々の信念についてじっくり考えなくてはならないんだ」

信念、歴史、そして権威について言うと、ムヒカは軍隊とカトリック教会という二つの制度を尊重している。これらの制度と価値観を共有しているからではない。いやむしろ、ムヒカはカトリックからも軍隊の規律からも縁遠い。ムヒカが関心を持っているのは、これらの制度がどうやって何千年もの間生き残り、今日まで存続しているかということだ。

カトリック教会は、ムヒカにとってほぼ完璧なピラミッド型の組織を有している。その伝統は二千年前から受け継がれ、今もなお守られ、維持され続けている。世界各地にネットワークを持ち、史上最も古く、多くの支持者を有する政党でもある。ムヒカはこのように理解しており、聖職者の選挙、彼らを裁くパラレルな司法府、そして、様々な大改革を含めて、維持されてきた恣意的な基準に基づいて組み立てられたその構造のすべてに関心を持っている。

ムヒカの軍隊に対する関心は、別のところからきている。ムヒカは、軍隊は最高権威の表現であり、近代文明の起源であると考えている。そのためムヒカは、軍人を敬っている。ムヒカも、すべてのトゥパマロスもそうだ。そして軍人たちも彼らを敬っている。なぜなら自分たちは共通の規範で動いていると思っているからだ。ムヒカの友人であるニャト・フェルナンデス・ウイドブロは、ムヒカ政権の防衛大臣を務めた。多くの将校たちが、彼を「将軍」と呼び、過去三十年間に現れた最高の大臣だと考えていた。一九六〇年代および一九七〇年代にはトゥパマロスと軍隊が対立していたことを考えると、とても皮肉なことだ。だが、それが対立を終わらせることもある。

軍隊が行うそういうすべての無駄な訓練は、軍人が自然に動き、命令に応えられるようにするためだ。戦争になったら、隣り合ってドンパチやるわけにはいかないわけで、完璧なやり方でブロックごとに対応しなければならない。過去の文明で最も感動させられるのは、やはり軍隊だ。インカ帝国、ローマ帝国や、中国はどのようにしてできたのか？　国家よりも先に軍隊が作られた。人類の歴史と何の関係もないなどとは言わせないぞ。国家は抑圧によって存在し、抑圧には常に警察と軍隊が関係していたのだからな！　これが軍隊の始まりだよ。歴史を学ばないことには何もわからない。

ムヒカは、学生時代に教わった素晴らしい教師たちのことを今でも覚えている。人生の最初の数年で形成された彼の奥深い思想は、これらの教師たちによるところが大きい。特に、学び方と、ひとつひとつのことから一番大切なことを学び取る方法を教えてもらったと強調する。これを学んだことによって、ムヒカはスポンジのように物事を吸収するようになっていった。

ウルグアイの作家でもあるフランシスコ・パコ・エスピンドラは、ムヒカの記憶に最も残っている教師だ。彼は、ムヒカの青年時代の教師で、丸一年分の授業を『ホメロス』やミゲル・セルバンテスの『ドン・キホーテ』に費やした。授業は、この二人の作家による教材を、何度も前後しながら進んだ。その一年で学生たちが学んだことはすべて、この二人の傑出した作家から学んだといっても過言ではない。また、スペイン内戦を逃れてきたホセ・ベルガミンもムヒカの教師で、ムヒカが人生で出会った中で「最も洗練された人物のひとり」だ。歴史家のカルロス・レアル・デ・アスアは、ムヒカの学びの時代に印象を残したもうひとりの人物だ。

しかし、最初の数年に受けた教育として最も強烈だったのは、ムヒカが育った「移民社会のウルグアイ」だ。ムヒカにとって混乱ほど素晴らしいものはなく、それが文化的な混乱であればなお良かった。二十世紀の初め、ウルグアイは何千人もの移民をヨーロッパから受け入れた。特に、戦争や貧困を逃れてきたスペイン人やイタリア人が中心だった。「当時のスペイン人やイタリア人は混乱状態にあった」とムヒカは思い出す。「彼らこそ、今の我が国を建設するために働いてくれた人たちなんだよ。多くのウルグアイ人と同じように、私の家族もそうだった」

大量移民がもたらしたものは、ムヒカによると、良いことづくしだった。互いの違いを認め合い、その違いと共存することができなければ、何も恩恵は得られない。重要なのは、異なる考えや意見を言う人に対する寛容の精神を持つことなのだ。

一番素晴らしいのは人種間の交わりだ。民族浄化なんてナンセンスもいいところだ。ブラジルが一番いい例だ。ブラジルにはありとあらゆる人種がいる。青い目をした金髪の黒人や、実に様々な人たちが住んでいる。そして、彼らは目を瞠《みは》るほどの生きる意欲にあふれている。これこそ、人種の融合が成功した最高の例だよ。

ムヒカを不快にさせるのは民族浄化だけではない。イデオロギーも同じだ。共産主義は拒むくせに、ムヒカはマルクスを「天才」と呼び、マルクスの歴史解釈が最も真実に近いと言う。「マルクスを利用してやったことはひどすぎる。マルクスは歴史的、社会的な見地から発言しただけで、それが好き放題やるための根拠として使われるとは夢にも思っていなかったと思う」

理論は知識の蓄えにはなるが、絶対的な真実にはならない。絶対と真実、この二つの言葉の組み合わせほどムヒカから遠いものはない。絶対的なものは何もムヒカの興味を喚起しないのだ。たとえそれが死であっても。

5　模範

その夜はぴりぴりと顔が痛むような寒さで、風も強かった。二〇一四年も半ばになり、ムヒカの大統領としての任期も残り少なくなっていたが、彼の世界的な名声は最高潮に達しようとしていた。その四カ月後には、ノーベル平和賞の受賞者が決定することになっており、ムヒカも候補者のひとりに挙がっていた。ムヒカに最も近いアドバイザーたちが彼を控えめに推薦していたのだが、本人の耳には届いていなかった。「空港に行くぞ」ムヒカは突然ドライバーに指示した。「今すぐに」ムヒカは到着時間が正しいかどうかさえ確認しなかった。

七月二十六日木曜日。午後八時にカラスコ国際空港に到着してからしばらく待っていると、ムヒカはサッカー選手のルイス・スアレスがブラジルのナタルからまだ帰途についていないことを告げられた。国際サッカー連盟（ＦＩＦＡ）は、ウルグアイ代表としての公式戦九試合出場禁止と、スタジオへの入場禁止を含むサッカー関係の活動の四カ月間禁止という処分をスアレスに下していた。さらに、まるでそれでは十分ではないとでも言うかのように、彼は代表チームのメンバーと共に滞在していたホテルから強制退去させられ、まるで犯罪者のように扱われた。これはすべて彼がワールドカップでの試合中にイタリア人代表選手に噛みついたことが原因だった。ウルグアイの全国民はこの厳しい処分に憤ったが、海外で怒りを買っていたのはむしろスアレスのほうだった。

世界がなんと言おうが、ムヒカには関係なかった。彼は、スアレスがウルグアイに帰ってきたら、まるで被害者か、あるいは英雄かのように出迎えることに決めていた。しかし、その夜彼は戻らなかった。ようやく到着したのは明け方になってからだったが、大統領は飛行機の脇でちゃんと待っていた。到着が遅延したため、ムヒカは一度自宅に帰り、数時間仮眠をとってから戻ってきたのだ。何があってもスアレスに会うと決めていた。ムヒカは、控えめながら心のこもった力強い抱擁で彼を出迎え、アンチョレナの大統領別邸に数日間来ないかと招待までした。

「大統領、本当にありがとうございます。この寒い中、ここにお出でいただいたなんて信じられません。そんな必要はなかったのに」とスアレスは驚いて言った。

彼はつらそうに、途切れ途切れの声で話した。

「なあに、君がこのつらい時期を乗り越えられるように、力を分けてやろうと思ったんだよ。いいかい、どんな嵐もやがて過ぎ去る。どんな嵐もだ。だから、気をしっかり持って落ち着いていなさい」とムヒカは彼を励ました。

その一週間後、ウルグアイ代表チームがベスト8決定戦でコロンビアに敗れ、ブラジルから帰国した際にも、ムヒカはチームを迎えるために再び空港に出向いた。選手たちと同じ飛行機で帰国したジャーナリストのセルヒオ・ゴルシーは、ボーディングブリッジを出たところで大統領夫妻がいるのに気がついた。彼はカメラに電源を入れ、ＦＩＦＡについて大統領の意見を求めた。「あいつらはろくでなしの年寄り野郎どもの集まりだ」。カメラが回っていることに気づかず、ムヒカはこう答えた。カメラに気づいたムヒカは思わず口を押さえ、いたずらっぽく微笑んだが、この発言の放送を許可した。

国際社会における注目がピークに達し、ノーベル平和賞受賞の可能性まで出てきたこの年に、このような発言をすることは賢明な判断とは言えなかった。ウルグアイ国民の大半はムヒカと同じように考えていたので、このような罵りの言葉も共感を得たが、国際的には、融和を図る平和主義者というムヒカのイメージを薄めかねなかった。そのため、アドバイザーはムヒカを非難し、謝罪の提案まで持ち上がった。「あいつらは私のことをわかっておらん。スアレスみたいな素晴らしい青年を私は絶対に見捨てたりはせん」というのが、反省を拒む彼の主張だった。

サッカーが理由ではなかった。サッカーへの熱狂だけでは、今回のムヒカの失言は説明できない。ムヒカもサッカーをそれなりに楽しむが、多くの同郷人のような強い情熱は感じなかった。試合を観て、プレイやゴールについて面白いコメントを二つ三つすることはできるが、彼にとってもっと重要なのは、フィールドには見えないこと、つまり、このスポーツを可能にしている社会の流動性だった。その点で、スアレスは最も模範的な例だった。

ムヒカはこのセンターフォワードのこれまでの人生を知っていたからこそ、彼を擁護し、彼の行為を正当化しようとした。貧困家庭に生まれた子どもが、どうやって世界の一流スポーツ選手になり、自分の貧しい過去を笑いとばせるようになるのか、なぜ実社会から処世術を学んだような教育のない人たちが優秀な大学を出た人たちよりも成功するのかを知ることに関心があった。いくらそれが一筋縄ではいかない道であったとしても、人とは違う道を進む人たちをムヒカは尊敬した。

「スアレスは、下から這い上がってきた素晴らしい若者だ。彼のことはよく知っているし、貧乏人ならではのずる賢さも持っている。とてもいい青年だ」。ムヒカは大統領就任からまだわずかしか経っていない頃、私たちにこう語った。ウルグアイがワールドカップ南アフリカ大会で四位に入賞した二〇一〇年のことだった。この時、スアレスは対ガーナ戦の終了間際に、ハンドでボールを遮り、ゴールを阻止した。ウルグアイはその後のPK戦を経て勝利し、アフリカチームはスポーツマン精神にもとる行為としてスアレスを非難し、彼を悪魔に例えた。「あちらが何を言っているかは知らない。だがスアレスの話を聞くと、彼の善意がわかるんだ。あの時起こったことは、ただ彼がずる賢く動いてしまっただけのことだ」と、当時ムヒカは語った。

ずる賢さ、チャンス、そしてフィールドを戦場に例えることは、サッカーの特徴だ。このこともムヒカの共感を誘っている。なぜなら、社会からの排除と闘いながら成長した人たちのことを表しているからだ。最もずる賢く動き回れる者が勝ち残る。彼らには、ボールの後を追って走り、大金を稼ぎ、その富を維持していくという選択肢がある。ずる賢い者のことは尊敬し、彼らから学ぶ必要があるとムヒカは言う。だからこそ、サッカービジネス界の帝王、フランシスコ・パコ・カサル（ウルグアイ随一の選手代理人）にも親しみを感じている。

多くのウルグアイ人は、カサルのことを何かと疑わしい人物だと感じており、大金の絡む怪しいサッカービジネスと同義語だった。彼は、自分の地区《バリオ》のサッカーフィールドに無断で入り込んでいたような子どもだったが、今やどの選手がワールドカップのスタメンに入るかを決めるまでになった。現在カサルは、良いことも悪いことも含め、ウルグアイサッカー界のほぼすべてを体現していると言ってもいい。

彼は、まさに映画の登場人物のようでもあり、システムの産物でもあり、苦悩の人でもある。ストリートチルドレンのような嗅覚も持っている。貧しい地区の粗末なフィールドで行われていた試合でボールボーイをやっていたが、ある日、ボールに自分でペレのサインを真似て書いて売り歩くようになったそうだ。

パコとは数えるほどしか面識がない。国との訴訟で彼についていた弁護団が、つながりを作ってくれた。彼は、特権階級の連中に対してものすごい敵意を感じていて、やつらの頭を踏んづけることに快感を覚えている。彼は労働者階級的な態度と強い恨み根性を持っていて、貧困層の支持も得ている。自分を辱めた上流の人間たちをなんとかして打ち負かしてやりたいと思っているのさ。

ムヒカはカサルのことをよく知っている。彼とは十数回も面識がないのは確かだが、いつも親近感を持っていた。ルシアも彼のことを高く評価している。ムヒカの大統領就任中、サッカー界の幹部たちは「ムヒカとルシアはカサルを息子のように可愛がっている」と言っていたが、これは少々大げさかもしれない。ムヒカもルシアも彼を尊敬し、その真価を認めていたが、息子のように思っていたわけではなかった。

大統領になってまだ一年も経っていない頃、ムヒカはカサルに勧められて週末にマドリードに出かけた。目的は、当時のレアル・マドリードの会長であったフロレンティーノ・ペレスに会い、あるビジネスを提案することだった。ペレスはロジスティックスとエネルギー分野におけるスペインを代表する実業家のひとりで、ムヒカの訪問後、ウルグアイの風車事業に投資を行った。

「彼のことはとても尊敬しています」この旅の途中でムヒカについてこう語ったカサルは、スペインの首都では最高級のホテルのひとつに泊まり、あわせて一万ドル以上の服と宝石を身につけていた。ムヒカはヨーロッパにおけるパコの影響力にいたく感動したが、同じ経験を再び繰り返すことはなかった。

彼には影響力のある友人がたくさんいる。本当にすごいんだ。レアル・マドリードやACミランの会長。こういう連中と友達なんだ。こういう男がウルグアイ大使になってくれたらどんなにいいか。彼には交渉力があるが、それと同時に敵も作りやすい。私は、海外でのカサルの影響力を身を持って感じることができた。そのことを人々はわかっちゃいないんだ。この国ではどうしても「敵か味方か」という考えになってしまう。それでもパコは我々にとって必要な存在だ。資本主義は必ず仲介者を生み出す。それが彼でなければ、別の人がなるまでだ。確かに彼についてはは賛否両論あるかもしれんが、だからと言って私は彼に扉を閉ざすわけではない。

カサルがウルグアイにいることはほとんどなく、その当時はムヒカとも断続的にしか連絡をとりあっていなかった。が、二人の間に交友関係があることは明らかで、そのことがあらゆる批判を招き、多くの政治的問題を引き起こした。二人が一緒に写っている写真は少なく、特にマドリードへ行った後のものはほとんどなかったが、国民は彼らが同じ考え方を共有していることに気づいていた。ほとんど教育を受けていないサッカー選手たちをプロサッカーリーグで弁護している、典型的な成金で、サッカー界の傲慢な実業家で、地区《バリオ》のやくざ者であるカサルを、ムヒカが気に入っている理由が何かあったのだ。

ウルグアイで成功した連中は誰でも最後は殺《や》られてしまうが、彼の場合も、成功しているだけでなく、下から這い上がってきたという意味で例外ではない。あいつを脅すと必ずやり返されるが、やつは自分が気に入った連中の面倒見は良いので、それは評価に値する。

カサルは決して聖人ではない。なぜなら、こういうビジネスでは聖人のような人間が成功することはあまりないからだ。だが、彼は正しい文脈で判断されなければならない。サッカーは何よりも、深刻な腐敗が生じている大規模な資本主義ビジネスなんだということも忘れてはならない。

カサルは実業家として絶頂期にあった時、サッカーの面でウルグアイを支えた。それだけではない。ウルグアイ代表チームが二〇〇二年と二〇一〇年のワールドカップへの出場権を獲得したのはカサルのお蔭という噂もムヒカの耳に入ってきた。二〇〇二年の場合は、ウルグアイとアルゼンチンが予選で引き分けになるように影響力を行使した。アルゼンチンはすでに出場権を確保していたので、ウルグアイは敗けるわけにはいかなかった。最終結果は0対0の引き分けで、両チームが出場権を獲得した。また、モンテビデオでは、ウルグアイが南アメリカ大会への出場権を決定した時の対戦相手だったコスタリカ代表チームの気をそらすためにできる限りのことをしたが、この時カサルがコスタリカの選手数名と何やら怪しげな話をしていたとも言われている。

ムヒカは大統領として、カサルが直接関係するいくつかの決定をしなければならなかった。だが、いつもできるだけ痛手の少ない方法を選び、この実業家の友人にあまり害が及ばないように配慮した。ムヒカはカサルに衛星放送テレビのチャンネル使用権を与えたが、カサルがこの最良のビジネスの企画のひとつを公開入札にかけた後に行うように気をつかった。さらに、カサルが国税庁に対して負っていた債務を免除したが、これは、政府の弁護士が重大なミスを犯したために、実際は一千万ドル以下だったにもかかわらず、二億九千万ドルと計上されてしまっていたからだ。

ムヒカは、カサルが提訴した数百万ドルの損害賠償訴訟にウルグアイ政府が巻き込まれないように自分が守ったのだと主張し、タバレ・バスケスと合意して債務請求を行わないことを決定した。遅かれ早かれこの判断はなされていただろうが、大統領は法廷の外でこの問題を解決する道を選び、対立を避けたのだった。


あれは難しいジレンマだった。パコが買収されたと言うために、私がパコと取引するのを待っている連中もいた。だが、パコは国に財政的な損害を与えることもできた。非常に複雑な状況だった。私がどんな決定をしたとしても、ひどい結果になったことは間違いがない。そこでアドバイスを求めると、パコと取引をするように勧められたんだ。ダメージを最小限に抑えるための方法だった。検察庁から受け取った報告書には、ミスの規模と、政府に対する法的訴訟にかかる財政的コストが示されていた。このオプションを提案してきたのは検察庁で、私たちはバスケスにも相談した。

さらに、ムヒカは、大統領行政府のドアを、別名「青いアヒル《エル・パト・セレステ》」と呼ばれていたグスタボ・トレナのために常に開けていた。彼はカサルの腹心の人物と見られていた。トレナは大統領とは頻繁に連絡をとりあっていたわけではなかったが、大統領の周辺とは連絡を取っていた。これが、彼にあまり好感を持っていないウルグアイ世論の一部の反感を買った。エル・パト・セレステは、重要な会合の際にムヒカの後ろに立って写真に写ったりしたので、ウルグアイ国民はますます彼とカサルの関係を疑うようになっていった。

しかし、実際はトレナとカサルのつながりは少なく、ムヒカはトレナが「ペテン師」であるという説明に納得した。トレナはウルグアイ代表チームに同行し、アヒルの着ぐるみを着て世界各国の様々なフィールドに入り、エル・パト・セレステというあだ名で一躍有名になった。これが彼の最大の功績だが、もっと重要なビジネスにおける彼の影響力は小さかった。

哀れなパトに人々は大騒ぎした。彼らは、パトが宇宙の中心みたいに思っているが、馬鹿げたことだ。彼はカサルの側近などではない。他人の不幸を食い物にして暮らしている可哀想なやつなんだ。人々は、パトが政府に対して大きな影響力を持っていると大騒ぎしたが、そんなものはありもしない事実だということに誰も気づいていないんだ。

ムヒカは、あらゆる方法でサッカービジネスにおけるカサルの影響力を弱めようとしたが、これまで一度もサッカーの世界に足を踏み入れたことはなかったので、さすがにそれはできなかった。カサルが所有するテンフィールド社が独占的に管理していた放映権を入札にかけようとした時には、国営の電話会社がそれに参加する可能性さえ検討したが、実現しなかった。ウルグアイの主なサッカークラブからも政府内の一部からも、支持が得られなかったのだ。

サッカーの問題というのはどうしても理解できなかった。確かに私はカサルに好意を持ってはいるが、サッカービジネスにおける彼の影響力を多少なりとも低下させたいと思っていた。だが、この世界に首を突っ込んでみると、たとえ共和国の大統領であっても、たいして物事は変えられないことに気がつくんだ。サッカービジネスにはものすごいカネと権力が絡んでいるからね。

ムヒカはカネに関心がない。このようなカネに対する無関心は決して偽りではなかった。無駄遣いはせず、給料の残りは寄付するか農業資材や土地を買うために貯金する。自分の一カ月の給料がいくらなのかも知らない。一方で、ムヒカには財を成した友人も多くいて、彼らのことは高く評価している。彼らはあらゆる意味での資本主義者たちだ。しかし、サッカーに関わっている新富裕層たちとは違う。本当の意味での資本主義者なのだ。ウルグアイ国内外のブルジョワたち。彼らの持っている資産についてではなく、ムヒカはこうしたブルジョワたちも模範にしている。

ブルジョワにはステレオタイプがある。ブルジョワは金儲けもするが、それと同時に自分からも与える。彼らはきちんと規範を持っている。規範のない連中もいるが、そういう連中は最悪の部類だ。だが、じっくり耳を傾けて話を聞くべき連中もいる。こういう連中の経験はためになるからね。

このような意見は、左派にとっては理解するのが難しかったが、いまだに六十年代的な反ブルジョワ思想を持っているムヒカの何人かの友人にとっては、さらに容易ではなかった。

「このことについては、私の会派の連中ともかなり距離を感じている。ものすごく孤独だし、それを本当に残念に思うこともある」

「異端児《オベハ・ネグラ》の孤独ですね」

「そうさ、それもものすごく抵抗の多い孤独だ。私がやることの中には、右派には嫌われ、左派には理解してもらえないことがいくつかある。今は私が大統領だから皆敬ってくれているが、同じ党の中にも私のことを嫌っとる連中がたくさんいるよ」

「野党にもたくさんいますよ」

「その残りが私の友人たちだ。ブルジョワ連中と親しくするなんて、左派の連中にとっては想像もできないことらしい。やつらには私に見えるものが見えておらんのさ。それは、彼らの経営能力であり、管理能力であり、雇用を生み出す力だ。思っているよりもっと複雑だ。資本主義者たちこそ世界を創造するエネルギーなんだ。私は、石器時代を近代的な世界に一変させた資本主義者たちのことを言っているんだ。自分の考えを理解してもらうのに苦労することもある。新しい社会の創造は、頭の悪い連中にはできない。実社会での豊富な経験と、哲学と、オープンな心を持っていなければならないんだ」

「議論の余地はないんですか？」

「だって明らかじゃないか！　私は先進国になるための長い道のりとして、国民の解放を支持している。それが私の最大の目的だ。国民の解放というのは複数の社会階級を含む概念で、これを実現するためには、少なくともブルジョワの一部に参加してもらう必要がある。ブルジョワ階級と対立していては実現しない。そのためにブルジョワの友人と付き合っていると言ってもいい、味方についてもらわなければならんからな。このコンセプトは、やつらには理解できないだろうな」

ムヒカの自宅付近に、かろうじて学校を卒業したような経験豊富な実業家が住んでいる。彼はもともとは農民で、自分が作った農作物に付加価値をつけて販売していた。例えば、ビン詰めのトマトを大型スーパーや多国籍企業のフードチェーンに販売するなどしていた。アイデアがどんどん湧き出てくると、直観で方向性を変える。彼に教育を授けてくれたのは、実社会での経験と旅だ。毎年違う場所に旅をしては、新しいアイデアを持って帰ってくる。ムヒカは彼のことを「たまげたじいさんだ」と言う。

ムヒカは、「ガルドじいさん」についても同じようなことを思い出す。ロムアルド・ガルドはウルグアイを代表する食用油ブランドの所有者で、二〇一四年十二月、九十歳で亡くなった。彼は目が見えなくなっても毎日仕事場に通い、息をひきとる数週間前にも新しい工場を開設したばかりだった。ゼロからたたき上げのウルグアイの小企業の実業家は他にもたくさんいるが、彼らと同様に、ガルドはムヒカがたびたび模範にする人物だった。

ムヒカと彼らの共通点は、直感や独創性があり、「犬のように勤勉」で、度胸があり、リスクを取る能力を持っていることだった。また、自分の周りに置く人間を選ぶことにも長けていた。たとえその人が自分より優秀だったとしても、一番優秀な人間を雇う心構えができていることは、ムヒカにとってとても重要な点だった。

私に貴重な教訓を与えてくれた地元実業家が何人かいるが、彼らは左派とはまったく関係がない。彼らはブルジョワ経済の産物だが、社会の役に立っていて、決して社会の寄生虫なんかではない。自らがどんなに左派に傾倒していたとしても、こういう連中はきちんと評価しなければならん。なぜなら、彼ら自身、身を粉にして働き、仕事を生み出す人たちだからだ。彼らは私たちが敬うべきブルジョワなんだよ。

ウルグアイに投資を行った富豪の外国人実業家のなかに、ムヒカが模範としてたびたび引き合いに出す人物が三人いる。ギリシャ人がひとりと、アルゼンチン人が二人。この三人はもう高齢で裕福に暮らしているが、すでに一財を成したにもかかわらず、新しいプロジェクトを立ち上げることを止めようとしない。

ひとり目のパナギオティス・ツァコスは、ギリシャの有力な船主だ。「あの男はたいしたもんだ。二十隻ほどの船を所有していて、ギリシャに自分の島もひとつ持っている。あのじいさんこそ男の中の男だ」

ツァコスは、造船所を建設するために、モンテビデオの埠頭に大きな建物を購入した。準備は万端整っていたが、彼の期待を裏切ったのは地元の労働者たちだった。「ウルグアイ人は賢いが、働きたがらないのが大きな欠点だ」とツァコスはムヒカに言った。「確かにその通りだ」と大統領は答えざるを得なかった。

ギリシャから労働者を連れてくることも認められなかったので、造船所計画は中止することになった。わずか数名のウルグアイ人労働者を確保しただけでは、計画に乗り出すことはできなかった。そこで今度は農場を購入し、農牧業を始めることにした。この他にも、自分の名を冠した大規模な財団をウルグアイで運営し、両国間の文化交流を促進する事業も行っている。

あいつは、ありのままのウルグアイに順応し、農牧業で金儲けをし始めた。ギリシャから母親も連れてきてね。彼女は自分の息子が世界中に所有している何十隻もの船にはまったく関心がなかったのに、ここで飼っている千頭の牛と三千匹の羊を見てこう言ったそうだ。「息子よ、うちがこんなに裕福だったなんて知らなかったわ」とね。驚きだね。

ふたり目はサムエル・リーベルマンというアルゼンチンの実業家で、メディア媒体とホテルチェーンを所有している。リーベルマンとは、ムヒカが大統領になる数年前に、元産業大臣のホルヘ・レプラを通じて親しくなり、とても良い関係を築いた。ムヒカは、彼の進取の気鋭に富んだ話や、まるでレンガをひとつひとつ積み上げて小さな帝国を築いていくかのようなやり方が気に入っていた。リーベルマンは、この元ゲリラの老人に、信頼できるが変わり者という印象を植えつけた。

ムヒカの大統領就任の数カ月前、リーベルマンはムヒカとルシアをプンタ・デル・エステの邸宅に招待し、その圧倒的な広さに二人は腰を抜かすほど驚いた。後日ムヒカは、「いつまで経ってもなかなか家に辿り着かないんだ」と語ってくれた。

このアルゼンチン人実業家は、家庭的なデザートが醸し出す親しい雰囲気をうまく利用して、四時間のおしゃべりと、何本かのワインを空けた後で、二人の馴れ初めについて質問した。ムヒカは、自分たちがまだ非合法のゲリラ活動を行っていて、山に逃げ込んだ時のことだったと当時を振り返った。「不安と恐怖が私たちをひとつにしたんだ」と、目に涙を溜めて言った。ムヒカは感情的になることも多いが、それは心を許している人の前でだけのことだ。常にコントロールされてはいたが、自分の感情を自由にあふれさせた。

その数年後、今度は大統領としてリーベルマンに再会した時、彼が新しく始めたという事業がムヒカの関心を惹いた。まず、彼の年齢で新しい事業を立ち上げようとしたことがムヒカには信じられなかった。

リーベルマンはもうかなりのじいさんだから、事業を全部息子に譲ったんだが、今度はケニアに行って花を育てて、それを売り始めたんだ。エクアドル人を連れていったそうだ、彼らはバラ作りの名人だからね。そしてあっちで商売をやっているのさ。いや、あのじいさんはすごい。八十歳でケニアに行ってゼロから商売を始めるんだ。冗談言うなよって感じだろう！　こういう人たちの言うことはよく聞かなければならんと思うんだ。年をくっていてカネも山ほど持っているのに、それを楽しむためだけに生きているんじゃない。新しいものを生み出すエネルギーにあふれているのさ。もうこれは尊敬以外の何ものでもないし、本当の模範的人物とは彼らのことさ。

ムヒカが模範としてたびたび引き合いに出す三人目の外国人実業家との関係は、もう少し荒れ模様だった。出だしはとてもよかったが、終わりが悪かった。彼の名はフアン・カルロス・ロペス・メナ。ラプラタ川でモンテビデオ－ブエノスアイレス間のフェリーサービスをほぼ独占的に運航しているブケブス社の社長だ。

ロペス・メナは常にウルグアイとアルゼンチン両国の政府と親しく付き合ってきた。自分の事業がその時の政権に依存していることを彼自身もよくわかっていたので、それをわきまえて行動していた。彼はとても有能な実業家で、シャツの販売で商売を始めて大金持ちになった。ラプラタ川でフェリー事業を始め、スペイン、イタリア、クロアチアでも事業を拡大した。また、マイアミとハバナ間のフェリー就航の可能性についても検討していた。

あいつが立ち止まることはないんだ。一度聞いてみたことがある、「自分が儲けたカネで少しは楽しみたいと思わないのか？」とね。これが自分の人生なんだ、というのが彼の答えだったよ。冒険とリスクを選ぶことだとね。あいつに会うと、こんなやつに一ペソだってやるものかと思う。だが、こういう連中が世界を変えるんだ。

これは、二人の間にある事件が起こる前の意見だった。ムヒカとロペス・メナの間に起こったことは、二人の権力の行使の仕方の違いによるところが大きい。ムヒカはいい加減で、ロペス・メナは包括的だった。任期半ばに、ムヒカは当時の経財大臣フェルナンド・ロレンソのアドバイスに従って、ウルグアイのナショナルフラッグキャリアだった航空会社プルナを閉鎖した。同社の機体のうち七機を国が所有しており、当時同社が海外で直面していた高額裁判により押収される可能性があったため、ロレンソはこのような措置をとることを勧めたのだった。

その後とられた措置は、これらの機体を競売にかけ、投資金額の一部を回収することだった。十二名ほどが競売に関心を示したが、最後にはロペス・メナだけが残った。ムヒカはロレンソとその他の政府関係者にロペス・メナとの協議を任せ、解決策を模索させることにした。モンテビデオとブエノスアイレス間の空路も確保したいと考えていたロペス・メナは、スペイン人の買付人を確保し、ブケブス社の社長を主要顧客のひとりに抱えるウルグアイ政府系のレプブリカ銀行の保証を得て、この買付人が競売に出席した。

競売はわずか六分で終了したが、予定通りには進まなかった。落札者がロペス・メナに関係していることと、落札のための保証金が政府から提供されたものであることをメディアが嗅ぎつけたのだった。アルゼンチン政府はこれに即座に反応し、ブエノスアイレス－モンテビデオ間の空路として国営のアルゼンチン航空に対する支持を強めてきた。ロペス・メナはこの取引から身を引いたが、レプブリカ銀行は彼に提供した一千四百万ドルもの保証金を請求すると言いだした。落札額全体の一割だ。

ロペス・メナは、この金額の支払いを回避するために、落札者との関係を否定した。ムヒカは彼を執務室に呼び出し、政府が関与している彼のすべてのビジネスを考慮して、自分の義務を果たすように求めた。何回かのやり取りの後、ロペス・メナは最終的にこれを受け入れ、今日まで債務の支払いを続けている。

この時、この交渉の内容が必要以上に露呈するのを避けるため、拡大戦線の上院議員らから提案されていた代替策は、政府が機体の暫定販売代金を支払うというものだった。こうすれば、ロペス・メナを舞台から降ろすことができる。ムヒカはこの可能性については検討さえしなかった。さらに一歩踏み込むつもりはなかったのだ。というのも、もしそうすれば、経財大臣とレプブリカ銀行の頭取は、国家に経済的損失を与えた罪で逮捕されることになるからだった。

「戦いの途中で兵士を見捨ててはならない」と、ムヒカは二〇一二年十一月のある朝、友人のゴルド・セルヒオ・バレーラの家で、アサード（ウルグアイ式バーベキュー）を食べながら言った。ムヒカは、あの数週間は、大統領就任中に経験した中でも最悪の時期のひとつだったと打ち明けた。今振り返ってみると、競売の問題を何がなんでも解決しようと躍起になっていたのがそもそもの間違いだったのだ。「あの時は誰かが何かを盗んだわけでもなかったのに、焦ったがために失敗してしまった」というのがムヒカの分析だった。

私たちは、ムヒカがどこまでこの件に関わっていたのか本人に聞いてみた。航空会社を閉鎖するために競売を計画したのはムヒカだったのかどうかを知りたかったからだ。ムヒカは「私が彼らにやらせたのだから責任はある。最終的な決定権を握っているのが大統領であることは確かだ」と、ぶっきらぼうなものいいで答えた。しかし、この解決策は、経財省のアドバイザーたちによって計画されていたのだとも語った。

ムヒカは、国はもう二度とこの件には干渉せず、司法に任せると決めた。経財大臣とレプブリカ銀行の頭取は、第一審では実刑判決を受けなかったが、職務濫用という別の犯罪について起訴された。これは政府にとって十分大きな打撃だったが、もっと悪い結果にもなり得た。ムヒカは彼らを公に弁護し、自らの政治責任をとって、その対価を支払った。

ロペス・メナを必要以上に信頼してしまったことが、この混乱を招いた原因のひとつだった。その後、ムヒカは彼と再会する機会が何度かあったが、彼らの関係性は変わっていた。このアルゼンチン人の実業家は、もう政府の承認などは当てにしなくなっており、事業にもいくつかの困難を抱えていた。ムヒカにとって、ロペス・メナは苦い記憶となってしまった例だった。

この一件で、ムヒカとムヒカの内閣の弱点が露わになった。

この時起訴されたのは「兵士」であり、友人ではなかった。彼らはアストリ副大統領によって選ばれた人たちで、ムヒカの信頼を得た側近たちというわけではなかった。確かに、そのグループに入っていた者はあまり多くはなかった。野党では、あのグアポ・ララニャガと、政府内でムヒカの周りで働いていたオメロ・ゲレロやディエゴ・カネパ、秘書のマリア・ミナカピーリ、そしてトゥパマロスの新旧メンバー数名だった。選挙キャンペーンの後には、パンチョ・ベルナサと信頼関係を保ち、社会開発大臣のダニエル・オレスケルや産業大臣のロベルト・クレイメルナンなど、数名の大臣たちとも親しくしていた。この二人の大臣は社会党の所属だったが、本質的にはムヒカ主義者《ムヒキスタ》たちだった。


ムヒカは、ウルグアイの政治家たちといてもあまり居心地良く感じてはいなかった。彼の期待に応えるような人材も非常に少なかった。ムヒカが高い知性を持つ人物として名前を挙げるのが、政敵のひとりであるイグナシオ・デ・ポサダスだ。彼は、ラカジェが大統領だった九〇年代に経財大臣を務めたカトリック教徒の弁護士で、すでに七十歳を超えている。別の時代に育った人物だ。

「以前、昔の政治家は今の政治家よりずっと優秀だったと言っておられましたね」

「今は皆中身がないのが問題なんだよ。政治に対する不信感が募っているのも、要職に就いている政治家たちの主張が魅力を失っているからだと思う」

「政治の刷新が行われていないのは、ベテラン政治家たちのせいでもありますよね。彼らがなかなか引退しないからではないでしょうか」

「それは言い訳に聞こえるね。能力がある者は必ず上に行くものだ。だから個人の能力に問題があるんだと思う。四十年代の政治家が書いたものを読むと、今よりもずっと近代的な考えを持った政治家に出会うことがあるんだ。昔は考えさせられるような政治家もいたが、今はもういない。拡大戦線の中にさえも、だ。それが問題なんだよ。何らかの理由で、ウルグアイは行き詰まってしまった。昔はそうではなかったんだが、そこで止まってしまったんだ」

「優秀な人材もまだいますよ。問題なのは、そういう人たちが政治に関心がないということです」

「確かに逃げ出す連中も多い。そういう連中は政治から離れれば離れるほどいい。だが、シタロサやロス・オリマレーニョスのような新しいミュージシャンも現れない。ジャーナリズムも同じだ。ものすごくレベルが下がっている。ウルグアイは自分の足でまっすぐ立っていられるように、常に過去や過去の遺物にすがっている。考えさせてくれるような人材が非常に少ない。過去数十年の間に何を間違ったのかわからないが、しかし何かを過ってしまったのは確かだ」

この会話をした日はムヒカにとって難しい一日で、とても落ちこんでいた。何人かの幹部を昇格させたのは間違いだったと感じていたのだ。これは、ムヒカが大統領就任間近のキャリアの絶頂期にあった時に起こったことだった。ムヒカは、政治学者のコンスタンサ・モレイラに賭けた。彼女を拡大戦線の党首に推薦し、その後、上院議員の議席を与えたのだった。また、ニカラグアとペルーの左派政権の顧問を務めた経済学者のアルベルト・クリエルにも似たようなことを行った。

一旦上院議員に選出されると、どちらも、自分たちに議席を与えてくれた党への寄付をまったく行わなかった。その時の状況を思い出し、ムヒカは「一番敏感なのは結局財布なのさ」と多少の苛立ちを込めて言った。そして、これが左派の内部で起こっているということが彼にとって一番辛かった。それに自分の支持者が関係しているとなるとなおさらだった。

ムヒカは、自分と同じように生きることを他人に強制してはいないが、彼のお蔭で今の地位に就くことができた人たちがその恩に報いないと不愉快になる。というよりも、激怒する。これについてはムヒカの辞書に寛容という文字はない。モレイラとクリエルの場合がまさにそうだったが、これは政治において一般的に見られる問題だと考えている。

人民参加運動（MPP）には、メンバーが病気になった時のための基金とラウル・センディック基金がある。モレイラは、これに一ペソたりとも出さなかった。彼女は左派だと言われているが、心は誰よりも資本主義者だ。クリエルと同じく、ただで上院議員になったくせに、これまで一ペソたりとも出したことがない。全部自分の懐に入れてしまうんだ。結局こういうやつは、視野が狭く、協力しようともしない、派閥的で役立たずな人間になっちまうのさ。君たちは一体どんな新左翼の話をしているんだ？　そんなのは全部嘘っぱちだよ。

ムヒカの逆鱗に触れる人は多い。公務出張手当を返納せずに、それで家を建ててしまうような議員から、自ら模範を示そうとしない自称フェミニストまで。

「プラン・フントス」[14]の支援を受けている人の六割がシングルマザーだ。彼女たちを支援するためのフェミニスト団体があると思うか？　答えはノーだ。こういうフェミニストたちはみんなメイドを雇っているようなインテリたちだ。拡大戦線には、そういう鼻もちならないインテリ女がたくさんいる。彼女たちはいつもルシアと喧嘩する。ルシアは彼女たち相手にメイドの話を持ち出すからだ。彼女たちと争うくらいなら、鍋やフライパンと争うほうがまだマシだ。

恨みがましい人たちも、ムヒカの怒りを買った。過去の政敵に接近しすぎると批判されるのは痛ましいことだ。彼らに対しては、異なる意見も受け入れるという、リベラルなムヒカの顔が現れる。ムヒカは過去の話は持ち出さないことにしており、それ以外の選択はないと思っている。こればかりは、違う意見を受け入れる余地はあまりない。

しばらくロチャの刑務所に入れられていた時期があるんだが、ある日そこに指揮官がやってきて、ワシと写真を撮りたいから自分の妻を連れて来ていいかと聞くんだ。人生とは何があるかわからないね。私の写真が、彼の写真コーナーを飾るようになるなんて。私は軍人に対して憎しみを抱いているわけではない。左派連中の中にはそれが理解できなくて、私を許さないやつらもいる。心が痛むし、彼らがそれを裏切り行為だと思っていることが悔しい。私は世界を変えようと努力し、その責任を負っただけで、相手が軍人でなければ、別の連中と協力したまでのことだ。彼らのことを嫌っていたわけではなく、道具として使ったまでだ。あんな恨み根性を一生持ち続けるのはさぞかし大変だろう。そんなふうに感じている連中が残念だ。連中は、私だって不

14 「プラン・フントス（El Plan Sociohabitacional Juntos）」は最貧困層向けの住宅建設を行う事業で、ムヒカが給料の一部を寄付し、政府関係者や実業家の支援の出資を得て創設された。ムヒカ政権の終わりまでに、約三千件の住宅を寄付した。

安と闘ったのだということに気づいていない。昔起こったことや古い考えに固執し、死人と争っているようなものだ。彼らからそれを取り上げたら何も残らないんだ。人生は続き、新しい時代がやって来るということがわかっていない。恨みを抱いて生きることは人生ではない。

そうは言っても、ムヒカは昔の友人や思い出も大切にしている。刑務所では忍耐を身につけ、希望を持ち続けたことによってここまで辿り着くことができた。誰も想像もしなかったところまで。

「ああ、あの当時の経験こそサイエンスフィクションだ！　パソ・デ・ロス・トロスの刑務所で拳で壁や床を叩いてコミュニケーションを取っていた時のことを思い出すよ。レイ・ブラッドベリ（訳注：一九二〇〜二〇一二年。米国のSF作家）でさえ、ウルグアイの小さな村の自然派作家みたいに見えてしまうような経験だった。ムヒカは並外れた才能を持っている」と、元ゲリラのマウリシオ・ロセンコフは、週刊誌『7N』の中でムヒカ政権について語っている。

軍政時代、ロセンコフ、ニャト・フェルナンデス・ウイドブロとムヒカは、様々な刑務所で、厚い壁で仕切られた暗い部屋を共有した。三人とも、「健在」という言葉が表現し得る限りの意味で健在である。今は互いに顔を合わせる機会は少ないが、離れていても何も変わらないことを知っている。互いの目を見るだけで、心が通い合う。「あいつらは私の兄弟同然なんだ」とムヒカは言う。

ニャトとロセンコフとは、刑務所にいた頃に親しくなった。ロセンコフは軍人たちの恋人のために詩を書いてやったり、ニャトは絵を描いてはタバコと交換したりしていた。私はひたすら読書をしていた。一番若かったやつの何人かが刑務所で死んだ。結局、一番長く耐えたのは年長者たちだった。途中で死んでいった連中もたくさんいたよ。私たちは単なる偶然で生き残っただけだが、そのことが私たちに生きているという実感を与えてくれた。

すべての経験はムヒカの記憶に残っている。自分が年を取ったこと、これまでにも様々なことが起こったこと、もう自分をいいように使いまわしたり、長い準備期間をとったりすることはできないこともわかっている。以前よりも過去を歴史として捉えるようになり、未来をまるで日常のように考えるようになった。「無駄に議論するのも、時間を無駄にするのも」嫌だと言う。重要なのは意味のあることだけで、それ以外のことは排除するのが望ましい。「べべのことを思い出すよ。彼は三十分から一時間ほど議論をすると、その後は眠っていた。あまり辛抱強くはなかったからね。今は私も同じことをすると思う」と断言する。

「歴史において自分がどんな位置を占めると思うか」という質問に対して、ムヒカは「おしゃべりな作家」と答える。彼はそのイメージに一番惹かれるようだ。「口に出すと思考がどんどん広がっていくんだ。時々、自分が言っていることに自分でも驚くことがあるよ」と言う。

ムヒカは、人類学者のダニエル・ビダルを引き合いに出す。

ビダルの著書は、楽しむためでもあり、読むためのものでもある。私はビダルを高く評価しており、彼が歴史に名を残すことは間違いないと思っている。今日生きている知識人の中で、彼は最も影響力を持つ人物のひとりで、ウルグアイの宝だ。ウルグアイから知識人が多数輩出されたことの証だ。こういう注目に値するウルグアイ人もいるんだ。今はあまり知られていないかもしれないが、そのうち知られるようになる人たちもたくさんいると思う。

果たしてムヒカがこの選ばれた者のひとりになるかどうかは、時が教えてくれるだろう。

6　カウディージョ

サンファン川がラプラタ川にそそぐ場所は、アンチョレナの大統領別邸で一番美しい場所のひとつだ。空気は交わった二本の川の匂いに包まれ、辺りの色は峡谷、牧草地、淡水、自然の山々ではっきりと区切られていた。この辺りをゆっくりとした足どりで歩くと、自然と安らいだ心地になる。思わず深呼吸したくなるような、調和のとれた自然がそこにはある。

ふたつの川によって作られたこの奥まった場所に辿り着くのは用意ではない。熟練ガイドに同行してもらい、森や野原の間を数キロ歩かなければならなかった。私たちは、ムヒカがアンチョレナの公園で使っていた三菱製の白いＳＵＶに乗せてもらった。あれは二〇一一年四月のことで、ムヒカが大統領に就任してから一年あまり経ったところだった。道中、私たちは景色のことや、鹿、牛、様々な種類の木々について話をした。目的地に到着する数メートル手前で、ムヒカはスピードを緩めた。「タバレ・バスケスがもう一度大統領に立候補することを、なぜ私が知っているか教えてやろう」と、ムヒカらしいあのいたずらっぽい笑みを浮かべて言った。

その先には、わりと簡素なキャンプ場があった。三十キロほどの肉が焼けるバーベキューグリルに、トイレやシャワー、更衣室のあるコンクリートの建物、サンファアン川へ出るための道と桟橋があった。この光景を前にして、星空の下で火を囲んでするおしゃべりや、朝早く釣竿を持ってそわそわと動き回る友人たちの姿を想像せずにはいられなかった。「ここはタバレが自分の友人と来るためにつくったんだ。私は使わないよ」と私たちのガイドは説明してくれた。

釣りはバスケスの趣味のひとつで、大統領在任中はアンチョレナで何日も過ごしていたことを考えると、そこまでの話に不思議なことは何もなかった。「あいつがもう一度大統領に立候補するという証拠はあれさ」と、ムヒカは川に向かう道の脇を指さして言った。ムヒカが明らかにしたその秘密は、植えてから三年も経っていない、高さ四十センチほどの十本のレモンの木だった。「あいつは、次の機会には、キャンプ場の近くに新鮮なレモンが欲しいと思っているのさ」と、ムヒカはウインクをして笑いながら言った。

田舎で一日中過ごしたいというバスケスの趣味はムヒカも共有していたが、唯一の違いは、ムヒカは釣りをするとどうしようもなく退屈してしまうことだった。ムヒカが大統領在任中に二人で行ったミーティングは、大統領別邸の公園内でこそなかったが、アンチョレナの自然の中で行われた。バスケスは任期終了後も、サンファアン川の近くの所有地へ友人とキャンプをしに行き続けた。そこでムヒカとも会い、二人は何時間も話し込むこともあった。

二〇一三年の夏、バスケスは新しいキャンプ場でほぼ一カ月過ごし、ムヒカもそこを三度訪れた。そこにいくためには、アンチョレナの別邸を出て、国道を十キロほど走り、私有地に入った後、開けた野原に出るまでもう一度長いドライブをしなければならなかった。全部で二十キロ以上の道のりだったが、最後は出発地点のほぼ真向かいに戻ってくる感じだ。バスケスは、大統領別邸からかなり近いその場所で休暇を過ごしていた。

あそこには、あいつと食べたり飲んだりしに何回も行ったよ。あいつはすごいキャンプ場を持ってるんだ。すぐ目の前の土地にアンチョレナのよりもすごいのをね。その地主はスペイン人なんだが、そいつが自家用のプロペラ機でアンチョレナに着陸するのをバスケスが許可していたお礼に、そこにキャンプ場を作らせてもらえることになったそうだ。友人が一緒の時は、モーターボートを持っていって釣りに出ると言っているが、そんなのは嘘だね！　ずっと肉を焼いて酒を飲んでいるだけだ。

バスケスは、ほぼ半年に一回の釣り旅行に来ると、そのうち何度かはモンテビデオに帰る前に、魚を手土産にアンチョレナの公邸に立ち寄っていた。「大統領、またタバレさんが来られましたよ。お土産に持ってこられた魚をとってあります」と、公邸の職員たちがムヒカに電話で伝えたのは一度や二度ではなかった。

ここが、バスケス－ムヒカ、ムヒカ－バスケスというサイクルを固めるために二人が選んだ場所だった。ムヒカ、バスケス、アストリの三人は、ウルグアイで人気のある政治家で、この二十四年あまり拡大戦線を率いてきた。まずバスケスが大統領になり、ムヒカがこれに続き、そしてもう一度バスケスが大統領になった。アストリは大臣、副大統領を歴任し、大統領になろうとしたがなれなかった。党内選挙でまずバスケスに敗れ、その後ムヒカにも敗れた。

ある夜、タバコとワインの空き瓶を前に、私たちは「アストリは党内選挙では一度も勝てませんでしたね」と話題にしてみた。私たちは、ウルグアイの左派政党を政権に就け、十五年もの間それを守ってきた三人組についてすでに一時間以上話していた。

「タバレはダニロと戦い、あなたもダニロと、そしてダニロはもう一度タバレと戦いましたが、あなた自身は一度もタバレと戦ったことはありませんよね」と言ってみた。私たちは、近年のウルグアイ政治においてこれほど重要な三人の関係に書き加える新たな真実を発見したような気持ちになっていた。

彼はしばらく考え、タバコを吸い終えると、火を消してから答えた。「そういうことではない」ムヒカは反応を待ち、私たちの信じられないといった表情を見てから付け加えた。「実際は、私が党内選挙であの二人と戦ったんだ。二人に勝って大統領になったのさ。タバレはダニロをできる限り支援したが、私はあの時の選挙で二人に勝ったんだ」

確かにそうだった。バスケスとアストリは、ムヒカが大統領になることを望んでおらず、彼が党内選挙で勝つとは夢にも思っていなかった。三人は同じ政党に所属していたが、三人三様だった。実際は、いつもの例に漏れず、一番ユニークなのはムヒカだったのだが。その上で、ムヒカは、アストリは副大統領として、バスケスは顧問役として、任期中ずっと傍にいてくれた二人と良い関係を築いたが、常に良いことばかりではなかった。

バスケスは、ムヒカに対して頻繁にクレームをつけた。ムヒカの任期半ば、バスケスは遂に、自分たちは異なる国のモデルを象徴していると、非公式な会話の中で新聞記者や企業家に語った。「私はあいつを困らせるようなことはしなかったのだから、彼にもそうして欲しくないと思っている。あいつが大統領だった時、私はいつも我慢していた。今度はあいつが我慢する番だ」バスケスが非公式にムヒカ政権を「カオス」と表現したと聞いた時、ムヒカは私たちに言った。「あいつの言うことは気にしない。いちいち気にしていたら、今ごろ大統領になんかなっとらんよ」と私たちに告白した。

二人はあまり気が合わず、ムヒカ政権中に物事が変わらないことは明らかだった。最も深刻な亀裂は、バスケスがアストリを大統領候補に選んでいたにもかかわらず、ムヒカが出馬を決めた時にすでに起こっていた。「出馬したことについては決して許してくれなかった」とムヒカは言う。真相を知るのは難しいが、バスケスは選挙キャンペーン中にはムヒカを許さなかったに違いない。また、バスケスはムヒカの「馬鹿げた言動」を批判し、バスケスの側近のひとりであるゴンサロ・フェルナンデスに至っては、ムヒカが大統領になったらウルグアイから泳いで逃げると発言するなどした。

政権運営のやり方は、ムヒカとバスケスで大きく異なる点だ。この点では、歩み寄りの余地はない。ムヒカはバスケスを反対側の人間、つまり自分は決して加わることのない大統領OBクラブの一員として位置づけていた。

ある冬の朝、ムヒカは自宅でこれについて最も重要な発言のひとつを口にした。発言の内容だけでなく、どのように、どんな文脈で言ったかも重要だった。その日、私たちは早朝七時半に集まった。夜中にできた氷の膜の下に牧草がまだ隠れている頃、ムヒカは私たちを玄関で迎えてくれた。ムヒカは、耳まで隠れる毛糸の帽子をかぶっていて、穴からは白髪がのぞいていた。スウェットパンツに色の違う毛糸のセーターを二枚着込み、仔羊の皮でできた使い古したスリッパを履いていた。顔にはシェービングクリームが残っていて、入れ歯もまだつけていなかった。

ムヒカは、私たちを自宅の横にある土床の小屋に通してくれた。彼はプラスチックのペンキ入れの上に座り、私たち二人には椅子を勧めてくれた。マテ茶を飲み、ビスケットをふた口で食べると、バスケスとは政権運営に関する考え方が違いすぎるから彼と折り合うことは決してないだろうと言った。そして、「あいつと距離ができるのは、あいつは自分が、だ・い・と・う・りょ・う、だと自惚れているからだ。ここでは誰も人の上に立たないのに」と説明した。

ムヒカにとって、バスケスはもうひとつの左派の一員だった。バスケスは、モンテビデオのラ・テハという中下流階級の地区《バリオ》で生まれ育ったが、その後「カネを稼ぐ」ために医者になり、中上流階級の居住エリアに移ったのだとムヒカは言う。「あいつはもう庶民ではなくなったが、私はそうではない。私にはまだ庶民臭いところがある。必ずしもそれが万人受けするわけではないがね」と言った。

いずれにしても、重要な決断をする場合は、ほぼいつもバスケス、ムヒカ、アストリの三人が何らかのかたちで参加する。これについて最もわかりやすい例は、第一次バスケス内閣で、アメリカとの自由貿易協定への署名可能性について決定を行った時のことだ。このアイデアを推していたのはアストリで、すでにバスケスを説得していた。もう署名するばかりという時、ムヒカは当時大統領だったバスケスと長距離を飛行機で移動した際に、この決定を覆そうと説得を試みた。このように目立ったかたちでアメリカに接近することは、他の南米諸国と拡大戦線内部、特に共産主義者とかなりの数のウルグアイ社会主義者にマイナスの影響を与えかねないというのがムヒカの主張だった。そして、その目的は達成された。ムヒカがバスケスを、バスケスがアストリを説得し、この問題は決着した。このように、政権内での協議は常にこの三人の間でなされ、多くの重要な決定が下されていた。

この出来事の後、ムヒカとアストリは正副大統領候補として選挙に勝ち、二人の間の結びつきも少し強くなった。就任の数週間前、ムヒカは、経済分野における重要な役割を副大統領に任せるつもりだと私たちに教えてくれた。そしてそれを実行したが、自分の政権運営のスタイルを変えたり、コントロールを失うことはなかった。

アストリには、「経済問題を解決して、必ずうまくいくから大丈夫だ」と約束していた。アストリはムヒカに信頼されていると感じたが、時とともに、この異端児《オベハ・ネグラ》が相手では、「すべてうまくいく」で始まったことでも、最終的には嵐のように問題が起こるということがわかってきた。

政権二年目になると、なかなか全権を掌握しようとせず、二人が関係する案件ではいい加減な振る舞いが目立つ大統領に、アストリは苛立ちを覚え始めた。このように、浮き沈みはあったものの、形式主義を嫌う無政府主義者《アナーキスト》と、事前に準備された台本から少しでも外れることを嫌う思い込みの強い男との関係は、ますます対立的な様相を強めていった。

就任後やっと一年半経った頃、ムヒカとアストリは商工会議所の代表らとの会合に出席した。他の多くの行事と同様に、ワインの香りとタバコの匂いに包まれた祝賀会が何時間も続いた。ムヒカはタバコをすぱすぱ吸い続け、退席する前にアストリの妻クラウディア・ウーゴと言葉を交わし、彼女と彼女の夫を不安にさせた。

「奥さん、あいつをよろしく頼むよ」

「…………」

「私は最後までもたないかもしれんので、あいつのことを頼んだよ」

「ぺぺ、そんなこと言わないでよ。あなたこそ気をつけなさいよ、そんなにタバコを吸うものじゃないわ」

「私は真面目に言ってるんだ。よろしく頼むよ。私はもうこういうこと全部にうんざりなんだ」

ムヒカが任期を全うできないかもしれないと言ったのは、これが初めてでも最後でもなかったが、この時は特に悲観的になっていた。

当時、ムヒカは二千ヘクタール以上の土地に対する課税措置の導入の準備をしていた。これは、途中で諦めることのできない経済的措置だった。この提案は、アストリとのイデオロギー対立を引き起こしたが、結局副大統領が大統領から頼まれたことを実行するかたちになった。これは忠誠心の問題で、アストリはいつもこれを重んじた。「ダニロは私にいつも敬意をもって接してくれた。だが、ダニロという人間と、ダニロ主義《ダニリスモ》は別ものだ」ムヒカはそう考えていた。

二〇一一年四月三日午後、副大統領は、その計画についてまだ何も知らされていない時に、共和国大統領が差出人となっているマニラ封筒を執務室で受け取った。その中にはムヒカ自身の筆跡で「草稿」と書かれた一枚の紙が入っていた。その他の同封の書類には、農地への課税を導入するための法律の条文が書かれていたが、アストリはその内容に賛成ではなかった。しかし、大統領は、ダニロ主義者《ダニリスタ》たちの懸念事項を十分検討することなく計画を前に進め、公の場でこのイニシアチブを擁護していくことに決めた。

しかし、七月一日、議論がすでにひと段落した頃、ムヒカはいくつかの問題について話し合うために、大統領行政府の執務室にアストリを呼んだ。副大統領はチリへ向かう予定になっていたが、ムヒカが自分の留守中に、すでに申し出ている変更を加えずに、新たな土地集中税の導入について発表するのではないかと冷や冷やしていた。

「税金については何も言うつもりはない」と、アストリの不安に気づいたムヒカが先回りして言った。「その話にはもう飽きた」。そして、アストリを落ち着かせようとしてこう言った。「安心しろ、お前が帰るまで待っとるよ。お前がいない時には何もしないから大丈夫だ」

それから、「ところで、哲学について少し話さないか」と提案した。アストリは微笑んだ。「では、真剣に聞くぞ。お前は政府についてどう思う?」すると、きっぱりとした答えが返ってきた。「もう少しおしゃべりを控えたらどうだい」

「努力はするよ。だが、私は声に出して考えるのが好きなものでね。この年になるともうさすがに自分を変えるのは難しいんだよ」とムヒカは返した。

また別の日、実り多い会合の後、大統領はメディアに対して、アストリが十日前に提出した土地集中税に関する提案を受け入れたと伝えた。このようなムヒカの親切なジェスチャーに副大統領は喜び、その後議会でこの法案への投票が行われた。

その他にもあった。政権三年目に、ムヒカは大統領と副大統領の給与について定めている法令の改正を命じたが、自分たちが社会保障料の支払いを免除されていることを知って驚き、激怒した。そこでこの規定の改正を決意し、アストリにそれを伝えた。

「でたらめだ、そういうことではない」と副大統領はムヒカと当時の大統領秘書官のアルベルト・ブレシアに言った。彼らの法令解釈が間違っていること、社会保障費の支払いは毎月きちんと行われていることを説明した。しかし、もう遅すぎた。ムヒカはすでにその情報を広めており、改正を発表する公式声明を出すことにしていた。

アストリは信じられなかった。このニュースが流れた日には、自分の執務室で憤慨しつつ深いため息をついた。しばらく落ち着きなくあちこち歩き回っていたが、愚痴を聞いてもらおうと、あるジャーナリストに電話をかけることにした。

「誰も彼も狂っている！　彼らが間違っていたから、私はそれを指摘したのに」

「情報の出所は直接の関係者ですよ」

「わかってるよ。だが、これについては私にも連絡してくれ。彼らは好き放題やっているからね。私のことは無視だ」

「おふたりの間で話し合われたことだとばかり思っていましたよ」

「彼らは本当にいい加減なんだ。何も予測できない。毎月給料から引かれるべきものは全部ちゃんと引かれている。彼らの理解が間違っていたから、私はそれを指摘したのに。これじゃどうしようもないよ」


「何が問題なのかわかるかい？　君らの大統領が無政府主義者《アナーキスト》で、それは経済分析に含むことができない要素だということだ。連中はそれがわかっておらんのだ」と、その翌週ムヒカは私たちに語った。アストリの怒りは鎮まっていたが、副大統領が少なくともジャーナリストの前でこれほどまでに憤りを露わにした事件は二度と起きなかった。

確かなのは、ムヒカがダニロ・アストリを高く評価しているということだ。自分の後任にアストリを推す可能性についても検討したが、結局、選挙で再び敗れることを恐れて断念した。私たちが行った数知れぬ対話のなかで、ある時ムヒカは「可哀想なダニロ！　あいつにはセックスアピールが足りないんだよ。いつだって大統領になりかけるのに、ずる賢さが足りないから同じ場所に留まるんだ。悪意ってものがなさすぎるのさ」と言った。ムヒカがセックスアピールについて話すのは、まるでネクタイの重要性を説いているかのように滑稽だった。「なるほど、あなたにはすごいセックスアピールがありますからね」と、私たちは大笑いしながら答えた。だが、返ってきたのは真面目な答えだった。「他と違うということほど魅力的なものはない。そこに私が入り込む余地があるんだよ」またいつもと同じことなのだが、今回は、異端児《オベハ・ネグラ》のセックスアピール、という少しばかり艶やかな修飾語が加わった。

ダニロにはセックスアピールがない。あいつは単に合理的なだけで、庶民の心に訴えないんだ。国民だって心で物事を考える。あいつは大学教授だから学生相手に講義をするが、あいつの話し方では人の心を動かせないし、涙を誘うわけでもない。尊敬はされるかもしれないが、好かれない。イメージは良いが、それと人から好かれるのとは別問題だ。距離があると、国民はそれを直感で感じ取るんだ。

あいつのもうひとつの欠点は、一般人がまったく理解できないような言葉で話すことだ。これは、票を集めるには重大な欠点だ。深刻な問題だ。さらに、あいつは自信過剰なので、露骨に合理的だし、コミュニケーションがどうしても感情的になってしまう。感情的にならなければ、誰の耳にも届かないからだ。政治はボタンを押すだけでできるものじゃない。外に出ていって、人と会い、話をしなければならない。大衆はパワーポイントを使ってコミュニケーションを取るわけじゃない。もっとアナログな方法でコミュニケーションを取るんだ。

このような理由と他の理由からも、ムヒカは、バスケスと同じようにアストリも、なぜムヒカが大統領になったかが理解できない人たちのグループに入ると確信している。ムヒカは、このような偏見には階級の問題があると考えている。

最後の数年間、ムヒカはこの理論を確かめることに専念した。ムヒカは、バスケスとアストリのどちらとも選挙キャンペーンを行ったことがあるが、二人はキャンペーンのやり方でも異なっていて、それはそれぞれがどこまで到達できたかを見れば明らかだと感じていた。

タバレは何でも自分から進んでやろうとするが、ダニロはそうではない。人が彼の車に近づいてくると、窓を閉めてしまう。ダニロは、私との選挙戦では非常に苦労した。ある時、群衆に隠れて小便をしようと思ってダニロも連れていこうとしたが、あいつには無理だった。あいつはすごくきちんとしているんだ。ダニロが、こうやって君たちと話をするために自宅にまでやって来ると思うかい？　絶対にあり得ないよ。あいつは君らとの間に壁をつくってしまうから、そこで階級的な距離ができてしまう。だが、タバレはもっと人と交わることができる。あいつが何を考えているのかはわからんがね。

二〇一三年の初め、ムヒカがこの話をしてくれてから一年後のことだが、タバレ・バスケスがムヒカとアストリに、もう一度大統領に立候補するつもりだということを内々に伝えた。当然ながら、驚くべきことではなかった。大統領就任の当日、バスケスから大統領の襷を受け取った時から、ムヒカは五年後には立場が逆になるだろうと想像していた。そのように想像したのは直感的なものだった。と言うのも、自分の後任にはバスケスかアストリがなるものといつも考えてはいたが、アストリにその時はやってこないだろうと思っていたからだ。「ダニロはあいうやつだから、選挙での敗北から何も学んでいない。今さら何も変わらないだろう」とムヒカは自分を納得させようとした。「あいつはタバレより人はいいかもしれない。タバレは時々他人を利用するようなところがあるからね。あいつにはどうも腑に落ちない何かがあるんだが、政治的局面ではダニロよりもずっとうまく立ち回っているし、何より勇気があるんだよ！」

そのため、バスケスを支持する必要があるという結論に達したのだった。それは、ムヒカがバスケスは左派であると本当に信じているからでもあった。たとえ、それが「ライト」バージョンであったとしても。ムヒカにとって、バスケスはウルグアイ左派の特権階級の一員であり、人気はあるが労働階級に溶け込んでいるわけではなく、大学という小さな世界とのつながりが深い人物だった。ムヒカにはこういう幹部が必要だったが、彼の周りにはいなかった。

ムヒカは、順当な候補者に代わる後継者を拡大戦線の中から推薦するようにとのアドバイスを受けるようになった。真剣に検討し、数カ月かけて吟味した結果、やはりバスケスかアストリという結論に行き着いた。ムヒカは、良い成績を出して人気が絶頂期にあったウルグアイ・サッカー代表チームの監督、ワシントン・タバレスまでをも候補者のひとりとして検討した。タバレスを候補に立てれば圧倒的な支持が得られることは保証されていたので、順当な候補者の代わりとしては理想的だった。ムヒカはこのアイデアを推し進めたが、覆すことができない不都合な事実が発覚した。タバレス本人が政治に関わりたいとはこれっぽっちも思っていなかったのだ。

バスケス前政権が関係し、次の選挙における元大統領の当選の機会を脅かすかもしれない告発の噂が、毎月一回は大統領行政府に入ってくるようになっていた。ムヒカの机の反対側には、バスケスの政治生命に終止符を打つような何かがあると確信している政治家たちが座っていることが多かった。ムヒカは彼らの話を聞いたが、調査に踏み切れるほど十分な証拠は見つからなかった。

ムヒカが大統領に就任した月に、バスケスはリンコン・デル・セロの自宅にムヒカを訪れた。二人は二時間以上話をした。その時の主な話題は、ウルグアイとアルゼンチンの対立だった。「お前はヒーロー役を演じて、悪役は俺に任せておけ」とバスケスはムヒカに言った。ムヒカは関係の悪化したアルゼンチンに接近を試みることを、最初から前任者であるバスケスに伝えておきたかったのだ。

その他にも、近い将来のことや遠い将来についても話し合った。次の選挙のことは話題に上らなかったが、三人体制の重要性とそれを守っていくことの必要性については話をした。「この体制がうまく機能し続けるかは私たちの肩にかかっている。だから、三人のうちの誰かひとりでも困らせるようなことは絶対にしない」とムヒカはバスケスに言った。そして、その約束を常に守った。

その一年後、バスケスは学生向けの対話に参加し、そこでアルゼンチンと最悪の状態にあった時、武力衝突を恐れて、アメリカの助けを求めたと発言してしまった。この失言によって、政治的な動揺が生じた。バスケス、ブッシュ、アルゼンチン、武力衝突という組み合わせに、当時ヨーロッパを公式訪問中だったムヒカは息が止まる思いをした。ストックホルムの旧いホテルでこのニュースを聞いた時には頭を抱え、非難のしるしに眉毛を吊り上げたが、一言も発しなかった。

それから数週間後、「あいつはふたつミスを犯した。ひとつ目はアメリカに支援を求めたこと、もうひとつはそれを公言したことだ」とムヒカは私たちに語り、バスケスにも同じことを直接伝えた。ムヒカはバスケスのもとを訪れ、この件について意見を述べ、次の選挙が近づくまで目立たないでいるようにと提案した。

あいつには、とにかく何も言わず静かにしていてくれと頼んだんだ。次の選挙で勝つには、あいつがじっとしていてくれなければならない。今は反論している場合ではない。一番良いのは、選挙の数カ月前に、候補者として登場してくれることだ。何かしないといけないが、大きなことではなく、小さなことをしてくれればいい。もしあいつに注目が集まらなければ、直接影響を受けるのは政府だが、もしあいつに注目が集まれば、その恩恵を受けるのはあいつ自身ということになる。私を攻撃したければすればいい、私の任期はそう長くはないからな。私は喜んでその負担を背負うよ。

ムヒカがこの話をしてくれた時は、バスケスが彼のアドバイスに従うかどうかまだわからなかった。確かだったのは、バスケスがそのアドバイスを真剣に聞いたことと、もう一度大統領になりたいという「強い意欲」を持っていたことだった。「良いサインだ」と、当時ムヒカはこう評価した。そして、バスケスは選挙の時期が近づくまで沈黙を守った。

バスケスの立候補表明は、選挙の一年と少し前の二〇一三年八月に行われたが、二人の関係はあまり変わらなかった。すべてが予測され、計画されていた。いずれにせよ、ムヒカはもうひとつ新たな心配事を抱えることになった。バスケスのエネルギーがなくなっていたのだ。そしてアストリも同じだった。「このキャンペーンでは苦戦を強いられるだろう」と、ムヒカは選挙活動を始める前に私たちに語った。

野党からは、以前国政選挙で戦ったラカジェの息子が対抗馬だった。ルイス・アルベルト・ラカジェ・ポウ、ムヒカを脅かすライバルだ。わずか四十一歳の国民党の若手政治家で、以前よりも変革に対してオープンになっている国民に爽やかな新風を送り込む、他とは異なる候補者として颯爽と現れた。前回の選挙でムヒカが享受していた伝統への挑戦者という立場に、今度は彼が立つことになった。ネクタイを外し、革新について論じ、政治的に正しい表現や行動から外れたことをしてみては人々を驚かせた。「バスケスはこの変化に気づいていなかったが、ラカジェ・ポウは本当に良いビジョンを持っている」とムヒカは私たちに語った。

決選投票の再集計を待った。ムヒカは自分の政党が政権を失うのではないかという不安でいっぱいだった。バスケスの選挙キャンペーンに専念するため、任期を終える前に辞任することさえ考えるようになった。「頭がおかしくなったのか。そんなことをしたって何の役にも立たないぞ」親しい人々はムヒカに繰り返しそう言った。「大丈夫よ、勝てるわよ」とルシアも励ました。ムヒカは、辞任は思いとどまったが、数週間が過ぎ、徐々に投票日が近づくにつれ、バスケスを応援するために選挙関係の討論にこれまでよりも参加するようになった。

拡大戦線のメンバーの大多数は、タバレに候補者になってもらいたいと思っていて、あいつもその空気を感じたので、その「負担」を負った。実際、選挙キャンペーンは精神的にも身体的にも消耗するから、それ自体負担ではあるんだ。それに、あいつは私よりも年をくっていた。この間、アンチョレナにあるあいつのキャンプ場で、化粧をしていないあいつの顔を見た。タバレはいつも周りにプロデュースされているので若々しく見えるが、すっぴんの顔を野外で見ると、やっぱり年をとったなあと感じたよ。精神的にも、あいつとアストリは私よりも年をとっていると思う。若いと少し羽目を外すこともあるが、タバレは絶対に愚かな振る舞いをしたりはしないからね。

ムヒカは、これらの困難があることを常に意識していた。しかし、バスケスに対する信頼は決して捨てなかった。彼を批判し、政治活動への参加が足りないこと、イデオロギー的な内容がないことなどを疑問視したが、彼を評価してはいる。タバレは、すべての政治家にとって大切であるとムヒカが考える資質を持っている。それは、勘の良さだ。「素晴らしい勘と、実生活から学んだ知恵」がある。バスケスには、物事がうまくいっていない時にそれを感じ取って修正する能力があるのだ。

もしバスケスがタイミング良くアドバイスを受ければ、その力はさらに発揮される。ムヒカはそれを選挙の二カ月前にやった。拡大戦線の幹部から頼まれ、ムヒカはバスケス、アストリを招集した。「これではどうにもならない」とムヒカは二人に言った。「もっと外に出て、招待もどんどん受けて、相手を待たせないようにしろ」

さらに、「選挙キャンペーンはリモコンで操作できるものじゃないんだ」と、断固たる調子で二人を非難した。これは、ともに旅をする三人の老人の会話だった。ムヒカが一方に、バスケスとアストリがもう一方に座り、三人は再び同じ舟に乗ったのだった。

そして遂に想像が現実になった。二〇一五年三月一日、七十パーセントという高い国民の支持率で、ムヒカはバスケスに大統領の襷を渡した。海外では、ムヒカは政治のあるべき姿を示すアイコン的存在になり、その人気は衰えを見せることはなく、むしろその逆だった。有名なセルビア人の映画監督エミール・クストリッツァは、ムヒカに関する『The Last Hero（最後の英雄）』という説得力のあるタイトルのドキュメンタリー映画を準備していた。ムヒカの大統領としての最後の数時間を映したシーンから始まる新作映画だ。ムヒカを心から敬愛する監督の指揮によるカメラの前で、自らの政治家としての未来については謎めいたところを残しつつ、ムヒカは大統領の地位を次に引き継いだのだった。

その日ムヒカは満足して自宅に戻り、これから起こることを楽しみたいという気持ちでいっぱいだった。皆、自分がいなくなると寂しく思うだろうということがわかっていた。また、バスケスはムヒカと比べられて苦しむだろうが、特に外交面ではムヒカが残した遺産の恩恵を受けることができるだろうということ、アンチョレナの大統領別邸では成長したレモンの木だけでなく、他にも色々な新しいものが見つかるだろうということ、もう後退の道はないということ、そして、自分が大統領からひとりの異端児《オベハ・ネグラ》に戻った後は、もはや何も元通りというわけにはいかないということを、わかっていたのだ。

7 ずる賢いキツネ

台所のドアをたたく強く乾いた音が二度、夜の静寂にひびを入れた。ムヒカは火のついた薪ストーブから十メートルほど離れたところで読書をしていた。家にいたのは彼ひとりで、日が暮れてからの訪問客は珍しかった。農園の入り口のセキュリティコントロールを抜けた後、家の者を呼び出すノックの音が、玄関からではなく裏口から聞こえてくるというのも不思議だった。「ご近所さんが何か必要なのかもしれない」と大統領は思い、やっとのことで椅子から立ち上がった。

ドアの上部の四角いガラス窓から見える人物に見覚えはなかった。四十歳前後の、長身でがっしりした体格の男で、軍人っぽく見えた。軍隊の大佐かもしれない。ムヒカはまずそう考えた。ドアのかんぬきを外し、男を家の中に通し、冷蔵庫と食器を洗う流しの前の食卓に座らせた。

二人はほとんど言葉を交わさなかった。通り一遍の挨拶と、ほんの二言、三言話しただけだった。訪問者は脇に抱えていたラップトップを開け、あらかじめ保存してあった動画を選択した。再生ボタンを押すと、顔を隠すために防寒帽をかぶった軍服姿の三人の男がスクリーンに現れた。彼らはテーブルの後ろに座り、背後にはウルグアイの国旗が垂れ幕のようにかかっていた。男たちは、独裁政権時代（一九七三〜一九八五年）に行われた人権侵害の関係者に下された実刑判決について裁判官と検察官を脅迫し、これらの「政治囚」の解放に向けて動き始めることを告げる声明文を読み上げた。

ムヒカが大統領になってから一年余りが経った頃、この動画の存在に関するニュースがあらゆるメディアで流れたが、ムヒカはこの時までその動画自体を見たことはなかった。動画が終わると男はパソコンを閉じ、動画のコピーをムヒカのオフィスに送ると告げて立ち上がり、挨拶をしてから、開けたままになっていた扉から出て行った。ムヒカはそこに座ったまま、扉にかんぬきをかけに立ち上がるまでしばらく動かなかった。

その夜、ムヒカは誰にも何も告げずに床についた。妻は旅行中で、セキュリティ担当者は何も気づかず外で警備を続けていた。その数週間後、ムヒカはいくらか心配そうな様子でこの話を私たちに教えてくれた。ムヒカは、これが自分は自宅にいても危険にさらされていることを警告するものだと受け取った。不安ではあったが、政治的スキャンダルを引き起こしたり、彼の周辺警備をこれ以上大がかりなものにしたりしないためにも、今回の件は伏せておきたかった。すでに司法当局による調査が行われていた今回のビデオについて、ムヒカに聞き取りを行った裁判官には伝えたが、この件は公表しないように頼んだ。

「なぜ男を捕らえなかったのですか?」ムヒカの話に耳を傾けていたその裁判官は聞いた。「そんなことできるものか。全部で何人いるかもわからずに男を捕らえていたら、向こうがどう反撃していたか考えてもみろよ」というのが、大統領の答えだった。

結局侵入者を突き止めることはできず、ムヒカは何ごともなかったかのように振る舞っていたが、メッセージはしっかりと受け取り、裏で黙って動いていたのだろう。結局このテーマは棚上げされ、ムヒカの自宅には以前よりも多くの来訪者が訪れるようになったが、いずれにせよこの一件はムヒカの記憶に深く刻まれた。

「あの時は本当に驚いた。あれは冗談なんかじゃない。連中は私の自宅を知っている。あの男は、横の畑を通って歩いて侵入してきたんだぞ」

「なぜ何も言わなかったんですか?」

「警備員に言わなかったのは、連中があれこれ疑い始めたら、そのうち警官とサイレンの音でいっぱいになり、もう二度と寝られなくなるからだ。これは、緑の制服を着た軍人たちによる諜報活動であるべきで、青い制服を着た連中(警察)の仕事じゃない。『ぺ、ぺ、お前の命は俺たちの手中にある』とでも言わんばかりに、動画をわざわざ自宅まで持ってきて、自分たちの効率の良さを見せつけた。要するに、縄張りをはっきりさせに来たのさ」

「ウルグアイのことをよく知らなくても、治安が悪いことくらい誰だってわかりますよね」

「そうだ、だが、夜中に自宅まで来るというのは、それとはまた別問題だ。私はいつも拳銃を自宅に置いているが、私も頭がおかしいわけではない。殺《や》られる時は殺《や》られる。あえて問題を複雑にするつもりはないさ」

「あなたを殺すのは、議員を殺すより簡単でしょうね」

「そうだな、でも私は仲間に向かってこう言うのさ。『私の葬式は盛大にやるぞ！』とね。大衆を動員するのさ。アメリカ大統領でさえ暗殺されたというのに、私が殺《や》られないなんて保証があるものか！　そのリスクを負わなけりゃならん。それが大統領であることのリスクなのさ。連中が伝えたかったメッセージというのは、自分たちは私に手をかけようと思えばかけられるところにいるということだ。だが、そんなこと私はこれっぽっちも気にしないということが、連中はわかっとらんようだ」

これは、ムヒカが大統領として経験した深刻な脅迫事件のひとつだった。軍部の最も保守派のグループによる仕業だったのだが、結局脅迫は脅迫で終わった。ムヒカがこの件について私たちに教えてくれた時には、もうドラマ性はなくなっていた。ムヒカはこの事件を、これまで自分に最もしぶとく抵抗してきた人々による苛立ちの表明だったと解釈していた。

拡大戦線の内部からは、ムヒカに対する理不尽な攻撃が仕掛けられた。最も手の込んだ陰謀が、政党内で同盟関係にある人々の手によるものだったということが、彼を驚かせた。二〇一一年の半ば、本人はひとつも退陣のサインを出していないというのに、ムヒカの後継についての準備が党内で始まっていることを知った。ムヒカを嫌っていた拡大戦線のメンバーたちが、辞任の噂を流し、アストリが大統領になったらどんなに素晴らしいかと話し始めていた。しかも、辞任の予定日まで決めていた。

ムヒカは、ラジオインタビューを実施し、その中で、大統領は自分であり、共和国憲法が定める最後の日まで自分が大統領だと発言した。そのインタビューの内容と辛辣な口調が私たちの関心を惹いた。ある日、数ある対話の終わりに、私たちの関心を伝えると、ムヒカは黙ってしまった。何度も同じ質問を繰り返したが、一貫して多くを語らなかった。

「連中は政府に対して非常に馬鹿げたことをやっている」というのが、ムヒカの口からやっと出た言葉だった。陰謀の可能性に言及し、もう一度「非常に馬鹿げたこと」と言っただけで、それ以上詳しくは話したがらなかった。「彼らはあなたを交替させようとしていると?」「まあそんなところだ」結局聞き出せたのはそこまでだった。

ムヒカがこのテーマについて触れることは二度となかった。ムヒカの政治家としての将来や、健康状態、任期を全うできない可能性などについては何度か話し合った。しかし、二〇一一年の冬に起こったことについて掘り下げて話すことは二度となかった。それに対する答えとして彼が行ったのは、大統領としての自分のイメージを固めることだった。分厚い殻を身にまとい、海外でのイメージを守り、ウルグアイにとって歴史的とも言える人気を国際社会で獲得し、リスク要因をコントロールするために、党内の入れ替えを実施した。

大臣やあらゆる地位の要職者を解任し、議論を招くような法律の制定を進め、国際紛争の解決に向けて中心的な役割を演じ、シリア難民を受け入れ、アメリカ政府からアラブのテロリストとして訴えられているグアンタナモの収容者を受け入れ、ハバナとワシントンの間を取り持つ使節まで務めた。これはすべて、大統領が誰なのかをはっきりさせておくためにしたことだった。もちろん、秩序だったやり方ではなかったし、一進一退を繰り返したが、ムヒカはそれ以外の方法を知らなかった。

ウルグアイ国内の反対勢力と同盟関係を結ぶことも模索した。「大統領が何でもかんでもコントロールできるなんてあり得ない」というのが、危ういバランスを保ちながら、自分の身を守っているムヒカの主張だった。任期の後半、ムヒカが「電話はあまり使わないほうがいい、相手が私であってもね」と私たちに言ったのは一度や二度ではなく、デリケートな話題については、私たちを呼び出し、直接顔を合わせて話をした。「どこの誰が聞いているかわからんからな！　私はただの大統領なのに」と不平を言った。

ムヒカは、その不安と支援を得る必要性から、明らかに議論が起こるのを承知で反対勢力に近づいたのではないか。彼らに公営企業の幹部を任せただけでなく、彼らの提案を聞き、そのいくつかを検討しようという姿勢も見せた。「反対勢力というのはパンと同じくらい必要なものだ。彼らのことは大事に扱っているよ」と、任期の初めに私たちにも打ち明けた。

全国統一運転免許証の導入や国の内陸部における新しい公立大学の設立などの重要法案については、ブランコ党やコロラド党の政治家の支持も当てにしていた。ムヒカが支持票以上に求めていたのは、平穏だった。

軍部についても同じようなことを行った。ムヒカは、ほとんどの軍人が自分には投票しないということを知っていた。だからといって彼らを辞めさせようとはしなかった。ムヒカは、政権を維持するためには軍人の支持が非常に重要だと考えていたので、彼らを説得する方法を模索した。軍人たちは、体制を守るために軍部を利用するようになったベネズエラのウーゴ・チャベスのような政治をムヒカがしようとしていると非難した。

勘弁してくれよ！ 連中は、ベネズエラでチャベスがしたように、私たちが軍の内部にスパイを送り込んでいるという噂を流している。それができればどんなにいいか！ 軍部に人を送り込んで政治ができればいいのだが、生憎軍部に送り込めるようなやつらはいない。軍部に左派の人間を送り込んでいないのは、そもそもそんなところへ誰も行きたがらないからだ。それが問題なんだよ。

そうは言っても、軍部の連中はニャトにも私にも敬意を払ってくれている。私たちはトゥパだし、連中とは長年付き合ってきた仲だ。それに、私たちも彼らに敬意を払っている。私はいつも言っている、社会と政府には軍隊が必要なんだ、とね。軍人に何か命令すれば、連中は必ず実行してくれる。私が路上生活者を一掃するように命じた時のことを覚えているよ。開発省の連中はこれに不服で渋っていると、ある大佐が一言言ったんだ。「大統領の命令を実行しないなんてありえないだろう?」とね。

だから、私は軍部をオープンにして、もっと多くのことを任せることにしたんだ。軍部は国民と和解する必要がある。今の世代に過去の世代の責任を押しつけることはできない。そんなことをしたって継続性は生まれない。深刻な混乱が生じた時、私は意図的に軍部の連中を関与させることによって、連中が自分たちにも重要な役割があると感じられるようにした。例えば、燃料の分配について混乱が生じた時に、私は軍部に頼ることにしたんだ。この問題は、チリのアジェンデ政権に問題を引き起こしたからね。私は、この国から燃料がなくなるようなことには絶対にしない。

二〇一三年、ラカジェは、警察が一千丁のライフルを購入しようとしていることを懸念し、「警察にしては装備の規模が大きすぎる」とムヒカに警告した。ムヒカはこの件に留意し、今回調達される武器の半分を軍隊に引き渡すことにした。「軍隊に対するシグナルさ」と主張した。しかし、警察が最終的に購入したライフル銃はわずか百五十丁だったので、この計画は実現しなかった。しかし、軍部が何らかの利益を得ることはすでに決定されていた。

ラカジェは、この時の会話で、自分が大統領在任中に警察のストライキが何週間も続き、難しい立場に追い込まれた時のことをムヒカに思い出させた。「だから警察にはくれぐれも注意しろよ」と言った。ムヒカは、後に軍隊と警察の間で広く知られるようになった言葉を返した。「なあに、お前の時のような警察のストが起こったとしても一日ももたないさ。私は軍隊を投入するからな」

ムヒカは、警察を所管する内務大臣に友人のビチョ・ボノミを任命した。ムヒカと同じ考え方を持つ元ゲリラだ。「あいつは私にとってとても大切な男だ。だからこの重要なポストに就けたんだ」というのが理由だった。「警察は失うことは何もない」とムヒカは言う。ボノミのような経歴の持ち主で、「気がおかしくなったように働き誰とも結婚しない」人間は、警察組織の一掃を始めることができる。ムヒカは任期の終わりに、ボノミは多くのことを成し遂げたと言ったが、やるべきことはまだまだ残っていた。

継続性を確保するために確実に物事を進める上で、ムヒカは有力な資本家とも、テレビのような巨大メディアとも、十分に向き合わなかった。チャベス、エボ・モラレスやラファエル・コレアなど、ラテンアメリカの同僚大統領たちが実施している手段も採用しなかった。三大テレビネットワークは、ムヒカが大統領に就任した時も、襷を後継者に渡した時も変わらなかった。一方で、ウルグアイの有力投資家は誰も、ムヒカの大統領就任を理由に事業を引き上げたりしなかった。誰もがムヒカを信頼し、ムヒカ自身は他のラテンアメリカ諸国のように投資家の事業を国が買収する代わりに、それらを維持するためのいわゆる「梅毒戦術」を採用した。

企業に対しても、資本家と同じく、梅毒戦術を使っている。梅毒は感染者を殺しはしない。殺してしまうと菌は栄養源を失ってしまうからだ。企業や投資家をウルグアイから排除したり追い出したりすれば、カネを落としてくれる人がいなくなってしまう。彼らより私たちのほうがうまく経営できるという保証がどこにある? ベネズエラで起こったことを見てみろ。企業や投資家を追い出した結果、状況は悪化している。まったく冗談もほどほどにして欲しいね。

ウルグアイの三大テレビネットワークとは、愛と憎しみの間を揺れ動くような関係だった。ムヒカは、自分が大統領になったことに彼らが反対していると思っていたが、ジャーナリストとは円滑な対話を行い、いつもニュース番組では数分間を独占した。インタビューの要請を断ったことはほとんどなかった。テレビは国民の大半が見ているものなので、それを利用しない手はないと思っていた。

ムヒカは、民間テレビ局への電波の割り当てをどうするかについて深刻なジレンマに陥った。この問題に介入し、何十年も同じ地位に留まっている所有者たちを追い出し、クーデターを起こすことを求められたが、それは実行しなかった。ムヒカが行ったのは、さらなる競争を促すために新しいテレビ局を二つ追加したくらいで、その他にはほとんど何もしなかった。じっくり検討した結果、それが最も良い方法だという結論に至ったのだった。「何を言われようと、私だってやる時はやるのさ、私は役立たずの大統領ではない」と、批判に対して内々に釈明した。

私は「メディア法」に関する激しい対立に関わった。問題は、パイの大きさは変わらないので、あまり小さく切り分けすぎると、全部がばらばらになってしまうということだ。左派からは、テレビネットワークの所有者一族を潰してしまえと頼まれる。しかし、どうやって連中を潰せというんだ？　その後には誰が入るんだ？　こういうことはよく考えなければならん。

これらの一族がこれまでにどんなことをしてきたかは知っているが、海外のテレビ局に門戸を開放するわけにもいかない。確かに国内の連中も悪人かもしれんが、少なくとも連中は国内の人間だ。門戸を開放すれば、至るところに外国人が入り込んでくる。寡占状態を維持するというのが私の考えだ。もしかするとあるテレビ局が競売にかけられ、クラリン、オ・グローボ、メキシコのスリムなど、外国のメディアに売られてしまうかもしれない。外国メディアに支配されるのだけは絶対に嫌だ。

そこで、国内のテレビ局に対しては、新しい局を二つ開設して、国内で競争させるようにした。連中はまったく喜んではいないと思うが、国を治めるという仕事には味方も敵もつきものだ。

政府周辺のバランスをうまくとる上で、ムヒカは政府の要職者の解任時期に特に気を使った。時間をかけて後任者を探し、何週間、ときには何カ月もかけて検討した。解任そのものの数はあまり多くはなかったが、入れ替える理由をしっかり説明するように心がけた。

「ムヒカは人を辞めさせるのが苦手みたいだね。罪悪感も感じているし、優秀な外科医とは言えないな」と、ムヒカが政権に就いていた五年間、傍で働いた職員のひとりが言った。交替させられた要職者の半分以上が、ムヒカの所属政党出身者だった。このことは、ムヒカが、所属政党以外の人はうまく辞めさせられなかったことも示している。不安や配慮など、理由はなんであれ、結局解任は数えるほどしか行わなかった。

ムヒカが解任を行った例としては、二〇一一年四月に、アンチョレナの別邸で話してくれた、公立病院における一連の不正事件がある。職員たちはタイムカードを押していたのに実際は仕事をしておらず、組合員は入札で友人に落札させるなど、少しずつ色々な不正を行っていた。具体的な証拠があったものはひとつもなかったが、通報者は信頼できる人々だった。しかしながら、関係の要職者を解任するまでに一年を要し、ムヒカは任期の半分以上この問題を引きずった。

期待通りの結果を出せなかった人たちの入れ替えが遅れた言い訳は、自分の所属政党である拡大戦線と党内の均衡だった。ムヒカは「この仕事はサッカーの監督みたいだ。良い結果を出せないやつは交替させ、文句も言わせない」と言っていたが、これを実践した回数はとても少なかったのだ。

ムヒカが自分の意向を口に出すのを控えたことは、確かに一度もなかった。多くの行政官は、大統領が自分たちを入れ替えたいと思っているということをメディアを通じて知った。公立学校の校長二名と、数名の大臣もそうだった。衝動的で少々不遜とも思えるやり方ではあったが、ムヒカは自分の流儀は決して変えなかった。その後で、関係者と会って話をしたり、自ら公式声明を作成したり、記者会見を開いて彼らを留任させると言ってみたり、予定通り解任させると発表したりした。最後まで、誰も、何も確信できなかった。

パルプの製造を行っているフィンランドのUPM社への増産許可の問題について、クリスティーナ・フェルナンデス・デ・キルチネル政権が激しく抗議し、アルゼンチンとの対立が最も深刻化していた時、ムヒカはルイス・アルマグロ外務大臣、ルイス・ポルト副外務大臣、オメロ・ゲレロ大統領秘書官、ディエゴ・カネパ副秘書官、ギジェルモ・ポミ駐アルゼンチン・ウルグアイ大使ら、政府幹部の一部を大統領行政府十一階の執務室に招集した。ムヒカは彼ら全員の意見を聞きたかった。しかし、最初の協議では、二カ月後に控えたアルゼンチンでの選挙を待たず、直ちにUPM社に承認を与えるべきだと主張したのはカネパだけで、協議が終わるとムヒカは怒鳴った。「全員クビだ、クビ！　お前らの顔なんて二度と見たくない！」これに数人が微笑むと、ムヒカはもう一度、さらに激しく繰り返した。

幹部たちは同時に立ち上がり、十一階の反対側にあるカネパの執務室に行った。「辞表を書き始めなければいけないな」とひとりが言うと、全員同じ意見で一致した。その後、このように思い切った措置が必要な理由について憶測が飛び交った。「アルゼンチンに対するサインじゃないか」とひとりが言うと、「任期後半で内閣を再編しようと思っているのではないか」と別のひとりが推測した。

四十分が経過した頃、「大統領がお呼びです」と、ムヒカの秘書のマリア・ミナカピーリが伝えにやって来たので、彼らは再び大統領執務室に戻った。大統領は書類に目を通していて、ほとんど視線を上げなかった。「もう承認したから、全員職務に戻っていいぞ」ムヒカは微笑みながらそれだけ言った。その後、ブエノスアイレス港を訪問した際に、UPM社支持の決定をクリスティーナ・フェルナンデスに直接伝える役目を自ら負った。

国際関係において自ら中心的な役割を務めることは、自分の力を弱めようとしている人たちを相手に戦うためにムヒカが使ったもうひとつの武器だった。二〇一二年六月にブラジルで開催されたリオ＋20でのスピーチの後、ムヒカは、政治が国民の信頼を失っている今こそ、他とは違うユニークな発言をする指導者を世界が求めていることに気づき、あっという間に自らその地位に就いた。

ウィキリークスの創始者ジュリアン・アサンジは、アメリカの外交機密文書の公開を決めた時、世界で五つのメディアを選択した。スペインの『エル・パイス』紙、フランスの『ル・モンド・ディプロマティーク』紙、イギリスの『ガーディアン』紙、アメリカの『ニューヨーク・タイムズ』紙、そしてドイツの『デア・シュピーゲル』誌だった。慎重な検討の結果、アサンジが最終的にこれらのメディアを選んだのは、その発行部数と世界レベルでの認知度だった。この選択は正しかったと思う。彼が暴露した内容は、地球の最果ての地まで届けられた。

ウィキリークスの他にも、これらの五つのメディアにはさらなる共通点がある。どのメディアも、「世界でいちばん貧しい大統領」へのインタビューと、それに基づく記事を掲載したことだ。また、アサンジのリストからは漏れたが、五つのメディアと同じか同等の世界的認知度のある、イギリスの『エコノミスト』誌や、アメリカの『ワシントン・ポスト』紙、イタリアの『コッリエーレ・デッラ・セーラ』紙や『ラ・レプブリカ』紙、イギリスのBBCニュースなど他のメディアも、こぞってムヒカを取り上げた。BBCは、メディアとして初めてリンコン・デル・セロにあるムヒカの農園を訪れ、素顔のムヒカを報道し、世界中で何十万人もの視聴者を魅了した。

これに続いたのが、ドイツの放送局ドイチェ・ヴェレとアメリカのCNNだったが、中国、韓国、アラブ諸国、ロシア、オーストラリアのメディアもウルグアイを取材に訪れた。ウルグアイという国とその大統領の国際社会における認知度は、このようにして高まっていった。アメリカの『タイム』誌は、「二〇一三年最も影響力のある一〇〇人」のひとりにムヒカを選び、『エコノミスト』誌は、同じ年のカントリー・オブ・ザ・イヤーにウルグアイを選出した。

ムヒカは、この国際的な注目を味方につけた。任期の最後の数年間、誰もが異端児《オベハ・ネグラ》の後ろを追いかけている時期には、執務スケジュールを見直し、ほぼ毎週水曜日の午前中を海外向けのインタビューに充てることにした。ムヒカは、ジャーナリストを飼い犬のマヌエラとともに大抵いつも自宅で出迎え、取材の後は農園ツアーが待っていた。

「人気をかなり利用していらっしゃいますね」

「私は、国際的にはものすごい変わり者だと見られていることは十分にわかっている。それをウルグアイのために利用して、そこから恩恵を受けようとしているだけさ。どのサミットでも、皆が今一番心待ちにしているのは私のスピーチなんだそうだ」

「その他には楽しみにできるようなものはありませんからね……」

「良い本を読むと、その本を閉じた時から冒険が始まる。それは、読者も物語の一部を書くからだ。良い本は読者を考えさせてくれる。スピーチも同じだ。スピーチに中身がない時は、このつまらないスピーチはいつ終わるんだと思う。義務と思ってやるとうまくいかない。沈黙は自分で手に入れるもので、しっかり準備もせずに聴衆が静かにスピーチを聞いてくれると思ったら大間違いだ。内容のあることを言えば、聴衆は静かに耳を傾けて応えてくれる。だが、無駄な話をすると聞いてくれない。それから、知らないことは話すな。そうしないとトラブルに巻き込まれることになるだけだ」

「話すといえば、あなたはあちこちで話していらっしゃいますね。海外メディアからも何百本ものインタビューを受けていますよね？」

「そうだな、今は一週間に一本インタビューを受けていて、任期の最後の数カ月には二百件の取材要請が入っている。すごいことだ。ここで重要なのは、物事には何でも多少の手助けが必要だということだ。私は、ジャーナリストの立場に立ってみるんだ。いつもそうしてきた。ジャーナリストはニュースになりそうなものを追っている。しかし、ニュースになるものが何かわからなかったり、内容のあるものが書けなかったりするジャーナリストもいるからね」

「どの新聞でも、もてはやされていますが、どうやって受け止めているのです？」

「私は天才でもないがそれ以下でもないと思っている。他人の言うことをいちいち気にしていたら、誰だって我慢できなくなるだろう。私にとって天才とは、努力が九十パーセントだ。何でも全力で経験し、思っていることを発言することで知識が得られる。だが、これを実践している政治家は非常に少ない。時々居心地悪く感じることもあるが、良い結果を出していることだけは保証できるよ」


最初は、ムヒカの暮らしぶりや身につけている服、政権運営のスタイルや、彼の理念、世界的に関心が高いテーマに関することについて、ムヒカが述べる政治的に不適切な発言などに関心が寄せられた。これらの話題がマンネリ化してきた頃、海外メディアの関心を惹きつける新たなテーマが登場した。人工妊娠中絶と同性婚の合法化、そして何よりも、政府の管理に基づくマリファナ栽培の合法化に代表される、様々な社会政策だった。

大麻問題自体には何らかの世界的なインパクトはあるが、それほど大きくはないだろうとムヒカは考えていた。しかし、その時が来たら、ムヒカは堂々と舞台に上がり、スポットライトを浴びた。そして、ムヒカは再び、まるで世論の専門家のように状況をうまく動かし、期待を上回る結果を出したのだった。フランスのAFPなどの国際的なニュース機関は、ムヒカが、その独特のライフスタイルと大麻合法化などの画期的な措置によって、国際社会の関心をウルグアイに集めることに成功したという意見を述べた。

皮肉なのは、ムヒカは、任期の初めには特に、政府による大麻合法化という問題にあまり関心を持っていなかったということだ。二〇一一年四月、アンチョレナの自宅でムヒカとともにした昼食の最中には、大麻の自家栽培を振興している人々を軽視して、「連中は自家栽培できるマリファナの数を六本にするか八本にするか、真剣に議論しているんだ！　私たちの未来がマリファナにあることは間違いないな」とからかった。

ムヒカの人生において、大麻は縁のない話だった。試したこともなければ、麻薬取引や麻薬の多様化が問題になった時代に育ったわけでもなかった。しかし、ムヒカには人の話をよく聞くという素晴らしい長所がある。関係者が、数カ月かけて、これがいかに重要で大きなインパクトがある問題かということをムヒカに説明したところ、ムヒカはそれを受け入れ、自分のものにしていった。インパクトをもたらすのは、彼が常に好む作戦のひとつだったのだ。

私にとって、結婚の平等や大麻の問題はあまり重要ではない。私の優先課題は貧富の差を解消することだ。黒人や問題を抱えている同性愛者は大抵貧しい人たちだ。不幸のどん底にいる人々を政策の中心に据えなければならん。

だが、これらの問題は現実を映し出すデータでもある。政治家の資質のひとつは、時代を読み解く術を知っていることで、私は時代を自由という概念に基づいて分析する。私たちは本物の自由主義の国家だ。自由主義者と無政府主義《アナーキズム》は、従兄弟のような関係だ。私は今のウルグアイが、これまで歴史的にそうであったように、前衛的な国になって欲しいと思っている。そのために、これらの社会改革を進めているんだよ。

同性婚と人工妊娠中絶の合法化は与党議員がイニシアチブをとって進めた政策で、ムヒカの党派もこれを支持し、大統領も大統領府を通じてこれを讃えた。しかし、大麻の問題は違った。最初は大麻プロジェクトをからかっていたが、やがて大統領の肝入りとなり、実際に行動に移すことになったのだった。

このようなムヒカの態度の変更に影響を及ぼしたのは、彼の友人であるニャト・フェルナンデス・ウイドブロだった。彼は、麻薬政策に関する芳しくない結果を見せて、麻薬取引との闘いにおいて方針を変更することがいかに重要か、ムヒカを説得した。それは、犯罪が増加していた二〇一二年半ばのことだった。きっかけは、未成年者がピザ屋の店員を残忍な方法で殺害した事件で、監視カメラに録画されていたその様子がすべてのテレビ局で放映された。ウルグアイ国民はこの事件に憤った。何かがなされなければならなかった。

このような背景もあって、大麻の合法化に関する計画が、社会不安に取り組むための政策のひとつとして登場したのだった。このような政策は六つあったが、大麻市場の合法化は、その中で唯一人々の記憶に残り、世界中に訴えるインパクトのあるものだった。

大麻の件は、国際レベルで爆発的な関心を呼んだ。結果を出せるかどうかわからないが、問題は、私たちがこれまで麻薬取引についてやってきたことは何も役に立っていないということだ。口先だけでものを言うのを止めなければ、何も変わらない。私たちはもっと現実的にならなければならん。麻薬密売者は法律を犯し、犯罪文化を破壊した。私はプンタ・カレタス刑務所にとらわれていた時に、犯罪者と一緒に生活していたが、昔の犯罪者は倫理観を持っていなかったというのは間違いだ。

麻薬の最大の問題はその取引だ。五万人の中毒患者を支援するのは厭わない。問題なのは、麻薬密売者を支援することだ。連中は、社会のありとあらゆることを破壊しようとしている。麻薬密売者は、麻薬取引が違法化されているお蔭で生き延び、色んな意味で影響力を持つようになっている。この論理こそ変えなければならないんだ。

ムヒカは、その根拠として、自由市場と経済的自由主義の代表的な擁護者のひとりであるミルトン・フリードマンを引き合いに出した。ムヒカが武力を以てして戦い、軍隊の経済的基盤になってきたことを、長年にわたって主張してきたのがフリードマンである。このフリードマンこそ、八十年代の初めに、麻薬合法化によってもたらされる恩恵を説いた人物だった。

麻薬市場を麻薬密売人から奪わなければならないと主張したのは、他でもないフリードマンだ。麻薬密売人はそれだけで窮地に陥る。こういった偶然の出来事が歴史によって引き起こされることが素晴らしいじゃないか。麻薬問題を初めて経済問題として捉えたのがフリードマンだ。麻薬取引のリスクはかなり高いが、だからこそ麻薬取引の各段階において莫大な利益が得られるんだ。麻薬取引には、基本的な経済の法則がすべて揃っている。リスクが高ければ高いほど利益も大きい。利益率が異常に高いので、賄賂や腐敗が横行するようになる。莫大な利益のために、多くの国で裁判官や将官が買収され、大統領が不正に選ばれている。一方で、この莫大な利益は物事のバランスを取るためにも役立っている。連中は弁護士のところに行って訴訟を起こしたりはしない。相手を銃殺して決着をつけるだけさ。

それだけでなく、あの世界に一旦入ってしまうと、足を洗うのは難しい。やつらには服従と沈黙の掟があるからね。麻薬そのものよりもっと性質《たち》が悪いのが、麻薬取引だ。世界中の刑務所は麻薬密売人であふれかえっている。ウルグアイでは、囚人の三人にひとりが何らかのかたちで麻薬と関わっている。暴力や犯罪と闘うには、まず麻薬取引を解決する方策を見つけなければならんのだよ。

議会は、行政府が出してきたもともとの計画に修正を加えたが、ムヒカはその内容に同意しなかった。「連中が議会で投票しようとしているのは、かなり夢見がちな内容だ」と、大麻合法化に関する法律が上院で採択されようとしていた当日、私たちに語った。さらに、「合法化するなら、本気で合法化しなければならん」と言った。

法律は、非常に制限的な基準の下で準備された。ムヒカは、これから行われようとしていることに納得していないような印象だった。「これは実験だ」とあちこちで言って回っていた。検討に検討を重ね、こちらは真剣だというサインを送るために、大麻の栽培と管理を軍隊に任せることさえ検討した。このアイデアは実行にこそ移されなかったが、議会で可決された法律は喜ぶに値しない内容であると主張し続けた。

世界各国が、ウルグアイでの動きに関心を寄せるようになった。ムヒカは、ジャーナリストだけでなく、他の大陸の統治者からも相談を受けるようになった。任期終了間近には、「世界はウルグアイと同じ方向に向かっている」という結論に至った。ムヒカは、少なくとも今世紀の半ばまでには、大麻が完全に合法化されるだろうと予測した。

このことは歴史が明らかにしてくれるはずだ。ムヒカの予言が正しければ、異端児《オベハ・ネグラ》にとってもうひとつ増えることになるだろう。

ムヒカは、自らの国際的な人気を利用して、ラテンアメリカで生じている紛争の仲介役を買って出た。地域におけるリーダーシップを取るという目的を持って、粘り強く交渉した。

この方針は、二〇一三年七月に公式訪問中だったキューバで具体化し始めた。ムヒカの親善外相としての役割は、数カ月前にバチカンでフランシスコ法王に面会し、コロンビアにおける和平に向けて協力を依頼した時にすでに始まっていた。ハバナ訪問中はコロンビア武装革命(FARC)の代表らと秘密裏に会合を開き、キューバの首都ではファン・マヌエル・サントス大統領率いるコロンビア政府との休戦協定について交渉を行った。

その時私たちはたまたまハバナでムヒカが滞在していた邸宅の玄関にいたため、ゲリラのリーダーたちが到着するのを目撃することになった。ムヒカの広報担当のホアキン・コンスタンソからは、今回の会合については広めたくないというのが大統領の意向だと言われたが、すでに遅かった。モンテビデオに戻ると、ムヒカは私たちを農園に呼び出し、こう言った。「お前さんたちが目撃してしまったのなら公表しても構わないが、私がお前さんたちに漏らしたからではないことだけははっきり書いてくれ」サントスとの協議がまだ残っていたため、ムヒカは今回の調停については秘密にしておきたかったのだ。数カ月後、サントスはムヒカとニューヨークで会い、ムヒカの協力に感謝の言葉を述べた。その後、ムヒカは再びハバナでゲリラグループと接触し、その数週間後、ブラジルでの首脳会談中にもう一度サントスと会った。ゲリラの司令官に対しては、和平協定を結ぶことが彼らのためになると言い、説得を試みた。ムヒカは、「私はちょうどいいタイミングで譲歩したから、今ここにいられるんだ」と言った。また、駐ハバナのウルグアイ大使とＦＡＲＣの代表者との間でも何度か秘密裏に会合が持たれ、ハバナでは他の使者も交えてコロンビア政府と交渉を行った。

コロンビアとの調停役を務めたお蔭で、ムヒカは地域のリーダーとしての地位を確立した。その後、「かなりトゥパっぽい仕事」だったと、六十年代の戦友のひとりはムヒカの功績を評した。その後、国際レベルで他の可能性を模索したり、アメリカと大きく接近する状況も出てきた。

数カ月後、ムヒカは、ニコラス・マドゥロ政権と反体制派の関係が最悪だった時に、ベネズエラで調停役を務めることを申し出たが、これは実現しなかった。マドゥロは、この申し出を受ければ反体制派を認めることになり、自分の側についてて欲しいムヒカを中立的な立場に置くことは不利と考え、当時の外務大臣エリアス・ハウアにその旨をムヒカに伝えることを命じた。ハウアは、ベネズエラ政府が調停の申し出を受け入れない理由を説明するためにモンテビデオに向かった。

最も大きな賭けは、キューバと米国の接近だった。ムヒカは、五十年にも及ぶ対立の後でも、両国の接近は可能であると判断した。ムヒカはその可能性を実際に確認した、あるいは確認させられたと言ったほうがいいかもしれない。二〇一三年七月にフィデル・カストロを自宅に訪問した際、二人は米国との関係改善の可能性について分析した。この時ムヒカはカストロ兄弟が合意を結ぶことに前向きだという感触を得た。カリブ海に浮かぶこの島の共産党体制は衰退しきっており、日を追うごとに孤立を深めていた。外の世界との接近を模索することは、現状を打開するための糸口だった。

「今こそチャンスだ」とムヒカは思った。そこで、バラク・オバマと話をするために、ワシントン訪問の準備を始めた。ラテンアメリカの元ゲリラが、ホワイトハウスの大統領執務室に足を踏み入れるのは史上初のことだった。重大なことを成し遂げるために、これ以上のチャンスがあっただろうか。また、オバマがムヒカをラテンアメリカ情勢のアドバイザー的存在として位置づけているという強みも利用した。

ムヒカは二〇一四年五月にオバマを訪問したが、その数カ月前に米国の要請により、キューバ国内にある米国の収容所で、テロの被疑者が収容されているグアンタナモ収容所から、六人の囚人をウルグアイに受け入れることを決定していた。この収容所はジョージ・W・ブッシュにより設立されたものだが、オバマは閉鎖したいと考えていた。

ムヒカは、側近たちに収容所を視察させた後、アメリカの提案を受け入れることを決めた。

最初から受け入れることになるとわかっていたが、アメリカにイエスと言うまでに数週間かかった。ムヒカはこの決断を正当化するために人道的理由を主張し、自分が刑務所にいた当時のことに言及した。しかし、この取引はもっと野心的なものだった。

オバマは、グアンタナモ収容所の件については絶望的になっていたので、支援する価値があると思った。おそらく正当な理由なんかなく、十四年間も監獄にぶち込まれているやつに救いの手を差し伸べないなんて最低の人間がすることだからね。ブッシュは、テロ被疑者の引き渡しと引き換えに何千万ドルもの資金を支払った。そのため、パキスタンやその周辺諸国では、誰彼見境なく売り渡され、誰もがグアンタナモに向かうことになったんだ。そういう連中をあそこから出してやらねばならん。この時私が唯一相談したのがラウル・カストロだったのだが、彼は計画を進めるように後押ししてくれた。特に何も見返りを要求せずにこれを受け入れるつもりだが、アメリカに、キューバのことを思い出し、態度をもう少し軟化して欲しいというメッセージを送ろうとは思っている。

グアンタナモの件は、ある晩、午前零時になろうとしていた時、二本目のワインを空ける直前にムヒカが先回りして教えてくれた特ダネだった。興奮で目が回りそうだった。これから何が起ころうとしているか想像するだけで、歓喜の笑みがこぼれた。だが、新聞の見出し以上のことを話してもらうことはできなかった。私たちは何度もせがんだが、ムヒカは黙ったままだった。ムヒカは話題を変え、ワインをもう一杯グラスにそそいだ。もう一度この話題に戻った時も、私たちはそれとなくかわされてしまった。

「自分たちで調べろよ、そのためのジャーナリストだろう」

「でも、グアンタナモの件はもう決まったことなんですか？」

「自分たちで確認しろ。もう少しで具体化するところだから、詳しく知っている両国の政府関係者もいる」

「キューバの件は？」

「それは歴史書に任せることにするよ」

私たちはグアンタナモに関する情報の裏を取り、それから数日後に公表した。キューバについては、オバマがラウル・カストロと対話をする用意があることをムヒカに伝え、ムヒカがそれをキューバ大統領に伝達した、というところまではわかっていた。「あなたのご友人に、和解を模索するチャンスだとお伝えください」と、オバマはホワイトハウスの大統領執務室でムヒカに伝えた。その数週間後、ボリビアのサンタ・クルス・デ・ラ・シエラで開催されたサミットで、ムヒカはカストロに直接そのメッセージを伝えた。二〇一四年十二月十七日、オバマとカストロは、半世紀以上もの断絶を経て、遂にアメリカとキューバの国交回復を発表した。ムヒカは両国政府から感謝され、中心的な役割を果たしたのか、二次的な役割だったのか明らかではないが、和平プロセスへの貢献者という立場を回復することはできた。

ムヒカが調停役を引き受けたのは、ノーベル平和賞を受賞するためだったのではないかということも囁かれた。

すべての行いは個人的な理由からなされるものであって、それが絶対になされなければならないという信念に基づくものではないという、暗い考え方がある。この考えでは、すべての成果は事前にお膳立てされたものだと解釈されているが、人々は、平和とはいつも我々のためになるものであり、平和を達成するには交渉しなければならず、緊張関係の緩和と有力者との対話の継続に努めなければならない、という基本原則がどうもわかっていないようだ。これはプラグマティズムではなく、戦術的により柔軟な方法だ。そうすることによって、孤立を回避し、戦略的な解決策に向けて協力することができるんだ。

ムヒカは、二〇一三年と二〇一四年の二度、ノーベル賞候補に推薦された。最初の年は、ミハエル・ゴルバチョフから推薦され、ムヒカの影響力がさらに増していた二年目には、様々な国の政治家や学者が彼を推した。ムヒカにとってこの二年間は、国際舞台における最も濃密な期間だったと言える。

当初、ムヒカは受賞の可能性についてはあまり気にしていなかった。自分には不可能なことのように思えたからだ。しかし、二〇一三年には最終候補者の十名に残ったことは、嬉しい驚きだった。二年目には、多くの人がムヒカの受賞を噂していた。BBCネットワークも、受賞者発表の四カ月前に、『ムヒカのノーベル平和賞受賞なるか？』というタイトルの記事を出した。

オスロのノーベル委員会により受賞者が発表される数週間前に、ムヒカは公の場で、受賞した場合には辞退することを検討していると述べた。それまでに受賞を辞退したのは、フランスの哲学者ジャン＝ポール・サルトルとベトナムのレ・ドゥク・ト元首相のみだった。ムヒカはそれを知っており、自分が三人目になろうとしていた。「世界は平和賞のためにあるのではない」というのがムヒカの主張だった。反対派は「最初から受賞は無理だと思っていた」と言い、ムヒカの取り巻きは「だから受賞できなかったんだ」と言った。あとには疑問だけが残ったが、物事を曖昧なままにしておくというのは、ムヒカがいつも用いるお得意の戦略だった。

8 証人

ジョージ・W・ブッシュは、最近の歴史書における大きなネオンサインのようだ。特にラテンアメリカ、中東、ヨーロッパの一部では、好かれているというより嫌われていて、見過ごされることはない。一部の人からは悪魔に例えられ、他からは善と悪を分けた救世主《メシア》に例えられるブッシュは、二十一世紀初頭の激動の数年間の主役だった。

国際社会の注目が集まる中、ベネズエラのウーゴ・チャベスをラテンアメリカで最大の敵と見なすブッシュは、アメリカ政府の代表団とともに二日間の日程でウルグアイを訪れた。当時の大統領はタバレ・バスケスで、主要な大臣らとともにアンチョレナの別邸でブッシュを待ち受けていた。ムヒカも農牧大臣として、出迎えの列に加わった。

ブッシュがアンチョレナに到着した時、バスケスは内閣のメンバーとともに公邸の玄関先で待っていた。ブッシュはまずバスケスと抱擁を交わし、肩をたたき、そして数メートル離れたところに立っていたムヒカに近づいた。ムヒカの顔に近づくと、両頬をつかみ、耳元で出迎えの礼を述べ、ムヒカのゲリラとしての過去に触れた。ムヒカはただ微笑んだ。

会合が終わると、ムヒカはリンコン・デル・セロの農園に戻り、テレビ局の取材を受け、ショックを受けたような顔でトラクターを運転しているところを撮影された。今後の選挙で支持が必要となる最左翼を遠ざけすぎないように、ブッシュとの会談は「苦い酒」だが必要な酒だったと説明した。

しかし、ブッシュのジェスチャーは、ムヒカの記憶に深く刻まれた。アメリカ政府団の全員が自分の過去について知っていたというのも興味深いと思った。チャベスやエボ・モラレスが反対してブエノスアイレスでデモまで引き起こしたあの昼食会から数年後、ムヒカは「彼らは全部知っていた。私が次期大統領になるかもしれないということまでね」と語ってくれた。また、ムヒカを驚かせたことがもうひとつあったが、それは彼にとって些細なことではなかった。なんとブッシュは、その日のメニューの黒頭羊のローストに合わせてワインを飲まなかったのだ。「あの肉料理にコカコーラとは信じられん！」とムヒカは不平を漏らした。当時のアメリカ大統領が過去にアルコール依存症だったことを知らなかったのだろう。

ブッシュによっても示された海外におけるムヒカへの関心は、ムヒカが大統領になるとさらに高まりを見せた。五年間の任期中、ムヒカは地域の指導者たちにとって信頼のおける相談相手となり、世界を代表する大物たちともテーブルを共にした。

二〇一三年と二〇一四年だけでも、フランシスコ法王、バラク・オバマ、ウラジミール・プーチン、習近平、フィデル・カストロや、ラテンアメリカの指導者らと会談を行った。どの場合も、ムヒカへの信頼、記念撮影やお世辞の数にも不足はなかった。アルゼンチンの平均的な州やブラジルの州よりも小さく、人口わずか三百万人の国の出身であるにもかかわらず、単に儀礼的な挨拶を交わす要人のリストに加えられただけの大統領ではなかった。

この国の小ささこそ、ムヒカに有利に働いたのかもしれない。ムヒカは、大国の指導者が任期途中で時に欲する束の間の休息のような役割を果たすことが多かった。ムヒカは彼ら全員の話に耳を傾け、アドバイスをし、対立を二極化していた「冷戦」がもはや存在せず、緊張関係が絶えず発生している時代に、国を統治していくことがいかに複雑かについて理解を示した。

チャベスは、ムヒカと最も親しいラテンアメリカの指導者のひとりだったが、ベネズエラが国境問題でコロンビアと深刻な対立に陥った際、プーチンから支援の申し出があったことをムヒカに打ち明けた。

ロシアは、ベネズエラの主要な武器供給国のひとつで、プーチンはチャベスに、二百機を超える戦闘用ヘリコプターなど、コロンビアが保有していたすべての兵器について詳しく説明してくれた。これはコロンビアに対抗するためのベストな方法だった。「必要なものがあればいつでも相談してくれ」とプーチンはチャベスに言い、起こり得る武力紛争に備えてベネズエラ政府が購入すべき武器についてさっそく助言したが、結局何も起こらなかった。

プーチンは、チャベスの同盟者となり得るのは誰かということや、コロンビアとアメリカの親密な関係、そしてロシアとアメリカの対立がラテンアメリカと世界全体にもたらし得る影響などについて詳しく知っていた。「ロシアの諜報機関は世界最高で、彼らはラテンアメリカに関心を持っている」数年後、ムヒカはまだ驚きを隠せない様子で私たちにそう語った。

ムヒカが自分の世界的な影響力を利用する方法やラテンアメリカの戦略的重要性について理解するために、いつも参考にしていたのが、国際政治におけるもうひとりのかけがえのない友人であるルイス・イナシオ・ルーラ・ダ・シルバの意見だった。ルーラはムヒカの模範であり、道標のひとりだった。

ムヒカは、それ自体がひとつの大陸のような特徴を持つブラジルを、南米で最も重要な国と考えていた。ブラジルは常に先頭に立って、ラテンアメリカの結束を率いるべきだというのがムヒカの意見だった。この巨大国家を統治することは、関心を持って観察されるに値する仕事だ。

さらにブラジルは、何ごとにも腐敗が組み込まれている国だ。どんなに政権与党が交替しても、この点だけは変わらなかった。このような慣行に基づいて行動する一部の政治家や企業家をなくすことは誰にもできなかった。ルーラ政権やジルマ・ルセフ政権を含め、腐敗の告発を受けることはあらゆる政府にとっての汚点となり、そのために数名の大臣を交替させなければならなかった。

ルーラは、近年のブラジル史における最大のスキャンダルのひとつに直面することになった。行政府が推進する重要プロジェクトを承認するのと引き換えに、議員が毎月支払いを請求する

「メンサロン (mensalão)」と呼ばれる慣習があった。票の買収は、政治の世界で最も古くから続くメカニズムのひとつだが、ルーラの主要なアドバイザーのひとりであったジョゼ・ジルセウまでがこの件で起訴されてしまったのだ。

この件に言及した際、「ルーラは、コロール・デ・メロやその他の元ブラジル大統領たちのように腐敗してはいない」とムヒカは言った。さらに、ルーラはこれらすべての出来事を、苦悩と幾ばくかの責任を感じながら体験したのだと付け加えた。ムヒカとアストリが政権に就く数週間前に「この世界では、非倫理的なことや脅迫にもたくさん対応しなければならなかった」と、ルーラは悲嘆に暮れて二人に語った。「それが、ブラジルを統治するための唯一の方法だったんだ」と自分を正当化した。二人はすでにブラジルにルーラを訪問していたこともあり、ルーラはこの二人には状況を説明しなければならないと感じていた。「〝メンサロン〟もまたこの国のひとつの顔だ、この国では何でもスケールが大きいんだよ」としみじみ語った。

「〝メンサロン〟の歴史はマテ茶の茶器よりも古い」とムヒカは言う。歴史上の偉大な政治家たちも、似たようなメカニズムに頼らなければならなかった。「それが、大きな仕事を成し遂げるための必要悪とされていたこともある」と、エイブラハム・リンカーンのことを思い出しながら言った。この時、スティーブン・スピルバーグ監督によるリンカーン元大統領の一生に関する映画が公開中で、その中で、リンカーンが自分の推進するプロジェクトに投票してもらう見返りとして、議員に何か渡さなければならないシーンがあったのだ。

ルーラは、ムヒカとの会話の中でたびたび引き合いに出される。ムヒカはルーラを心から尊敬しているからで、「すごい小男」というのが、労働者党出身のブラジル大統領にムヒカがつけたあだ名だった。ムヒカが国家元首を務めた五年間、ルーラは進んでアドバイスをくれたり、逆にアドバイスを求めてきたりすることもあった。

だから、ムヒカはジルマ・ルセフがルーラの後任候補となることを、それが公表される随分前から知っていたし、後に彼女の再選を支援することにもなったのだ。ムヒカはこの取引の中身を完璧に理解していた。「メンサロン」スキャンダルの後、露出を避けたいと思うようになったルーラは、影の実力者となることを望んだのだった。

ジルマについては「ルーラが彼女をプロデュースした」と振り返り、ムヒカは地域におけるブラジルの重要性に関する持論を展開した。ムヒカとブラジルについて話すということは、世界の未来と世界におけるウルグアイの位置づけについての意見があふれ出る扉を開くことだった。

ムヒカにとって、ジルマはブラジルという国を前進させるために必要な要件を満たしている。彼女は優秀な行政官であり、監督としてはルーラよりも優れている。ジルマは当初から、二国間協定の締結を加速化させるためには三、四カ月おきに協議しなければならないとムヒカに言っていた。ジルマは、ブラジルが優先的に対外支援を行っていく国としてキューバとウルグアイを挙げ、両国の大統領にもその旨を伝えた。

ムヒカは、任期の半ばに、ウルグアイがブラジルとのエネルギー取引に合意するにあたって問題が生じたことを思い出していた。政治レベルでの合意はでき上がっていたが、専門家レベルではまだ抵抗があった。これを知ったルーラは、「とんでもないお役所主義だ」と不平を言い、ジルマと話をするようにムヒカに勧めた。ジルマ大統領は、ムヒカのブラジル訪問の機会を利用して、ウルグアイ代表団の目の前で自国のエネルギー大臣を激しく咎めた。すると、それから一週間以内に問題は難なく解決した。

長年にわたる会談やサミット、非公式の対話を経て、ジルマはムヒカを「南の国の博学じいさん」と命名した。ジルマは「ムヒカの話を聞くといつも鳥肌が立つ」と繰り返し述べていた。また、ジルマはムヒカが進めていた主要な中期プロジェクトのひとつを支援していた。それが、ウルグアイ南部の大西洋に浮かぶ、ロチャ県の深海港建設プロジェクトだった。

ムヒカ政権は、「外交政策上で最高のプロジェクト」としてこの港湾建設に賭けており、ブラジルをその同盟国に選んだ。ジルマ政権との合意を通じて、この大規模な海洋貨物ターミナルの建設を長期的に保証し、これにより域内諸国とウルグアイを近づけ、メルコスール（訳注：南米諸国の関税同盟）全体のために役立てようとしたのだった。

ブラジルでは、ムヒカの任期の最後の年に選挙が実施された。ムヒカはジルマの再選を強く願っており、最終的にはそれが実現した。ブラジル、ウルグアイ両国で選挙キャンペーンが始まろうとしていた二〇一四年の初め、ルーラはムヒカに会うためにウルグアイを訪れた。

二人は、両国の将来について話し合った。その晩、二人はリンコン・デル・セロで何時間にもわたって酒を飲み交わした。ルーラはムヒカに、国際的な影響力を使って地域のリーダーシップをとるように勧めた。ラテンアメリカの思いを発信する者としての役割をムヒカのためにとっておいたのだ。ルーラは、ウルグアイが小国であるからこそ、この役割はムヒカが果たすべきなのだと説得した。

ルーラは私を高く評価してくれており、それは私も同じだ。彼は、ラテンアメリカで活躍している最も聡明で、海外でもその名をよく耳にする世界的な指導者のひとりだ。ルーラは、自分がブラジル人だからといって、ラテンアメリカをコントロールしようとは思っていない。ブラジルのことを帝国主義と非難する連中が常にいるからね。だからこそ、私にその役目を頼んだんだ。ウルグアイ人のことを信頼しない連中はいない、少なくとも今のところはね。

ルーラは、リンコン・デル・セロでの夕食の最中に、ブラジルではジルマが、ウルグアイではタバレ・バスケスが当選するだろうと予測し、ある逸話を披露した。「大統領在任中に、次期大統領としてジルマを支持することに決めたんだが、彼女からは選挙キャンペーンには首を突っ込むなと言われたんだ。だから、私はあえて朝も昼も夜も一日中演説して回り、結果を出した。あなたも同じことをしなければならない」とムヒカに言い、もう一度説得しようとした。

「アルゼンチン情勢についても話しましたか?」

「もちろんだよ。ブラジルと話す時はいつもアルゼンチンが話題になる。彼らは、アルゼンチンの問題についてははっきりとした立場を持っていて、それが私たちにどのような影響を与えるかもわかっている。だが、自分たちがアルゼンチンを必要としていて、単独で世界に出ていくことはできないことも知っている」

「彼らが問題を解決している時、私たちはいつも両国の間に挟まれますよね」

「だが、彼らは国としてはとても異なっている。ブラジルは潜在的な可能性が高く、ラテンアメリカの大国だ。アルゼンチンはそれに追随し、豊かな資源も持っているが、今抱えている問題は歴史の産物だ」

「でも、それは決して解決しないことなので考えるだけ無駄ですよ」

「じゃあどうしろと言うんだ? ウルグアイ史を通じてずっとそうだった。だが、私は、自分たちにとって不利だからといって争ってばかりもいられないと思う。ブラジルともそうだし、アルゼンチンとはもっとそうだ。だから、信じられないようなことでも我慢してきたんだ。我慢しなければならないが、その価値は十分あると思っている。連中もいつか私に感謝する日がくると思う」

任期後半、ムヒカはこのように考えていた。在任中、ムヒカとアルゼンチンのクリスティーナ・フェルナンデス・デ・キルチネル大統領の間には、何度もの行きつ戻りつがあり、争いと和解、お世辞と侮辱、ありとあらゆることがあった。ムヒカにとって彼女は聡明ではあったが、多くのアルゼンチン人と同様に複雑な女性だった。

彼女は抜け目ない政治家でもあった。ムヒカは、二〇一一年と同じように今回もクリスティーナが大差で再選するだろうと予測し、一般国民の支持を得られるかどうか誰もが疑っていた時でもムヒカはそう公言していた。ムヒカが指摘した理由はとても単純だった。つまり、アルゼンチンには彼女に代わる人材が他にいなかったからだ。

二〇一〇年十月、ネストル・キルチネルが他界した時、ムヒカは元大統領の葬儀に参列するためにブエノスアイレスを訪れ、とても驚いて帰って来た。葬儀の裏には、葬儀で目にしたものよりももっと重要な何かがあった。ムヒカは、キルチネル夫妻が築き上げたものが非常に堅固で恒久的であることに気づいたのだった。

キルチネルの死に人々は驚いた。というのも、彼がものすごい数の若者のサポーターを編成していたことが明らかになったからだ。キルチネル夫妻には汚点もあるが、彼らが築き上げたものを見ると、思わず羨んでしまうほどだ。ラ・カンポラ（訳注：ネストル・キルチネル元大統領とその妻、クリスティーナ・フェルナンデス・デ・キルチネル大統領の政権を支援する青年団）は、至るところにいる。彼らは政治のプロで、国家をどうやって利用すればよいか知っている。彼らはあらゆるところに、すべての企業に入り込んでいるので、彼らを一日やそこらで排除することはできないだろう。

クリスティーナが再選すると、新たな問題が持ち上がった。ムヒカにとってそれを理解するのは難しかったが、二〇一二年の半ば、アルゼンチン政府と関わりを持つ唯一の方法は対立しかないという結論に至った。ブラジルの話をすると顔が輝くのと同じように、アルゼンチンの問題を分析する際には言葉数が少なくなり、居心地の悪い沈黙がその場を支配した。唯一ムヒカが口に出して言ったのは、これ以上問題を引き起こさないために何をなすべきか、ということだった。

「問題なのは、自分で発言に気をつけなければ毒舌を吐きまくってしまうことで、これではウルグアイのためにはならない」と、ムヒカは何度も言っていた。さらに、アルゼンチンでの自分の人気が上がっていたため、彼らが自分の発言にもっと注意深く耳を傾けるだろうということもわかっていた。

自分を抑え、いつもの考えを隠そうとしすぎるあまり、起こるべきことが起きた。ある日、国の内陸部のカルロス・エンシソ県知事と話をしていた時に、近くにあったマイクに電源が入っていることに気づかなかったことがある。ムヒカは、クリスティーナ・フェルナンデスとその夫について県知事に、「片目が見えないあの男より、ばあさんのほうがひどい」と言い、無遠慮に置かれたマイクのせいで、その場にいた全員に聞かれてしまったのだ。

そのスキャンダルは、数分で一気に広まった。インターネットやソーシャルネットワークでは、ムヒカには理解不能な速さで即座に拡散するのだ。この失態を犯してしまった行事を終え、モンテビデオに車で帰る道中、首都から百キロのところにあるフロリダ県で、ムヒカの顧問たちは、エンシソとの会話が公になってしまったことを注意した。しかし、ムヒカがその影響と何人に聞かれたか考えている間に、ニュースはウルグアイとアルゼンチンのありとあらゆるサイトに掲載されてしまった。

モンテビデオに着いてその反響を知ったムヒカは、「やっちまった。くそったれ、大失態だ」と、何度も繰り返した。嵐が過ぎ去るのを数日待ち、うまくごまかす方法を探したが、一部ではあったがすでにダメージは受けていた。

それから一週間後、ムヒカは、農園の台所で、ノートと安いボールペンを使ってクリスティーナ・フェルナンデスに謝罪の手紙をしたためた。私たちが農園へ迎えられたのはムヒカがそれを書き終えようとしていた時だったが、彼は自分の作品に自信があるようだった。一番丁寧な言葉を使い、一文一文じっくり考えて書き上げた。ムヒカは、こういう作業は特に楽しんでやった。

クリスティーナが公にムヒカを許し、この一件から重要性が取り除かれたとしても、元通りの関係にはならないということはわかっていた。その証拠に、クリスティーナは、数週間後に催されるウーゴ・チャベスの葬儀に参列するために、アルゼンチン大統領専用機で一緒に移動するよう誘ってくれたが、もはや彼女の態度は以前と同じではなかった。ブエノスアイレスからカラカスまでの約八時間、二人はほとんど口をきかなかった。

ムヒカとクリスティーナの間に最も深刻な緊張状態が生じたのは、翌年二〇一三年九月三十日だろう。この時、二人は実業家のファン・カルロス・ロペス・メナの新しい船の進水式で顔を合わせた。その当時、ウルグアイは、フィンランドのパルプメーカーUPM社の増産計画を承認しようとしており、アルゼンチン政府はこれに反対していた。

式の開会時に、ムヒカとクリスティーナは、ローマ教皇に敬意を表して「フランシスコ・パパ」号と名付けられた船の船首に、シャンパンボトルが叩き付けられる様子を一緒に眺めていた。発泡酒の香りが漂い、二人が立っていた場所の近くに飛び散ったが、祝賀的な雰囲気を醸し出すことはできなかった。それから数分後に起きた事件にただひとつ足りなかったのは、誰かがグラスを割ることだったのかもしれない。それも祝宴とは別の理由で。

「もうこれ以上我慢できない！　もうお前さんにはうんざりだ！」ムヒカはクリスティーナに対して叫び、非難の言葉を二度繰り返した。式典に参加していた両国関係者の間にかなりの緊張が走った。アルゼンチン大統領と外務大臣は、アルゼンチンで議員選挙が実施される二週間前に、ウルグアイがUPMの増産計画を承認すべきでない理由をムヒカに説明していた。

「こっちはもうすぐ選挙なのよ、ぺぺ。環境汚染との闘いをここで放棄するわけにはいかないわ。これは私たちにとってとても重要なのよ」クリスティーナはそう答え、怒りで顔を歪ませているムヒカを落ち着かせようとした。「自分を何様だと思っているんだ？ 選挙を控えているのはお前さんだけとでも言うのか？ 汚染の問題が言い訳だということはもうわかっておる。もうお前さんには我慢ならん！」ムヒカの怒りは頂点に達し、その場から退席した。その後、アルゼンチンから、この問題に決着をつけるために再度ハーグ国際司法裁判所に訴えると脅されたが、結局何も起こらなかった。アルゼンチン政府にとっても、選挙キャンペーンの時期に異端児《オベハ・ネグラ》と対立することは得策ではなかったのだ。

アルゼンチンで、国民から毎日のように受ける声援について話していた時、ムヒカは「アルゼンチンで大統領をしていたら面白かっただろう」と言った。また、ペロン党についても語った。ムヒカにとって彼らは常に絶頂期にある。なぜなら選挙では負けることもあるかもしれないが、パワーマネジメントでは負けないからだ。

ペロン党には右派、左派、そして中道がいて、政権に就いている時は、内輪もめばかりしていた。面白いのは彼らが野党に転じた時だ。そうすると全員が一丸となって攻撃してくる。野党であることは彼らを団結させるんだ。クリスティーナの後は、彼らが再び選挙で勝つと思う。彼女の後継者と噂されているマッサ（訳注：セルヒオ・マッサ下院議員）とシオリ（訳注：ダニエル・シオリ現ブエノスアイレス州知事）は、すでに私のところへ来ている。アルゼンチン人の有力者が列をなして私の自宅を訪ねて来るんだ。ウルグアイのためにも、この関係は維持しなければならないと思っておる。

二つの大国と三人の指導者がムヒカの外交政策に影響を与えた。一方には、相談相手であり友人でもあるルーラとそのパートナーであるジルマ。もう一方には、二面性を持つが、賞賛に値するクリスティーナという指導者がいて、彼女の攻撃があった。しかし、ムヒカが域内でどのように立ち回ってきたかを理解するためには、もうひとつ重要な要素がある。それは、時に他の人物を凌駕することもあった、ウーゴ・チャベスという名だ。

チャベスはムヒカの友人だった。彼は、ムヒカが当選の可能性のある大統領候補として成長していく様子を見守り、ムヒカの国家元首への就任と国際的な影響力の高まりをともに喜び、ムヒカが政治家として絶頂期にあった時にこの世を去った。二人は異なるイデオロギーを持ち、ラテンアメリカについて何をなすべきかについて議論を戦わせたが、感情的な話になるとわずかな言葉でお互いを理解し合うことができた。

ムヒカによると、ベネズエラは数十年前から「世界で最も腐敗した」国のひとつだ。これが、チャベスがほぼ二十年間にわたり統治してきた国だ。チャベスは自分を中心とする一種の専制政治を行ったが、異端児《オベハ・ネグラ》は彼のやり方には賛同しなかった。それでもムヒカは、貧困を軽減したことと、ベネズエラが保有する石油による利益配分を改善したことについてチャベスを評価していた。

チャベスが癌を患っていることが囁かれ始めた時、友人であるムヒカは楽観視していた。「あいつは闘牛のような男だ」と私たちにも言っていた。「あいつの身体はまるで一枚の壁みたいに固い。あいつはパラシュート部隊にいたから、ものすごく強健なんだ」

しかし、その闘牛のような男の病状は少しずつ悪化していった。ムヒカの発言も、その数カ月の間に変わっていった。チャベスの死が近いことを悟ったのだ。それについては、チャベス自身とも話をしていた。チャベスは闘病中も選挙キャンペーンを行い、選挙に勝った。

チャベスから選挙を取ったら、どうなるかわからない。彼は選挙があったから生き返ったんだ。あとどれくらい生きられるかわからないが、私が恐れているのは、彼がいなくなったらどうなるかということだ。今は調子が良さそうに見えるし、選挙でも勝つだろう。しかし、その後は何が起こるかわからない。ベネズエラは、アメリカにとってもラテンアメリカにとっても重要な国で、今のところあの国を支えられるのはチャベスしかおらんのだよ。

この時期、ムヒカは心配を露わにしていた。ムヒカは、チャベスの社会主義に関する考え方を常に疑問視していたため、チャベスが自分のことを「ちょっともうろくしたじいさん」と思っていることを知っていた。それでも彼のことを慕い、尊敬していた。感情とイデオロギーの間にあるこの二面性が、二人の関係性を示していた。誰もがもう長くはないと知っていたチャベスの人生の最後の数週間、ムヒカは彼にとても会いたがった。しかし、その願いは叶わなかった。ムヒカは、ニコラス・マドゥロから、チャベスの容態について詳しく報告を受けていた。チャベスが自分の後継者に選んだ男だ。「演説もうまく、資質もあって風采も立派だが、彼にはチャベスのブーツは大きすぎる」とムヒカは言う。

ボリバル主義の司令官《コマンダンテ》が最期を迎えようとしている時、ムヒカは、マドゥロに指揮権を移行するシンボリックな式典に出席するためにベネズエラを訪れた。チャベスはすでに何週間もハバナに滞在し、最後の治療を受けていた。マドゥロがムヒカを空港で出迎え、そこからカラカスの中心部まで、公用車の後部に座って一緒に移動した。

「チャベスが死ぬ前に、今選挙をする必要があるぞ」とムヒカは勧めた。

「フィデルとラウルにも同じことを言われました」とマドゥロは答えた。

「今なら負けることは絶対にないが、この先はどうなるかわからないぞ」ムヒカは強く言った。

「考えておきます」マドゥロは約束のような答えを口にした。

しかし、マドゥロはムヒカの助言に従わなかった。チャベスはそれから数週間後の二〇一三年三月に息をひきとり、マドゥロは新大統領を決めるための選挙の公示を決定するまでに数カ月を要した。マドゥロは僅差で勝利し、とても複雑な政権運営を開始した。

チャベスは伝説となり、忠誠心の強さを競い合う国民が集う神殿のような存在となった。これだけでもチャベスという人間がいかに大きな存在だったかわかるだろう。だからこそ、チャベスの死後、ベネズエラの政治および経済危機につながる亀裂が見え始めたのだった。

チャベスの葬儀と埋葬は、偉大な指導者の姿をひと目見ようと集まった何百万人もの大衆による巡礼に変わり、宗教的な方法による集団的なカタルシスと、ひとりの偉大な人物の理想化が何日にもわたって行われた。ムヒカは、クリスティーナ・フェルナンデスとベネズエラへ移動したが、彼女よりも長く滞在した。

ベネズエラのことは理性では考えられない。チャベスの遺体を一目見ようと多くの人が列をなしていた。あれはイデオロギーの問題ではなく、集団的な熱狂だ。エビータ（エバ・ペロン）の時と似ている。伝説的存在について争いは起こらない。それは、風に抵抗するようなものだ。

クリスティーナは、チャベスの遺体を国民に見せたくないと言っていた。遺体の入った棺にはガラスがついていて、遺体が人目にさらされるのが嫌だったので、棺を閉じるように頼んでいた。クリスティーナは気分がすぐれなかったみたいだ。たぶん、自分の夫のことがあったからだろう。葬儀の終わりまで滞在せず、飛び出していったよ。自分たちの司令官《コマンダンテ》の死に泣き叫ぶ国民とはどういうものかを見て欲しかった。チャベスという宗教が作られたみたいだった。それは間違いない。

マドゥロは、この多数の有権者と彼らの心をつかむこともできなければ、混乱し分裂した国を切り盛りするだけの知恵も持っていなかった。彼の戦略は、できる限り自分をチャベスに近づけるというものだった。チャベスが自分の耳元でアドバイスを囁いてくれる小鳥になったとさえ想像していた。マドゥロはこれまで、政治の世界の父であったチャベスの考えから逸脱したことも、チャベスと違う道を進んだこともなかった。だからこそチャベスという唯一無二の人物が成し遂げたことを継続しようとしたのだが、うまくいかなかった。

ひとりの人物を中心に成立していたチャベス主義モデル《チャビスタ》は、徐々に衰えていった。ベネズエラ全土に掲げられていたチャベスの巨大な肖像は、愛と憎しみを生みながらも確かな変化をもたらした人物が過去の一部になってしまったことを、私たちに気づかせてくれるだけだった。ムヒカは、マドゥロとも親しい関係を維持していた。両国の親密度は深まり続けたが、マドゥロはムヒカの友ではなかった。そしてムヒカは複雑な未来を予想していた。

「ベネズエラで起こっていることはかなり深刻だ。どうなっていくか想像もつかないが、日を追うごとに、マドゥロはチャベスではないことが明らかになってきている」

「マドゥロを選んだのはチャベスでは？」

「確かにな。だが、あの時チャベスは、その後何が起こるかまで計算していなかったと思う。個人主義の偉大な指導者は大体そうだ。マドゥロはいいやつだが、チャベス症候群にかかっている。独自のスタイルを確立する代わりに、チャベスのように話そうとばかりしている」

「マドゥロだけが問題とお考えですか？　それともチャベスが作り上げた経済が問題の根底にあると思いますか？」

「実際の政策の問題はあるが、これを理解するのは難しい。希望と現実を取り違えてはならない。後で管理できなくなるものをなぜ国有化するのか理解できん。ベネズエラと付き合い始めた時、彼らはコメをあまり重要視しておらず、海外に売りさばいていた。今は私たちが船いっぱいにコメを積んでベネズエラに送っている始末だ。連中は後退したんだ。信じられないだろう！」


ムヒカ政権だけでなく、ジルマやクリスティーナの政府にも後押しされ、いまだにチャベスの支配が続いているベネズエラは、ブラジル、アルゼンチン、ウルグアイ、パラグアイにより設立されたメルコスールに正式に加盟することになった。南米地域ブロックの大統領たちの良好な関係が、この動きと大きく関係している。今回の加盟は政治的な統合であり、これまでに設けられたあらゆる司法上の制約をすべて一旦棚上げにすることになった。

この一歩に重要な役割を果たしたのがチャベスだった。彼はメルコスールへの加盟を主張し、その方法を提案し、それが認められたのだった。ベネズエラのメルコスールへの正式加盟に最も抵抗していたのはパラグアイ議会だったが、当時のフェルナンド・ルーゴ大統領はこれを実現させた。

それから数カ月後、パラグアイ議会は、十数名の農民の死亡事件についてルーゴを弾劾し、罷免した。チャベスが加わった時点ではパラグアイ大統領も同盟関係にあった新生メルコスールは、ルーゴ罷免への対応として、これまでどの国に対してもとられたことがないような思い切った措置をとった。

ここでも個人的関係が優先された。歴史は、国を任されている人々の関係によってもつくられるのだ。大統領同士の気が合うかどうかのほうが、長年にわたって構築されてきた司法システムより重要な場合もある。メルコスールのケースがそうだった。

二〇一二年六月、パラグアイは、ルーゴ罷免の後、新たな選挙を実施するまでの間、メルコスールのメンバー資格を一時停止された。ムヒカは、このやり方には納得していなかった。お互いに小さく孤立した国であるということもあって、パラグアイとは連帯意識がある。ムヒカは、十九世紀の終わりにブラジル、アルゼンチン、ウルグアイが結束してパラグアイと対立し、同国を滅ぼした三国同盟戦争について知っていた。この戦争によって、当時ラテンアメリカの主要経済大国のひとつだった国が、最も遅れた国のひとつになってしまったのだ。ムヒカは、大虐殺が行われたこの戦争の責任は、ウルグアイにもあると感じていた。

一方で、パラグアイに対する制裁を決める必要があるとムヒカを納得させた話があった。それはムヒカが極秘に受け取った情報だった。ルーゴの罷免を受け、制裁を決定するためのメルコスールサミットが開催される前に、ムヒカの側近のひとりがジルマの右腕であるマルコ・アウレリオ・ガルシアから電話を受け取った。

「ジルマが重要なメッセージをムヒカ大統領に伝えたいと言っています」と、このブラジルの役人は、ポルトガル語とスペイン語をミックスして言った。

「分かりました、では二人に直接話してもらいましょう」とウルグアイ側は答えた。

「いいえ、それはできません。電話もメールもダメです。直接会ってお伝えしたい」とブラジル側は主張した。

大統領同士が急な会談を設定すると怪しまれるので、ブラジル政府はモンテビデオに飛行機を飛ばし、ムヒカの使者をブラジリアにあるジルマの公邸に連れて来ることにした。

ブラジル側は計画通り実行し、ウルグアイの使者が到着すると、ジルマは執務室で待っていた。あまり時間がなかったので、雑談はわずか数分で終わった。

「本題に入りましょう」ジルマが話を遮り、使者はノートを取り出して大統領のメッセージを書き留め始めた。するとジルマは「メモはとらないでちょうだい」と言い、紙を破かせた。「この会談は存在しなかったことにして欲しいの」

話の中で、ジルマはルーゴ大統領の失脚後に台頭してきた「マフィア」グループによるルーゴへの「クーデター」計画がどのように練られていたかが記録された写真や録音資料、報告書などを見せた。これらはブラジル、ベネズエラ、キューバの諜報機関によって集められたものだった。「ブラジルとしては、選挙の実施を早めるためにも、パラグアイがメルコスールを一旦離れることが必要だと思っています」とジルマは結んだ。

その翌週、二〇一二年七月の初め、メルコスール全加盟国の大統領がアルゼンチンのメンドサで開かれたサミットに集まり、パラグアイの資格停止を承認した。

パラグアイにおける選挙はそれから数カ月後に実施され、ムヒカは新大統領を訪問し、ウルグアイで予定されている深海港建設を一部共同で行うことを提案した。ラテンアメリカで最も発展が遅れているもうひとつの国で、内陸国であるボリビアに対しても、同様の提案をした。

さらに、ボリビアといえばエボ・モラレスで、彼はムヒカがラテンアメリカで最も尊敬する大統領のひとりだった。エボが採用しているモデルには賛同していないが、エボ自身には親しみを感じており、好感を抱き、擁護していた。エボはムヒカが就任後に初めて訪問した大統領で、彼を支援するための最善の方法は、ボリビアが海にアクセスできるようにすることだった。

エボは、ボリビアの大統領以上の存在だ。アメリカ大陸の先住民の代表なんだ。ア

ンデス山脈の隅々まで影響力を持っている。すごい男だよ。ラテンアメリカで先住民出身の大統領が選出されたのは初めてのことだ。私の知る限り、エボの前の先住民出身の知事はアンドレシート（訳注：アンドレス・グアスラリ。現在のアルゼンチンの一部であるミシオネス州のカウディージョで、リオ・デ・ラ・プラタ連合州のカウディージョとしては唯一の先住民。一八一一〜一八二二年まで同州の知事を務めた）で、アルティガスにミシオネス州を統治させた人物だ。さらに、エボは最高に優秀な行政官でもあり、国の経済も回復させた。

エボもムヒカを尊敬している。ムヒカを模範とし、彼の姉もムヒカの言うことをよく聞くようにと勧めている。「彼は博識なじいさんだ」と、二人が顔を合わせたサミットのひとつでエボは私たちにそう言った。そして、「君たちウルグアイ人は、自分たちの大統領がどんなに素晴らしいかわかっていないんだよ」と付け足した。

それは、政治家としてのお世辞ととることもできたが、エボはフィデル・カストロとの会談でもウルグアイ大統領を話題にした。ムヒカは国家元首としてハバナにカストロ兄弟を二度訪れていたが、そのうちの一回は、エボの訪問と偶然重なっていた。フィデルとムヒカは、ほとんどの時間を費やして、人口の爆発的増加によって将来世界が必ず直面するであろう食糧の問題について議論した。また、二人はラテンアメリカの政治についても話し合った。その数日後、ムヒカは「フィデルは今世界で起こっていることをすべて把握していた」と、九十歳になろうかという人物の明晰さに感銘を受けた様子で私たちに語ってくれた。

フィデルは、エボの置かれている状況を心配しており、エボと会談をした際に、ムヒカと話をするようにアドバイスした。そして、ハバナで開催されたある国家祝賀行事で二人が顔を合わせた時に、フィデルが橋渡し役となって二人を引き合わせた。ムヒカはその時のことを誇らしげに語ってくれた。「フィデルに言われたからといって、エボが私に声をかけにきてくれたんだ」目を輝かせながらそう語った。

カストロ兄弟とは、コロンビア政府とFARCの間の交渉における自分の役割についても話した。対話の場所はハバナだったので、ムヒカはホストたちにゲリラグループと会うことを知らせておく義務を感じていた。ムヒカは共産主義者だったことも、キューバ革命の思想に同調したこともなかったが、カストロ兄弟のことは尊敬していた。彼らのことをどれだけ疑問視していたとしても、二人が成し遂げたことに畏敬の念を抱かずにはいられなかった。

ムヒカの変わっているところは、それを長所と見る人もいれば、短所と見る人もいるが、ラテンアメリカで最も過激な左翼グループと同じテーブルについたわずか数日後に、目に見えない境界線を難なく飛び超え、右翼の代表らとも話を合わせられることだった。

コロンビアのファン・マヌエル・サントス大統領は、上流階級の「名門」の出だったが、ムヒカととても親しかった。ムヒカにFARCとの調停役を任せたのも彼だった。「私たちは互いに尊敬し合っている。私が彼を評価しているのは、彼は細かいことを気にせず、もっと大きなことについて考えているからだ」とムヒカはよく考えてから言った。

同じように、チリのセバスティアン・ピニェラ元大統領にも親しみを感じていた。チリで最も富裕な企業家のひとりだ。二人は、互いの誠実さとお互いの利益に基づいて、良い関係を築き上げていた。ムヒカは、大統領の宣誓をしてから一週間後に、今度はピニェラの宣誓式のためにサンティアゴに飛んだ。二人は、任期が重なった四年の間に開催されたすべての首脳会談で顔を合わせ、南極に一週間ともに旅行をする仲にまでになった。

もちろんムヒカは、チリの現大統領でありピニェラの後任者でもある、社会主義者のミシェル・バチェレに対しても特別な親しみを感じている。しかし、彼女とは、たったひとつの理由からピニェラほど親しくはなかった。つまり、大統領としてともに務めた時間が短いことだ。ムヒカは、バチェレ第二次政権の発足時にサンティアゴを訪れた。その時ムヒカは、国家元首となったバチェレを「若者から最も尊敬される進歩的な指導者」と評し、さらに、アウグスト・ピノチェトの軍事独裁に対する反政府活動について言及して、彼女はより良い社会の実現のために「闘争の人生」を送っていると述べた。彼女はこの闘いにおいて、父であるアルベルト・バチェレ准将を投獄中に亡くした。政権交代で彼女に注目が集まっていた時期に、ムヒカはバチェレのことを「政界で活躍する女性の記念碑のような人だ」と言った。バチェレとピニェラの違いは、バチェレがムヒカの同志でありムヒカ自身もそう思っているのに対し、ピニェラの場合はムヒカの政敵と見られる場合もあるということだが、これは大きな間違いである。

ピニェラはそれほど右寄りではない。上品ぶってもいない。彼は資本主義者で保守的だが、国民には支援を与えなければならないということをはっきり言っている。チリでは、国民の三十パーセントが極端な右派だ。ここウルグアイでは、チリほどの独裁政権が誕生したことは一度もない。だがピニェラは、その三十パーセントには属さない。ピニェラがどれほど私とは反対側の人間だったとしても、話していてとても居心地の良い相手だよ。

ここにも人間同士の親密な関係が見られる。これこそ、ムヒカが外交政策を実施する上で重視したことだ。アンデス山脈の向こう側の国々との関係で目標にしたのは、より大きな貿易の流れを生み出すことによって、ムヒカが将来性を見込んでいるアジアへのダイレクトなアクセスを確保するために、ウルグアイが太平洋に活路を見出すことだ。

ジルマに、我々と一緒に太平洋同盟のオブザーバーになろうとしないのは馬鹿げていると伝えた。彼女は何も言わなかったが、私の話は聞いてくれた。ペルーのオジャンタ・ウマラとも、これについてよく話し合った。太平洋同盟にアラン・ガルシア（元大統領）を送り込むと、もう引き返そうとはしなかった。ブラジルこそ、太平洋岸へのアクセスを模索しなければならない立場にある。ペルーについては特別な政策を実施するようジルマに言った。太平洋岸では、重要な戦いが行われることになるからね。

太平洋同盟は、アメリカとの関連もあり、コロンビア、チリ、ペルー、コスタリカなどの国を取り込んでいるため、ラテンアメリカの最左翼グループから右派とよく結びつけられるが、ムヒカはこの同盟に接近することにあまり不安を感じてはいなかった。歴史は不可解な合意であふれており、ムヒカは自分の考えを説明しようとする時にこれらを引き合いに出す。

チャーチルは、そうしなければならない時にロシアのスターリンと同盟を結んだ。左派や右派という違いを超えて、国を率いる人物はプラグマティックでなければならない。常識もしっかりと持っていなければならない、常識こそが最良のイデオロギーだからだ。チャーチルでさえ、必要ならば「スターリンとともに」と言った。チャーチルは反共産主義だったにもかかわらずだ。政治について学ぶには、こういった人物について研究しなければならない。

プラグマティズムに関するこの問題には、ムヒカがアメリカとの関係で実行したことが含まれている。ムヒカは、大統領になる前に一度だけ、乗り継ぎの際にアメリカの地を踏んだことがある。過去にゲリラ活動に関わっていたため、アメリカへの入国ビザを取得することは不可能だった。ワシントンの公式書類では、何十年にもわたり危険人物用の指定欄にチェックが入れられていることをムヒカもわかっていた。

アメリカを訪れることはないだろうという思いで大統領になったが、ムヒカはアメリカが近年世界で引き起こしてきたことについてはっきりとした意見を持っていた。ムヒカは、アメリカ人は近代文明の偉大な立役者であり、芸術、科学、歴史に対する彼らの貢献を評価している。責められても仕方がないような、賞賛するような気持ちさえ抱いている。

バラク・オバマに対しては特に好感を持っている。「アフリカ系アメリカ人がアメリカ大統領になるなんてすごいことじゃないか！　ぜひ一度会ってみたいものだ」ウルグアイの国家元首として宣誓した数日後にこう言った。そして、対面を実現するまでにそれほど時間はかからなかった。当時はまだムヒカの頭に残っていたわずかな偏見も、バラク・オバマに会ったことによって消え去った。

二〇一二年の初め、ムヒカとオバマはコロンビアのカルタヘナ・デ・インディアで開かれたサミットでたまたま顔を合わせることになった。その夜の晩餐会で二人は隣同士に座り、最初の瞬間からとても馬が合った。ムヒカは、オバマについてとても聡明で思慮深い人物であるという印象を持った。晩餐会は三時間にも及び、二人はその間中ずっと意見交換をしていた。互いの熱意が伝染したのだ。

あの夜、オバマがウルグアイについてよく知っていることがわかった。私のことも重要人物のように思ってくれているようだ。だが、国際社会では、私は自分が変わり種だということを知っている。私はパラメーターの中に入らないんだ。

オバマは、アメリカの他の政治家と比べると急進左派だ。だから、言ってやったよ。「アフガニスタンから撤退しなさい」とね。オバマは笑っていた。彼には通訳がついていた。私も少しなら英語がわかるが、彼らが話すと何を言っているかまったく理解できない。

オバマにはカリスマ性があり、品があって立派だ。あのサミットでは、アメリカを非難するスピーチが二十以上あったが、オバマは我慢して聞いていた。私のスピーチが一番攻撃的でなかったと思う。オバマは辛抱強く聞いていたし、それはそれで尊敬すべき態度だと思う。私は彼に言ったんだ。「あなたはアメリカが私たちに与えられる最高の大統領です」とね。現在のアメリカの置かれた状況から考えると、オバマは最高の大統領だ。

その晩から、二国間の対話はより円滑に行われるようになった。その後ムヒカはアメリカを二度訪問し、超大国初のアフリカ系アメリカ人大統領のお気に入りのひとりになった。最初の訪米は二〇一三年九月で、ニューヨークでの国連総会に出席するためだった。ムヒカは、内容的にはリオ会議でのスピーチに似ているが、さらに長い演説をした。「私は南の出身です、南の国からやって来ました」世界の主要な指導者たちにそう語りかけ、消費主義と資源を浪費している現代文明に異議を唱えた。内容は同じことの繰り返しだったが、今回はビッグ・アップルで、世界中の聴衆を前にして行ったスピーチだった。

翌年の五月、ムヒカはホワイトハウスにオバマを訪れた。元ゲリラだったラテンアメリカの指導者が、アフリカ系アメリカ人の大統領が使用する大統領執務室に足を踏み入れるのは初めてのことだった。ウルグアイの異端児（オベハ・ネグラ）からアメリカの異端児（ブラック・シープ）へ。すべてが歴史的な特徴を持っており、そして実際に歴史になった。

「オバマはすっかり老け込んだように見えた。なんてこった！　それが最初にオバマに言った言葉だよ。ストレスで消耗してるな！　とね。政府内部で何か問題があったらしく、それで白髪だらけになっていたんだ」

「時間をもらえたんですか、それとも儀礼的なものだったのですか？」

「いいや、すごく馬が合ったよ。目は口ほどにものを言うというが、彼が私に敬意を払ってくれているということがすぐに感じられた。私を地域のリーダーとして扱ってくれたよ」

「どういうところに敬意を払ってくれていると感じたんですか？」

「私のことを優秀な調停役と見てくれているから、私の話を聞いてくれるし、私の過去の経歴や主張についてもよく知っている。私の協力が得られれば彼らにとって都合が良いんだ。アメリカにとってキューバとの関係は非常に重要だ。彼らは、それについて私が協力できることがたくさんあることに気づいたようだ」

「グアンタナモの件でもかなりアメリカを支援しましたからね……」

「その通りだ。グアンタナモの件では批判されたが、貸しは大きい。ギブアンドテイクさ。相手にチケットを渡すには、こっちもしっかりとした態度でいないとダメだ。それに、私には他の選択肢はあり得なかったんだよ。自分がどんな罪を犯したのかもわからないまま何年も刑務所に入れられている収容者たちの気持ちを考えないなんて最悪だ」

「ご自分の経歴を考えると、ホワイトハウスの大統領執務室に入って違和感のようなものはありませんでしたか？」

「偏見を持っている人もいれば、人になんと言われるか心配する人もいる。私は人になんと言われようが知ったことじゃない」

「オバマは、ラテンアメリカについても話題にしましたか？」

「アメリカとの接近に関する提案を、他の大統領が受け入れるような機会を作って欲しいと頼まれた。キューバやベネズエラなど、そういう国々は提案を受け入れる可能性がある。オバマは今、深刻な内輪もめに直面していて、助けてやらなければならない。そういう状況だ。キューバとの関係改善の必要性については、オバマもワシとまったく同意見だと言っていた。『共和党を説得してきてくださいよ』と言われたよ」

ホワイトハウスでの会談後、貿易や科学の分野における両国の交流は劇的に増加した。しかし、いずれにしても、特にウルグアイの反政府派は、自分たちが北米帝国主義と考えているものにムヒカが接近しすぎたことについて彼を許さなかった。

しかし、ムヒカはまったく後悔しておらず、自分を批判する者たちを「魂の腐ったやつら」と呼んだ。ムヒカは、ワシントンを支援することがウルグアイの利益となり、ラテンアメリカ全体の平穏を達成するためになったと信じている。また、オバマが、アメリカとラテンアメリカの新しい関係の始まりの種を蒔いていってくれるものと確信している。

オバマとアメリカの駐ウルグアイ大使ジュリッサ・レイノソとのつながりを通じて、ムヒカは自分の前任者には考えられなかったようなところにまで到達し、それを自分なりのやり方でやってのけ、最も閉ざされた歴史に名前を刻むことになった。そして、この歴史は、外交文書の機密指定が解除される半世紀後に明らかになるだろう。

二〇一四年の半ば、オバマはベネズエラ情勢を懸念してムヒカに電話をかけた。状況は刻々と複雑化しており、アメリカ議会はベネズエラ問題において積極的な役割を果たしたいと考えていた。

「大統領、ベネズエラ問題についてご意見を伺いたい。議会から介入するようにプレッシャーをかけられています。それについてどうお考えですか？」とオバマは質問した。

「今は控えたほうがいいでしょう。私だったらそうします。そうしないと問題がますます悪化してしまうからです。一番良いのはじっと見守っていることです」とムヒカは答え、アメリカ大統領はアドバイスに感謝し、ムヒカの意見を共有すると言った。

その数週間後、今度はアメリカのジョー・バイデン副大統領がムヒカに電話を寄越した。「一カ月のうちに、アメリカ大統領と副大統領の二人から電話をもらうなんて、そう誰にでも起こることじゃないぜ」ムヒカは内々に皮肉を言った。

私たちは、二度目の電話について偶然に知ることになった。というのも、電話がかかってきた時、私たちはムヒカの執務室で急なミーティングをしていたからだ。通訳もいなかったし、どの電話機で通話すればよいのかもわからなかった。それが、私たちが目にしたすべてだった。電話の内容をもっと知りたいと言ったら、ムヒカは秘密にすることを選んだ。

その後、私たちは、あの時ムヒカは、バイデンからの電話を秘書のマリア・ミナカピーリの携帯電話で受けたという事実を知った。というのも、それが唯一「空いていた」電話だったからで、会話の最中は秘書官補のディエゴ・カネパが通訳を務めた。通話中に二度、回線が途切れた。音質もあまり良くなかった。

バイデンは、ムヒカと一対一の会談をすでに何度か行っていた。五月にはワシントンでムヒカと昼食をとり、ムヒカがスープ皿の前で舟をこいでいるのを目撃したバイデンは、グアンタナモ収容者のウルグアイへの引き渡しを急ぎたいと考えていた。その目的は達成されなかったが、両政府の合意内容には、ウルグアイでの選挙が終わったらすぐに着手するというムヒカの約束が含まれた。また、この時バイデンは、なぜムヒカが国際社会でこれほど有名になったのかも理解した。携帯電話での通話が何度も切れた時、「こういうことは初めてだよ」と、バイデンはアドバイザーたちに語った。

ムヒカはヨーロッパでも歓迎を受け、それほど親しくはないにしても、何人かのヨーロッパの指導者らとも絆を育んだ。ムヒカは大統領として六回ほどヨーロッパを訪問したが、最も長い旅程が組まれたのは、二〇一一年にノルウェー、スウェーデン、ドイツ、ベルギーを訪れた時で、二〇一三年にはスペインを訪れ、フランシスコ教皇に謁見するためにバチカンにも行った。

ムヒカは、ヨーロッパの中でも特に伝統のある場所での滞在を楽しみ、世界で最も美しい街としてパリ、プラハ、エジンバラを挙げる。長い歴史を持ち、何世紀にもわたってもたらされた調和が醸し出される街を好むのだ。

政治家としての視点では、ヨーロッパはある深刻な問題に直面しているとムヒカは考えている。指導者たちに対する信用が危機的な状況に陥っており、ヨーロッパ大陸における自分の人気振りは政治家に対する不信の高まりによって説明されると考えている。旧世界にはもう何もサプライズが残っていない。だからこそ彼らはムヒカという異端児《オベハ・ネグラ》に魅了されているのかもしれない。

ヨーロッパでは、前衛的な政治という考えは少なくなってきており、一部の国では、いまだに征服《コンキスタ》の考え方が支配的である。二〇一一年にドイツのクリスティアン・ヴルフ大統領から、大統領になった元ゲリラという経歴を使って、ヨーロッパがアフガニスタンで民主主義を確立する手助けをして欲しいと頼まれた時、ムヒカはこの考えを彼に伝えた。また、この要請に対しムヒカは、「それこそあなた方が抱える問題だ。つまり、ヨーロッパ中心主義なのですよ。あなた方の民主主義の形態を他国に押しつけることはできないということを、いまだに歴史から学んでおられない。それについては私を当てにしないでいただきたい」と答えた。

ヨーロッパは現在の世界を理解する上で、深刻な問題を抱えている。つまり、左派政権がほとんど存在しないという問題だ。ひとつだけ左派政権があるが、すべて混ぜこぜになってしまった。次に、社会主義のスカンジナビア諸国があるが、時々右に振れることもある。しかし、彼らが作り上げたシステムは素晴らしい。彼らが実現した生活水準と富の分配には目を瞠るものがある。やればできるということが示された良い例だと思う。

だからこそ、スペインのマリアノ・ラホイ首相やドイツのアンゲラ・メルケル首相など、右派とより結びつきの強い政治家から最も強い印象を受けたのではないだろうか。

ラホイとはとてもいい話ができた。一番重要なのは、彼がロドリゲス・サパテロ（訳注：ホセ・ルイス・ロドリゲス・サパテロ、スペイン元首相〈二〇〇四～二〇一一年〉）について言ったことだ。自分たちは真正面から意見が異なっているがサパテロはいいやつだと言っていた。まるで役に立たないのはアスナール（訳注：ホセ・マリア・アスナール・ロペス、スペイン元首相〈一九九六～二〇〇四年〉）だ、とも言っていたな。

ヨーロッパで一番印象が強かったのは、アンゲラ・メルケルだ。彼女には圧倒的な存在感があり、権威が体からあふれ出ている。私たちがドイツから何を得ようとしているのかと聞かれたので、ずばり「能力」だと答えた。「つまり人材ですね」彼女がそう言うから、「いいえ、能力と教育です。奨学金です。それが最も重要なことです」と返したよ。

また、フランシスコ教皇にも、カトリック教会に対する革命家と、自分を重ね合わせることができる人物の姿を見ることができた。フランシスコ教皇は、スペインの君主制とはまるで正反対だった。ムヒカは、様々な外国訪問の機会にスペイン王室のメンバーと顔を合わせていたが、大統領としての任務を終えた後は、フアン・カルロス国王（当時）がリンコン・デル・セロの農園を訪れたことさえあった。ムヒカは、そのたびに、無政府主義者《アナーキスト》という自分の立場について触れた。ある午後、モンテビデオを代表する精神病院の患者が炭酸飲料の蓋でつくった、ムヒカの自宅の庭にある椅子に一緒に腰かけていた国王に、「息子さんのフェリペはなかなかユーモアのセンスがありますな」と言った。ムヒカは、チリ議会におけるピニェラの就任式の最中に、フェリペ皇太子（当時）とともに地震を経験した時のことを語った。その時、ムヒカはフェリペ皇太子に「無政府主義者《アナーキスト》の夢は、すべての君主制と大統領を一気に潰してしまうことなんですよ」と言い、スペイン王位継承者の笑いを大いに誘ったのだった。

君主制は、死者の体を温めるようなものだ。サルスエラ宮殿に行った時、国王は老いぼれて疲れきっていた。私はどうしようもないじいさんだが、国王の隣に行くとまだ十代の若者のように感じたよ。私は衝撃を受けた。サルスエラ宮殿はマドリードの玄関口に建っているんだが、二千ブロックもあって、敷地には鹿もいる。これが、何もすることがない国王一家を維持していくためのお飾りなんだ。共和主義者に言わせると、侮辱的だということになる。なんとも不快だ。ラホイは共和主義者だが、国王の隣にいれば誰だって共和主義者になっちまうよ。フランコの死後スペインが民政に復帰した後、国を懸命に支えた国王のことは評価しなければならないがね。

ローマ法王との謁見は、これまでとは何か違った。私は無神論者だが、法王には強く心を動かされた。法王は人々に救いの手を差し伸べたいと思っている。彼は素晴らしい法王になるだろう。私の生き方と同じだ。四十五分も話し込んでしまったので、そろそろ終わりましょうと切り上げたのは私のほうだった。普通、謁見は十五分から二十分程度だそうだ。さすがの私もあれ以上長居するのは気後れしたよ。

ムヒカには、親しみを感じているイタリアを訪れたかったという気持ちが残った。彼にとって、イタリア人は、スペイン人と共に、ラテンアメリカの一番良い面と悪い面を表している。ムヒカは、イタリア人やスペイン人によって作られた場所ではとても居心地良く感じる。「ターノ」（訳注：ウルグアイでイタリア人移民を指す言葉）は彼にとって重要な言葉で、自分がやっている仕事について言及したり、自分の考えを説明したりする場合によく使う。

ムヒカは、外交政策でうまく立ち回るための術をイタリア人の抜け目なさから学んだのかもしれない。そうすることによって、ヨーロッパがムヒカに反応し、ラテンアメリカにより関心を持つようになってくれることを狙っている。数カ月にわたってじっくり検討し、地域のパートナーからも助言を得て練られたムヒカの次の戦略は、ロシアがメルコスールにとって逃げ道となり得るというサインを出すために、この国に接近することだった。

ムヒカは、ブラジルやアルゼンチンと同じように、ロシアに対して「重大な申し入れ」を行った。三国はロシアへのアプローチを開始し、最終的にはそれが二〇一四年三月のウラジミール・プーチンのラテンアメリカ訪問というかたちで実を結んだ。プーチンはモンテビデオには来なかったが、ブエノスアイレスとブラジリアを訪れ、その二つの都市でムヒカとも会った。

ムヒカはこれまで、サミットでもプーチン大統領を見かけたことはなかったし、すれ違ったことさえなかった。プーチンの高い統率能力と、強く攻撃的な男というイメージが、ムヒカの関心を惹いた。プーチンに会う前は、「決して笑わない、変わった男だ」と思っていた。

会談の成果はとても満足のいくものだった。プーチンはムヒカをとても温かく迎え、丁重に扱い、何よりもウルグアイについてすべてインプットされていた。二つ、三つの文章を述べただけだったが、ムヒカの過去と現在をよく知っていることがわかった。

ムヒカの任期も終わりに近づいていた。ムヒカ内閣は終わりを迎えようとしていたが、ウルグアイはムヒカが特に重視していたいくつかの重要な交渉を続けていた。「我々は、大国の目には非常に小さな国に見えるかもしれないが、それはむしろ良いことだ」と分析していた。

ムヒカは世界を駆け巡り、ウルグアイという極小国にスポットライトを浴びせようと奔走していた。元ゲリラの大統領は、わずか二年の間にオバマ、プーチン、フィデル・カストロ、フランシスコ教皇の関心を惹き、ムヒカが人生の模範とするエクアドルの農民、ボリビアやペルーの先住民、そして北欧のフィンランド人に至る人々の間で人気を確立した。

ムヒカは、外遊を終えて帰ってくるたびに、国民は怠惰だが、そんなウルグアイがますます好きになると言っていた。ラテンアメリカにおける自分の立ち位置とポジティブなイメージに、ウルグアイの可能性を見出していた。

ほとんどの対話が行われたロドー公園にある、私たちの六十平米の小さな自宅までもが、ムヒカにとってはウルグアイとの対比の対象となった。ある夜、「この家はなんて素晴らしいんだ。スペースがとても効率的に使われている。小さいが魅力的だ。とても恵まれた場所じゃないか」と言って、ムヒカは私たちに別れを告げた。

9　老人

ムヒカが感情を表に出すことはあまりない。過剰なスキンシップや、きつく長々と抱きしめられるのも苦手だ。ムヒカはもっと控えめで、愛情表現の言葉をかけることも少ない。挨拶も短めで、握手の手もしぶしぶ伸ばす。まるで自分の腕の延長のような、それ自体には感覚もなくただ腕にぶら下がっている付属品のような感じで。

このような態度は、良いものも悪いものも含め外から受ける多くの刺激から身を守る盾のようにも見える。刑務所で長年孤立した生活を送った経験や、国民から押し寄せる要求のせいかもしれないし、あるいはただ単に性格的にあまり感情表現豊かではないからかもしれない。だが、これは表面上のことだ。ムヒカという人間には、深く知れば知るほど驚かされる。それは、彼のスタイルが変わるからではない。それだけは決して変わらない。しかしムヒカは、ある刺激を前にすると、突然感受性が豊かな男の顔を見せ、愛や友情の大切さについて語る時はよく目に涙を浮かべる。

ムヒカは私的な話になると涙を流す。スペインのウルグアイ大使館の庭師が、リオ会議でのムヒカのスピーチを携帯電話に保存し、元気をもらいたい時にはいつもそれを聴いていると知った時は、感動して目を真っ赤にしていた。「少なくとも私も何かの役には立っているわけだ」と、声を詰まらせながらムヒカは言った。

ムヒカは詩や素晴らしい小説、偉大な哲学者の随筆にも心を震わせる。大統領の任期も終わろうとしていた七十九歳の頃にもまだ、海外の熱烈なファンの手紙の中から、新しい作家を発見し続けていた。例えば、ポルトガル人作家のジョゼ・サラマーゴもそのひとりだ。世界的に有名になってから受け取った何百通ものメッセージの中に、あるスペイン人からのメッセージがあり、それがムヒカの心を動かした。そのメッセージには老いについて詠まれたサラマーゴの詩が添えられていた。「まるで少年のように興奮して、何度も何度も読み返すのをやめられなかった」とムヒカは教えてくれた。「才能ある詩人たちの言葉には感嘆するよ」

私たちがムヒカと話している時にも、ムヒカの感情を垣間見ることが多かった。私たちの間に信頼感が生まれ、日、週、年を経てムヒカが徐々にリラックスしてくると、ムヒカの感情も表に表れるようになった。私たちはこのようにして、スキンシップはないが心から湧き出てくるムヒカの型にはまらない感情表現を理解し、実際にそれを体験したのだった。

ムヒカの挨拶は、大体いつも遠くからウインクをするか、どうにか感じられるほどの強さで肩をたたくか、軽い握手をするかのどれかだった。電話での会話では感情を吐露することもあまりなく、ときには「チャオ」も言わずに切ることもあった。「わかった、わかった」と言いながら、すでに耳から受話器を離しているのがこちらにもはっきりとわかり、その数秒後にはもう切れているのだ。

これは、感情をあまり表に出さず、日々の営みを簡略化するムヒカのやり方のひとつでしかなかった。しかし、夜になると、ストーブとワインが醸し出す親密さの中で、少しではあったが、もう少し感傷的な面を見せた。

愛情について話す時は止まらなかった。最近のこと、過去のこと。恋愛と失恋。友人と思い出。自分は授からなかった子どものこと、その心の隙間の一部を埋めてくれた動物たちのこと。自然や植物、そしてこれらすべてが調和している場所である農園について。

ムヒカが繰り返し話題にするテーマは愛だ。ガールフレンドを追いかけて母と暮らしていた家を飛び出した十六歳の頃に、常に女性を中心とする人生が始まった。うたかたの、けれどそれぞれ大切だった恋人たちのことは、今も思い出すと愛情と懐かしさでいっぱいになる。

「若い時の私には重大な欠点があった。美しい女性に恋をすると、相手も必ずそれに応えてくれたんだ」ムヒカはそう懐かしむ。しかし、会話の中にいつも登場するのはルシアの名前だけだった。ルシアは、軍部の追手を逃れて山を越え、戸外で眠り、ほぼ自由のない生活を送っていた、そんなムヒカの人生に遅れてやってきた。不安と孤立状態が二人をひとつにした。それ以降、二人は一度も離れたことはない。何年もの獄中生活と同じように、ルシアもまたムヒカの人生を変えた。彼はそう信じており、そのことについて彼女に感謝している。

まだ若かりし頃は、他の女性と一緒に暮らしたこともあった。その頃の生活は、勉強、読書、サイクリングに、恋愛、失恋、恋愛の繰り返しだった。ウルグアイ全土を自転車で回り、モンテビデオから母親の故郷カルメロまで毎月横断していた。行きは二百四十キロ、帰りも当然二百四十キロあった。

当時の思い出はたくさん残っている。「女性との恋愛で考え方が変わってしまう」と言い、若い頃の恋人のひとりからクラシック音楽への情熱を叩き込まれたことを思い出す。政治好きは家族譲りだった。母親も熱心な国民党員だった。

六十年代の初めには、女性と付き合う合間にトゥパマロスの活動にも関わるようになった。非合法のゲリラ活動を始めた頃、女性ゲリラの中で一番の美人だったジェシー・マッチという恋人がいた。「彼女は知性にあふれていて情熱的だった。唯一の欠点は美しすぎたことだ」ムヒカは彼女を思い出しながらそう言う。だが、この関係は長続きしなかった。二人は組織の中でそれぞれ別の道を歩み、どちらもアイコン的存在となった。ムヒカは大統領となったことで、彼女は波乱万丈の人生の末、若くしてこの世を去ったことで。

トゥパマロスでは、女性はあまり重要なポジションに就いていなかった。九人のメンバーが、軍部からこの武装グループのリーダー格として見られていたが、ムヒカはその人選を相対化して見ている。「トゥパの中で重要な立場にあったのは女性たちだ。女性がいなかったら、私たちのような哀れな男たちはどうなっていたか！　難しい局面で体をはって私たちを助けてくれたのは彼女たちだったんだ」

歴史もそれを示している。ほぼ起こることが確実だった急襲から、グループの女性たちが男たちを救ったことが何度もあった。女性はゲリラであると気づかれにくいので、メッセージを運んだり、敵が来たら素早く知らせる任務を担当していた。

ルシアもそういう女性ゲリラのひとりだった。当時も中心人物として活躍していたが、今はそれ以上の存在となり、私たちはほぼ一晩中彼女の話をすることもあった。その晩、ムヒカはいつもよりもノスタルジックになっていて、皮の椅子に座ってリラックスし、タバコを吸いながら、昔話をしたそうにしていた。私たちがルシアについて質問すると、ムヒカはゆっくりと、一言一言楽しみながら、言葉を選ぶように話し始めた。


ルシアはすべてを投げ捨て私たちのところへやって来た。彼女の家族はそれを許してくれたそうだ。父親はバジェ主義者《バジスタ》のエンジニアだった。彼は無神論者で神父嫌いだったが、子どもの教育は母親に任されていたので、ルシアはカトリック系の学校に行った。母親はサアベドラという苗字でね。この名前の連中はカトリックで、ブランコ党なんだよ。父親はインフラ設備のエンジニアで、クリニカス病院を設計した人で、鉄道橋の敷設にも関わった。両親は海外にも長く住んでいたことがある。ルシアの兄は、ナチス時代のドイツで生まれた。その頃は身分証にも鉤十字がついていたそうだ。

ウルグアイに帰国するためにどれだけの苦労があったことか！
ルシアも他の子どもたちと同じように信仰心の厚い子どもだった。兄弟はほぼ全員が専門的な職業に就いている。ルシアにはパイサンドゥに住んでいる双子の姉妹がいる。聡明でちょっと変わり者だが、私たちとは気が合うんだ。トゥパマロスにいる時に、ルシアが受けた整形手術のお蔭で二人の見分けがつくようになった。ルシアの鼻はトゥパの鼻だ。

トゥパマロスの鼻の話をするとムヒカは笑う。トゥパマロスには顔の一部を整形する外科医がいたんだ、と思い出す。ムヒカの顔はあまりいじられなかったが、その容貌にはトゥパの印が入れ墨のように深く刻まれているかのように見えた。

ルシアの名前は知っていた。彼女と直接会ったのは、初めて刑務所に入れられた後だった。私たちは二人とも非合法に活動していて、山の中で暮らしていた。ある夜、危険と孤独の中で私たちは一緒になった。それから、仲間がまるでハエのように捕まって殺されていた辛い時期に、ますます親しくなっていった。刑務所では一度も顔を合わせたことはなかった。まったく一度も。最初は手紙を書き合っていたが、しばらくするとそれもできなくなった。十二年以上経って刑務所を出た時、私たちはまた一緒になった。それからはいつも一緒で、数年前に結婚したというわけさ。

リンコン・デル・セロの農園は、二人にとって重要な役割を果たしてくれている。ムヒカを世界的に有名にしたこの場所は、彼の愛情の中心であり、彼のパートナーであるルシアがいる場所でもある。ここはムヒカが結婚した場所であり、政治家としてのキャリアの最盛期を経験した場所であり、そして最期を迎える場所なのだ。

ムヒカは、八十年代の半ば、刑務所を出てからわずか数カ月後にこの場所に落ち着いた。「ルシア以外について来られる人はいなかったよ。私と同じであいつにはお転婆なところがあるからね。当時ここがどんな状態だったかお前さんたちには想像もできんだろう。今にもガラガラと崩れてしまいそうだったんだぞ！」と思い出す。

とは言っても、それほどたくさん改修したわけではなかった。住居部分には寝室、台所、トイレに暖炉つきの居間もあり、必要なものはすべて揃っていた。しばらくすると、そこは書物や、逸話つきの装飾品、そして何よりも、著名な訪問客で満たされていった。最初は左派の政治家に始まり、次第にあらゆる政党の政治家、諸外国の指導者、そして世界中のメディアまでがここに集まるようになっていった。

ムヒカは誰にでも同じことを言った。「私は貧しいのではない。質素なのだ。私は自由でいたいし、その自由を楽しむ時間が欲しい。貧しいのは誰だって嫌さ。節度を持って暮らし、身軽でありたいと思っているだけだ」

また、家事をすることでリラックスしてもいた。「今日は皿を洗って、ちょっとした煮込み料理を作った。それから農園を散歩し、肉屋に行って少し肉を買ってきた。そういうこともしなければならんのだ」何度となく私たちを自宅に迎えてくれたムヒカは、ある日そう語ってくれた。

この日、ムヒカはひとりだった。ルシアはエクアドルの大統領選挙の監視員として出張中だった。家の中がいつもと少し違うのがわかった。いつもより紙が散らばり、元の場所に片付けられていないものもあった。それほど散らかっているというわけではなかったが、家に女性が不在であることは隠せなかった。

二人がプライベートで一緒にいる時は、完璧な歯車のようにお互いを補い合っている。「年寄りの愛」と彼は言うが、昔とは違うと断言する。「心安らぐ習慣のようなものだ」と言う。ムヒカによると愛にも年齢がある。年寄りの愛は連帯感に基づいているが、それはもしかすると別の愛のかたちよりも必要なことなのかもしれない。

年老いてからの生活を、さほどつらくないものにすることが一番重要だ。「この年になると難しい作業」になってくる足の爪切りをお互いにし合うことから、近い将来について考えることまで。なぜなら、しばしそれを忘れることがあるとしても、二人に遠い未来はもうないからだ。

「今日はトマトのビン詰めを三十五個作ったら、あいつが帰って来て信じられないという顔をしていた。夢中になって楽しかったんだが、どれだけ足が痛くなったかわからんだろ？　私はもう年だ。筋肉がつる。終わってからエアロバイクに乗って運動したら、少し緩んできた。よくこういうことが起こるんだよ。気持ちは若者のようなつもりでいるが、私ももう若くないな」

「ビン詰めには何を入れるんですか？」

「たいしたものじゃないよ。まず瓶に刻んだトマトを入れて棒で潰す。そして、塩をひとさじとローレルの葉を何枚か入れて蓋をするんだ。それができたら、水をはった鍋に瓶を入れて、沸騰したら三十分置いて冷やすだけさ。お前さんがやると二年はかかるだろうがね」

「何に使うんです？」

「あいつは私の好物のピザを作る時に一瓶使っているよ。これがまた旨いんだ！　一年で大体三十瓶は使い切る。アンチョレナには去年のがまだ四つ残っとる」


二人は農園にいる時はほぼ毎日料理をする。まるで何かの儀式のようだ。時には一緒に、時には別々に。ここでは台所が皆の集う場所だ。オーブンで焼いている野菜や、鍋で煮込んでいるシチューの匂いが漂う中、多くのインタビューもこの台所で行われた。

夏になると、玄関前の井戸が応接間と憩いの場所になった。二人はそこの木の下で、動物に囲まれて何時間も過ごす。私たちは、その場所で、二人がイデオロギーについて議論する様子を目撃したことがある。特に長い議論だったわけでも、声のトーンが上がったわけでもなかったが、断固として妻に反論するムヒカを見るのは初めてだった。二人の間には信頼関係があり、この手のやり取りはしょっちゅうあるのだろうと思った。

議論は、教育組合のこと、そしてそれがいかに改革の妨げになっているかについてだった。二人の会話は思ったより長引き、ルシアはウルグアイの教育の現状に疑問を呈した後、メディアが現実を誇張して報道していると批判した。

「教育は悲惨な状況というわけじゃないわ。それはメディアがそう見せたいだけよ」

「また同じことか。すべての責任がメディアにあるわけじゃない。もういい加減この話はやめよう！　問題はお前が言っているようなことじゃなくてもっと複雑なんだ。お前が言うように教育ではうまくいっていることもあるんだろうが、それが見えてこない」

「私にはこれがメディアによる情報操作にしか見えないわ」

「いやいや、すべての責任をメディアに押しつけることはできんよ。教育には組合の問題があって、そっちをどうにかせねばならんのだ。協力してこういう組合を潰す以外に方法はないのさ。組合をなくすことができればいいんだがね」

ルシアが隣にいる時といない時で、ムヒカの振る舞い方は違う。それはルシアに隠れてしまうからでも、ムヒカの考え方が変わるからでもない。ルシアは個性が強く、イデオロギー的な面でいうと夫よりも厳格だからだ。また、どんな話でも会話の中心になることが多い。

ムヒカは彼女の話を聞き、彼女にスペースを与え、敬う。内閣のメンバーの中には、大統領との会議は奥さん抜きでやりたいと思っている人が何人もいる。彼らはムヒカが承認しなければならない決定に彼女が影響を及ぼしているのではないかと懸念していたが、ムヒカは今まで一度もそのようなことはないと否定する。ムヒカの在任期間の五年間に、「ムヒカひとりのほうがやりやすい」と数名の大臣が何度もこぼしていた。この発言は、私たちも飽きるほど耳にした。

ムヒカは妻が「頑固」で、イデオロギーの点で見ると自分よりも厳格で体系立った考えを持っていることを認めている。しかし、彼女を深く愛しているから、その頑固さの中に非難されるべき欠点が見えないのだ。また、彼女には大きな借りがあると感じている。異端児《オベハ・ネグラ》でありながら大統領になれたのは、彼女のお蔭だとも思っている。

　ルシアはこれまでずっと、常軌を逸したことに何もかも我慢して付き合ってくれた！　今こそそれに報いる時だと思ってるんだ。あいつが政治を続けていくことは確かだから、私はどんなことでも支えていくつもりだ。大したことはできないし、私の支えなんてぽたぽたと落ちる水滴のようなものかもしれない。だが、そうやって支えることが大事だと思っている。彼女と出会えて私は幸運だったと心から思っているよ。

この夜、ムヒカはこのような感想を述べ、自分の心情を吐露したい気分になっており、すでに何時間も経っていた。ムヒカは感情的になっていた。言葉のひとつひとつ、特に最後の言葉は、いつもよりも力を込めて言った。目は涙でいっぱいになり、数秒間宙を見つめた後、彼が自分から会話を再開するまで待っていなければならなかった。

この対話の後、ルシアはタバレ・バスケスの副大統領候補のひとりになった。しかし、拡大戦線の党内選挙で最も得票数が多かったのはラウル・センディックで、ムヒカ自身も副大統領候補としてはセンディックに投票した。党内選挙の翌日の二〇一四年六月二日の朝、ムヒカは選挙結果を妻に報告する役目を引き受けた。

「おい、ラウルと話してきたよ。あいつに決まった」

「…………」

「もう決まったことだ。厄介事がひとつ減ったと思えばいいじゃないか」

ルシアにそれだけを伝えると、もう数時間後には二人一緒に、所属会派が再び拡大戦線で過半数を占めることができるようにキャンペーンの準備を始めた。自分たちがこんなふうに年をとるとは思っていなかったが、二人はこれまでに自分たちが築き上げたものを享受していた。また、過去から引きずっている痛みについても、ムヒカは話すことを避けようとはしなかった。一番大きな痛みは間違いなく、子どもに恵まれなかったことだ。

二人は一番子どもを作りやすい時期を刑務所で過ごし、解放された時にはもう年をとりすぎていた。農園と同じ土地に住む家族を受け入れたりもしたが、自分の子を持つのと同じではなかった。「彼らは私たちが選んだ親戚だ」と二人は言う。しかし、それは我が子を持つのと同じではないと感じているし、わかっている。

ムヒカは子どもを望んでいた。私たちのところへ長話をしにやって来るたびに、彼を迎え入れる家庭の温もりを感じ、自分に子どもがいないということを再認識するのだった。十回目の訪問の時、ムヒカは次のようなアドバイスをしてくれた。

お前さんたちも子どもを持つべきだ。私は他のことをしていたので、子どもを持つことができなかった。それについて文句を言うわけではないが、お前さんたちはまだ若いのだから、子どもをつくりなさい。このことについてはよく考えるんだ。あの当時そんなことは考えられるような状況ではなかったから、自分を責めるつもりはない。しかし、人生とは不思議で、繰り返すものだ。欲しいと思った時にはもう遅すぎて、今は少し後悔している。

私がまだ生きていればの話だが、数年後、ここに子どもを連れて遊びに来て欲しい。人生を恐れてはいけない。きっとうまくいくから大丈夫さ。

ムヒカは私たちに話していたのではなく、若かりし頃の自分に語りかけていた。自分が背負っている心の荷を軽くするために思いを打ち明ける告解の現場に居合わせているような、そんな気持ちにさせられた。

私たちは驚いて彼を見つめながら、ムヒカが考えに耽るままにさせておいた。するとムヒカは私たちのことは脇へ置き、注意深く話に耳を傾けていたこの家の女主人に話しかけた。ムヒカは、私たちがその時まで知らなかった、女性に関する持論を展開し始めた。

母親になることほど大きな喜びも苦しみもないと私は思う。女性は私たち男性より優れた存在だ。なぜなら命という贈り物を与えてくれるからだ。それ以上に大切なことは何もない。プチブルジョワに感化されて、子どもを産むことを忘れてはならない。年をとった時に、それがどれほど大切なことかに気づくからだ。お前はまだ若いからわからないかもしれないがね。もし神聖さというものが存在するのなら、それは年輪を重ねた女性に近いところにあると思う。

家庭に残って子どもの世話をするのは圧倒的に女性が多く、その割合は貧しい層にいくほど増える。彼女たちをもっと尊敬すべきだ。私は今流行りのフェミニズムに関心はないが、女性の力は信じている。女性はとても大切な存在で、そういう流行よりももっと価値があると思っている。

一度、選挙キャンペーン中に、ムヒカの女性に対する敬意が垣間見えたことがある。多くの政治家が権力をセックスに例え、女性を口説き落とすことを戦の勝ち負けと同列に並べているのを聞いたムヒカが憤慨したのだ。

ムヒカは、来る日も来る日も女性からアプローチを受けていたことがあったが、それには無言で答えていたと私たちに教えてくれた。「政治家は皆そうすべきなんだ。そうすれば何も起こらない。セックスがしたいのなら気が狂ったみたいにやればいいさ。だが、それは政治ではない。それは頭が空っぽの、正気でない人間がやることだ」と、大統領に選出される前のことを振り返った。

ムヒカは、自分の女性遍歴をまるで名刺のようにひけらかしたり、女性を口説き落とすことを選挙での勝利や胸につけたメダルのように考えたりするような政治家ではない。セックスや自分のことばかり話す政治家を批判する。ムヒカも時々性的な話に言及することもあるが、決して自分を主役にして話すことはない。

ムヒカが好んで話題にするのは友人のことだ。自分はウルグアイ内陸部の村や町に行ってもホテルには絶対に泊まらないんだと自慢する。ムヒカを自宅に招いて寝床を提供してくれる友人が至るところにいるからだ。大統領として外国を訪問していた時も、ホテルより大使や総領事の公邸に泊まることを好んだ。家庭的な雰囲気をじかに味わい、現地の日常生活を体験するほうが好きなのだ。

「モンテビデオ中のダンスクラブに友だちがいるんだ。国民の声を聞かなければならん。時々とてもいい意見が出ることもあるからね」大統領在任中には、そんな哲学も教えてくれた。ムヒカは、まだただの下院議員だった頃に出入りしていたバーや、知人の家や、社交クラブや、社交場になっていた納屋などに行くことをやめなかった。

また、政治家として一緒に仕事をした人々に会いに行くこともやめなかった。そのひとりが、上院議員で、第一次拡大戦線内閣では外務大臣を務めた、社会党のレイナルド・ガルガノだった。ムヒカが大統領になってしばらく経った頃には、すでに数カ月間瀕死の状態だった。

ムヒカは、ガルガノが入所していた介護施設に見舞いに行った。お忍びで出かけ、その後で私たちと会う予定になっていた。私たちのところに到着したムヒカは普段より元気がなく、考えに耽っているように見えた。私たちが質問する前に、自分からその苦悩の訳を説明してくれた。

ガルガノは私のことはわかったが、もう話せなくなっていた。手を動かして挨拶をして、何か言いたそうにしていた。悲劇という他はなく、悲しくなった。ガルガノの顔を見に行くことは私にとって重要な意味があるんだ。あいつとは六十年も前からいつも争ってばかりいたからね。だが、彼はとても頑固なやつでね、だからこそ私はあいつを高く評価しているんだ。ガルガノは、政党の活動にどっぷり浸かっていた男だ。ルシアに似ているんだよ。

ムヒカの大統領任期中、陰ながら重要な役割を担った友人のひとりが、ムヒカの農園の角に住んでいたセルヒオ・〝太っちょ《エル・ゴルド》〟・バレラだろう。セルヒオは、ムヒカが大人数のグループを接待しなければならない時に使っていたバーベキュー《キンチョ》場のオーナーだ。ムヒカが政治家としての一歩を踏み出した時からの友人で、キャンペーンのパートナーでもあり、その後はロジスティックのアドバイザーとなり、任期後半には大統領主催のパーティーを取り仕切ってくれた。ムヒカにとって「かけがえのない」、友人の鏡のような存在だった。

彼の有名なバーベキュー《キンチョ》場には、チャベス、ルーラ、ラファエル・コレア、アメリカ大使、ベネズエラ大使、ウルグアイやラテンアメリカの有力政治家や企業家、労働組合員、ジャーナリスト、ムヒカの支持者である友人たちが訪れた。セルヒオは、ロシア政府からウルグアイ大統領に送られた時計を当時の思い出として大事にとっている。その他にも、ムヒカの周りの友人たちと同じように、時計、絵画、葉巻、馬具など、異端児《オベハ・ネグラ》の大統領時代の記録や品々をすべて保存している。ムヒカはこういったものを受け取るたびに周りに譲っていたが、植物や種子など、自然のものだけは別だった。

自然もムヒカを必ず感傷的にさせるもののひとつだ。自然はムヒカにとってほとんど信仰とも言え、生命のエネルギーで満たされたい時には自然に頼る。動物や植物の話をしているムヒカは普段と違って見え、幅広い知識と経験を共有してくれる。

動物もムヒカの私生活においてとても重要な部分を占めている。最も有名なのが三本脚の飼い犬マヌエラだ。マヌエラはムヒカが長年可愛がってきた犬だ。海外からモンテビデオにいるルシアに電話をかける時は、マヌエラに話しかけ、鳴き声が聞こえるように受話器をマヌエラに近づけてくれと頼むほどだ。

マヌエラに関する逸話には事欠かない。車に乗っている時のマヌエラ、農園でのマヌエラ、政治活動中のマヌエラ、真夜中のマヌエラなどなど。マヌエラが近くにいると、ムヒカは彼女に何も起こらないように、また、ちゃんと食事をとれるように、常に気にかけている。カルメロの友人の家でマヌエラが犬の集団に囲まれた時、ムヒカが走っていってマヌエラを助け出し、車の中に抱え込んで保護するのを見たことがある。

マヌエラは十八歳になる。パイサンドゥ生まれだ。ある晩、彼女をもらってきた時はものすごく小さかった。マヌエラは徐々に私たちにとって特別な存在になっていった。だが、私について畑に来た時に、トラクターのディスクに巻き込まれて脚を一本失ってしまったんだ。その時から私たちが彼女を甘やかすようになって、あいつは我が家の女王になったんだ。彼女の食事はウルグアイ共和国の大統領がつくっているんだ。本当だぞ。もう随分長い間一緒にいるから、彼女がいなくなったら寂しくなるだろう。

冬は、マヌエラがそうして欲しいと言うもんだから、夜中に三、四回起きて暖炉に薪をくべてやる。あいつが小便をしたいと言えば、飛び起きて扉を開けてやる。朝になると、私がズボンをはくのを見るなり、一緒に畑に散歩に出かける。トラクター小屋にもついてくるし、地区《バリオ》に出かける時にはビートルに乗って一緒に来る。いつも私の傍についているんだ。

マヌエラは特にお気に入りだが、リンコン・デル・セロには彼女の他にも十匹以上の犬がいる。それに加えて猫が六匹、雄鶏や雌鶏も飼っている。みんなお互いあまり喧嘩もせずに、スペースを分け合って暮らしている。それぞれの動物には役割がある。例えば、雄鶏のクラウディオは家の主人たちの目覚まし役なので、いつも寝室の窓の傍で眠るといった具合だ。

ムヒカは猫にはめっぽう弱い。実はどんな動物にも弱いのだが、猫には他の動物よりも一目置いているようだ。ムヒカは、猫には優れた知性があると信じていて、猫を観察するだけでたくさんのことを学べると言う。「猫の狩りの手法には、戦争の戦術がすべて詰まっている。しばらく観察していると、実に色々と勉強になるんだ」と言う。

ムヒカにとって生涯忘れられない猫はクロロミダだ。ムヒカたちが農園にやってきた最初の数年間に飼っていた猫だ。クロロミダの話題になったのは、私たちがムヒカを迎えていたロドー公園の家には、クロロミダによく似た灰色の縞模様のトラ猫がいたからだ。

ムヒカはその猫を膝の上にのせたり、彼女の動きを観察してコメントしたりしていた。ある時、その猫は、私たちがやったへまに驚いてムヒカをひっかいた。小さなひっかき傷だったが、血が出た。「仕方ないさ」とムヒカは言った。そして、「動物が好きならひっかき傷くらい我慢しないとな。自分の縄張りを守ろうとしているだけさ」と、血を拭きながら猫をかばった。

ムヒカは、帰りがけに猫に近づいて咎めた。「私のことが嫌いなんだろう、え？　どうして嫌いなんだ？　マヌエラをここに連れてこないといかんな」それから二度と同じことは起きなかった。ムヒカと猫は仲直りした。猫の世界を理解するためには、最初の攻撃に屈しないことなのだ。


昔飼っていたクロロミダという大好きな猫がいてね。その猫は年をとった時に、犬に咬み殺されてしまった。あの猫には面白い話がたくさんある。農園の周り一帯で狩りをし、たちの悪い虫やら動物やらを追い払ってくれた。とても執着心の強い猫だったよ。ネズミを獲ったら、わざわざ私に見せに持ってくるんだ。ある日、ルシアの友人の建築家が遊びに来たんだ。小さい室内犬を連れてね。うちの猫はそいつがプードルだとわかると、ひっかき回してしまったんだ。

最後は、うちの前にいた大きな雌犬が、クロロミダがせっかく獲った食糧を盗みに来て、そいつに殺《や》られてしまったんだ。私の農園で起こった一番悲しい出来事のひとつだ。絶対に忘れられないよ。何年も前、おそらく十四年くらい前のことだ。クロロミダは他のどの動物とも違ってユニークだった。クロロミダが死んだ後もたくさんの猫を飼ったが、彼女みたいなのは一匹もいなかった。ルシアの体調が悪かった時には、あいつは窓を飛び越えてルシアの様子を見に来ていたよ。私にとって動物はとても大切だ。彼らは人生の友なのだから、私たちも彼らを愛する方法を学ばなければならん。

また、ムヒカは、木々や植物の世話にも長い時間を費やす。これまでにも植物に関する科学書を多く読んできたし、今も読み続けている。

農園内の木々の多くはムヒカが植えたもので、それらが年々大きくなっていく様子を覚えている。植物について話す時のムヒカは、自分の作品を言葉で説明しようとする芸術家のようだ。

こういうところからも、大統領になった異端児《オベハ・ネグラ》に関するユニークな逸話や記録が生まれたのだった。

例えば、大統領として最後にスペインを訪れた時に持ち帰って来たのは植物と種子だった。バスク地方の人々のシンボルのひとつにもなっているゲルニカのオークと同じ科の低木で、これを紙に包み、帰国便の手荷物の小さな鞄に入れて持ち帰って来た。ヨーロッパの他の国からも植物の種を持ち帰った。中国での一番の思い出のひとつは、植物の中で樹齢が最も長く、樹高も高いセコイアの木の植樹式に出席するために北京大学へ招かれた時のことだ。ムヒカの周りにはいつも植物に関する逸話がある。

音楽もそうだ。ムヒカはピアノとソルフェージュができる。何が良い音楽かを知っており、それを味わうことができる。ジャンルは問わないが、好んで聴くのはやはりクラシック音楽とタンゴだ。コンサートに行くのも好きだが、自宅や車の中で音楽を聴くのも好きだ。

アメリカのバンド、エアロスミスのメンバーや、プエルトリコのカジェ13、キューバのシルビオ・ロドリゲスやスペインのホアキン・サビナなど、何人かのミュージシャンを大統領執務室に迎えたこともあった。全員がムヒカとの記念撮影を求めた。また、俳優のショーン・ペンやグレン・クローズなどもやってきた。ムヒカは喜んで彼らを迎え、その後、彼らのパフォーマンスを観に行った。誰からも学ぶことがあった。

ムヒカの執務机に唯一飾られていたミュージシャンの写真は、ウルグアイのデュオ、ロス・オリマレーニョスのものだった。二人はムヒカの長年の友人で、ムヒカの大統領就任式でも演奏してくれた。

彼らはウルグアイの歴史の一部で、私とはかなりのリスクをともに負った。彼らは六十年代には独立したゲリラとして活動していたんだ。ある時、二人がパトロールをやらされてね。何をしたらいいかわからず可哀想だった。当時はたくさん人がいて、ミュージシャンもたくさんいた。私たちの仲間や共産党の連中には、ミュージシャンが多かったんだよ。

ムヒカの自宅にはピアノはないが、クリスティーナ・フェルナンデスから贈られたバンドネオン（訳注：アルゼンチンタンゴに用いられるアコーディオンに似た楽器）がある。初めの数週間は愛おしそうに眺めていただけだったが、ある日思い切って弾いてみることにした。だが、大失敗に終わった。

バンドネオンはドイツ人が発明したものだが、退屈していた無政府主義者《アナーキスト》が作ったに違いない。それぞれの手のボタン配列は異なっていて、蛇腹を押すとまた別の音が鳴る。それに加えて、音階配列は不規則でわからない。優れた楽器だが、習得するのはものすごく難しいんだ。ピアノが弾けるから、ある夜「マスターしてみせる」と言ったんだが、そんなことを言った私がバカだったよ！　あれは一生かけて学ばないと習得できるような代物じゃない。タンゴの郷愁的な響きがなんとも美しいんだがね。

タンゴは詩的な響きを持った素晴らしい音楽だ。あれほど作り込まれた音楽を他に見つけるのは難しいだろう。男女の関係を最もよく表現している音楽だ。四十代に入るとタンゴが好きになってくるのさ。そのくらいの時に目が覚めるからね。郷愁を楽しみ、思い出と戯れ始めるのさ。

ムヒカは読書には格別の喜びを感じる。大統領在任中もそれまでと同じように、読書は余暇の趣味のひとつだったし、今でもそうだ。時間があればどんなものでも読む。本は狭い自宅の至るところに置いてある。

ムヒカは本の代わりになるものはないと思っている。「そこにページがあれば、すぐにめくりたくなる」と言う。さらに、今後間違いなく書籍のフォーマットは変わっていくが、書いてあるメッセージは変わらないと考えている。本に書いてある中身こそが、世代を超えて人類を支えていくのだ。

自宅に本が増えすぎると鞄に詰めて、学校や、地区の図書館や、政治家クラブや文学に興味のある友人に寄付をする。青春時代に初めて読んだものでも、今も何度となく読み返している絶対に手放せないものだけを手元に残して。

「役に立つ本というのは、私たちを考えさせ、生涯心に残るようなものだ。教養が与えてくれる知識の役割というのは、間違いなく、より良い人生に向けて私たちの目を開いてくれることだ」とムヒカは主張する。

私たちは素晴らしい世界に生きているが、必ずしもその素晴らしさが見えているわけではない。人は美しいものの横を通ってもそれが見えないことがあるようだから、私たちの目を開いてくれるものが必要だ。

目が開くと不安が生まれることにもなるが、これまでよりも生きているという実感が得られる。光の光度を上げると夜がより暗く感じられるように、知識が増えれば増えるほど、自分が虫けらのようなちっぽけな存在に感じられる。人生の美しさはその奥深さだが、人生というものは厳しくもある。

任期の最後の数カ月、ムヒカは静かに思索に耽る時間を恋しく思っていた。そういう時間がないわけではなかったが、頻度は少なかった。何が重要で、何が重要でないかということを考えなければならなかった。

ムヒカは、体調がすぐれないのか疲れているように見えた。「物事に疲れたのではない、〝人〟に疲れたんだ」と言う。権力に対する人間の態度というものに失望していた。少し子どもっぽい反応かもしれないが、ムヒカはそうなのだ。

ムヒカは、少年の頃のようにもう一度自転車に乗って、誰にも邪魔されずに自然と触れ合うことを夢見ていた。未知のものに直面するという感覚をもう一度味わってみたいと思っていた。大統領であるよりも、哲学者になりたいと思っていた。

任期最後の半年に入る時、「最後の日まで辛抱しなければならん。この道に足を突っ込んでしまった以上、耐えなければ。だが、私は国を治めるという仕事より、人と争うことにもう飽き飽きしている」と私たちに言った。

ムヒカは、子どもの頃に夢中になっていたことや、若い時にどうやって自転車を修理していたか誇らしげに話してくれた。そして、任期が終わる前に自宅から大統領行政府まで自転車で行くために頭の中で行程を計画し、距離を計算していた。

ムヒカは、都会の喧騒から解放されるために、また農園のことを考えていた。

農園は何があっても手放さない。私はあそこからこの世を去るつもりだ。もし今、農園を出なければならないとしたら、理想の場所はウルグアイの真ん中の田舎だ。遠くから見て、「あそこに誰かいるみたいだ」と言われるような場所を選ぶね。田舎での孤独が好きなのさ。

10 預言者

疲れは思考にまで達していた。すべてがスローモーションのように感じられた。十五時間のフライトで、モンテビデオと約六時間の時差がある北極に近いヘルシンキに到着した後では、どんなにシンプルなことでも考えるのは難しかった。ウルグアイ大統領は礼式で迎えられ、機内や機外でムヒカに気づいた人々と記念撮影をし、巨大な湖と森の隣にある郊外のゲストハウスに移動した。

到着すると、ムヒカはすぐにスウェットパンツに着替えてスリッパを履き、残りのメンバーは待ちに待った休息をとる準備をし始めた。しかしそれは許されなかった。ムヒカが話をしたがったからだ。ムヒカは、ウルグアイから一緒に移動してきたメンバーと夕食をとりながら、哲学的な問題について考えることにした。長旅の疲れはほとんど見せず、明け方にマテ茶を飲んでいるかのように溌剌としているムヒカを見るのは羨ましくさえもあった。

その夜の会話は選挙と政治情勢の話題で始まった。ムヒカはその話がしたかったわけではなかったので、テーブルに座っていたメンバーからの相談に対しては一音節の短い返事しかしなかった。ムヒカはフィンランドについて話したかった。いや、フィンランドのこと以上に、「模範的な国」の将来について語りたかった。

ムヒカにとって現代人は仕事をし過ぎで、人生を謳歌していない。北欧諸国の特徴は、勤務時間が短いことと、子育ての最初の数年間は両親ができるだけ子どもと一緒に過ごす時間をとれるように支援していることだ。母親または父親の産休や育休、年間の休暇日数、家族と過ごす時間が、これらの国では最も重要とされている。

時間は幸せになるために不可欠の要素だ。少なくともムヒカはそう信じている。インターネットでソーシャルネットワークに費やす時間や、テレビ画面を見ている時間ではない。これは時間の無駄以外の何ものでもない。しかし残念ながら、そのような時間の使い方をする人が増えているのもまた事実だ。必要なのは、日々の最も基本的なことに時間を費やすことだ。

「私たちは消費主義やうわべだけの人生との戦いに負けている。もし若い世代にどんな財産を残してやれるか選べるのなら、彼らが本物の人生にもっと多くの時間を費やせるようにしてやりたいと思う」フィンランドの夜の静寂に包まれてムヒカはこう語った。

ヘルシンキは、森、湖、そして何よりも静寂に囲まれた小さな街だ。一番人口の少ない地区から一番交通量の多い通りにまで広がる平穏の中で、騒音はほとんど感じられなかった。森は反響音を遮断すると言われているが、実際にその静寂を一番大切にしていたのは地元の人々だった。

このような場所でムヒカはインスピレーションを感じた。大統領としての最後の訪問先となるこの地で、「この国では人生というものが最も大切にされている」と、その夜のわずかな聴衆に向かってムヒカは囁いた。その逆の例として、人々が働くために生きているようなシンガポールや、人々が救いやより高位に到達するために死を選択するイスラム諸国の過激派を挙げた。確かに快適に暮らすためには働かなければならないが、何よりもまず人生を生きなければならないのだと、長い空の旅で疲れ切って頭がぼうっとしている一行に向かって力説した。

ムヒカがこの話をするのを聞くのは初めてではなかった。これは、ムヒカが確信を持って何度も繰り返している理想主義的なビジョンで、仕事と楽しみの「バランス」を見つけることの大切さを説いている。ムヒカの人生哲学とも言えるもので、彼には、仕事以外の生活が大切にされている国のひとつであるフィンランドによって、自分の考えの正しさが裏付けられているように思われた。私たちの関心を惹いたのはこれだけではなかった。異常だったのは、ムヒカが見せていたエネルギー、信念、そして思考の明晰さだった。

私たちはほとんど話をすることもできないほど疲れ切っていたのに、彼はまるで瞬間移動してきたかのようだった。七十九歳のムヒカはバイタリティにあふれていた。ムヒカも確かに疲れてはいたが、頭ははっきりしており、人生の終わりに自分の頭からアイデアを絞り出そうとしているかのようだった。

帰途、私たちがそのことを彼に伝えると、笑っていた。「まったくだらしがないな」と言い、人生の最終章がいかに重要かを語ってくれた。人生をしっかり生ききると、「素晴らしい視点が見えてくる。頭さえしっかりしていれば、皺や白髪は人間としてさらなる高みに達した証拠になる。あまり慎重に考えなくても、物事が見えるようになってくるんだ」とムヒカは言った。

まだまだ思考が明晰で、体もそれに十分ついていっている元ゲリラのベテラン政治家とは、将来のことが頻繁に話題になる。フィンランドで、あるいはワインを片手に語り明かす夜には、ムヒカは次の十年についてあれこれ考えたり、次の数年間で人生をさらに面白くする方法を提案したりするのが好きだった。

一般的なことから詳細に至るまで、ムヒカの予測に欠けているものは何ひとつなかった。この段階になると、ムヒカは話し好きで、内容をあまり深く考えず何でも口に出してから考える傾向があるということが、私たちもわかっていた。彼のこの性格のために、矛盾が生じることもあるが、彼の予測が今後どのようになるかは様子を見るしかない。

今の時代には言葉があふれているが、中身がない。ムヒカがほとんど無価値だと思っているバーチャルなコミュニケーションで世界は飽和している。彼にとってソーシャルネットワークとは、真の意味での交流を避け、意味のない運動や数時間しか存続しないリーダーを生み出す手段でしかない。こんなことを言うと、何でも昔のほうが良かったと言ったり、現代の若者についていけないと感じている、ひと昔前の人間の考えだと思われるかもしれないが。

ムヒカがフェイスブックやツイッターについて悪口を滝のようにぶちまけた時、私たちは彼にそう言ってみた。ムヒカにしてみれば、フェイスブックやツイッターは、これらによって生まれた「アラブの春」のようにはかないものだ。ムヒカは「今の状況は何も良いことにはつながらない。建設的というより破壊的だ」と断言した。「でも、昔はテレビについても同じことが言われていましたよ」と、私たちは疑問を投げかけてみた。

すると、「いや、私は別に現状を否定しているわけじゃない」と言い、インターネット時代を支持する理由を説明しようとした。「国境がなくなった」ことを強調するために、「ウルグアイ人の女の子が中国人の彼女になって、そいつにイタリアから服をプレゼントすることだってできる」と例を出した。

これはポジティブな変化だ。ネット上で距離が縮まるだけで知識の向上や相互理解に役立つ。これによって可能性が無限に生まれ、生命の水を届けてくれる水量の増した川のように情報が流れるのだとムヒカは分析する。

問題は別のことだ。ムヒカが将来について不安に思っているのは、方向性も事前に決められたスペースもなく、どんどんあふれるデータを、誰が整理していくのかということだ。人生の終盤に、無政府主義者《アナーキスト》が世界秩序について心配しているというのもまた運命の皮肉だ。

国境はあらゆる地域で不明確になってしまった。これまでとは違う世界になり、これに対してますます閉鎖的になっている国もある。国同士で基本的な合意について議論を始め、どの国にも属さない単一通貨を作るべきだ。すべての基本は経済で、経済は世界がどこに向かおうとしているのかがわかっている。政治家は政権を取り合って無意味な争いばかりしているが、重要なことはもっと別のところで起こっている。私たちは頭の中と思考をグローバル化しなければならない。そうしないと将来に対する答えは決して見出せん。

現代の政治指導者が今の時代にうまく適応できていないため、ムヒカは冷戦を支持する発言をするようになった。二大陣営が世界の様々な課題を提供してくれていた時代が懐かしいと言う。だが、二十世紀の後半になると、ムヒカはアメリカもソ連も支持しなくなり、現実はもっとシンプルな方法で解釈されるはずだと感じるようになった。

二極化した世界で育った政治家にとって多様性を受け入れることは容易ではない。現在の多様化した世界では、権力は希薄化しているか、権力を握っていることを巧みに隠したり操作したりできる人間に集中している。ムヒカはこのように解釈している。経済が政治を凌駕している。しかし、誰が本当に経済を動かしているのかは謎に包まれている。

この新しい現実に賛同する人は少ない。また、ムヒカによると、中国が世界の超大国に躍り出るということの意味を完全に理解している人も少ない。誰もが遅かれ早かれ起こる事実だと認識してはいるが、それがもたらす影響について真剣に考えてみたことはない。

「私はもっと先のことまで考えているんだ。私がいなくなった後のことをね。中国の台頭はもはや止められず、私たちも準備をしておかなくてはならない。中国はアメリカをゆっくりと浸食しており、いずれその時が来るのは避けられない。このような時こそアメリカはラテンアメリカのほうを向くべきなのだが、メキシコがその架け橋となってくれるかどうかはわからない。そうなることを願っているがね。左派の連中にはこのような変化がわかっていないんだ」

「彼らはアメリカのこともわかっていません」

「いつの日か彼らも『ヤンキー帝国主義もそんなに悪くないじゃないか』と思う時が来るかもしれない。自由、給与水準、労働者の権利などについて、私たちはアメリカとともにある。こういったことを私たちに教えてくれるのはアメリカだからね。メキシコは、今はそれほど私たちと親しくないから、それがアメリカにとっては問題なのだが、メキシコがアメリカとの架け橋や問題解決の糸口になってくれるかもしれん。だから、メキシコの動きは注視していく必要がある。しかし、将来はいつも不確実なものだ」


ムヒカは、中国の国内総生産が二〇五〇年にはアメリカの二倍になり、それによって世界に大きな変化が起こると具体的に予測している。中国は、世界的な価格の低下を生み出し、各方面での存在感を増してきている。ムヒカはこのように感じており、このことを説明するために自分に身近な例を挙げる。「例えば、いまやドリルはスーパーで投げ売り状態だ。この間、ひとつ買いにいったんだが、自分の目を疑ったよ。値段が数年前のたった四分の一になっていたんだ。これは中国人のお蔭だ。全部中国製だからね。この現象は、私たちの頭では理解できないほど速いスピードで生じているんだ」

ムヒカはヨーロッパで今起こっていることとして、年間三十万人のペースで人口が減少し、二〇二五年には人口の約六割が五十歳以上になるドイツの例を挙げる。国が発展すると出生率が減少し始めるが、これは予測されていなかった現象だ。

計画不足、過剰消費、天然資源や食糧の不足、表面的な日常生活というテーマは、ムヒカが大統領在任中に常にスピーチのテーマにしていた問題だ。最も人々の記憶に残っているのがリオデジャネイロでのスピーチだったが、このスピーチでは、私たちがそれまでに彼の口から飽きるほど聞かされていたことを繰り返しただけで、実はそれ以上のことは何も言っていない。つまり、世界は間違った方向に向かっているのに、人々はそれに気づいてさえもいない、ということだ。

「皆私のリオでのスピーチに感動したと言うが、あそこで言ったことは悲劇的な内容なんだぞ！」すでに何百万人もの視聴者が彼のスピーチをテレビで聴いた後、ムヒカは不平を漏らした。ムヒカは、自己崩壊しつつある世界について語った。一秒たりとも立ち止まって考えることなく、不必要な製品が次々と生産され、本当に大切なものが軽視されている世界だ。これは、世界の政治家たちが重要な問題について十分に議論していないことに対する非難だった。ムヒカ流の非難だったのだ。

「まさに悲劇としか言いようがありませんが、解決策がないじゃないですか」私たちは疑問を投げかけた。ムヒカのスピーチでは、問題を提起しただけで、問題の解決に近づくような方法は提案しなかったからだ。「解決策は持っていなかったから提案しなかっただけだ」とムヒカは答えたが、新たな方向に進むためのアイデアをいくつか展開した。

　そのためには、人々のメンタリティを変えることと、不必要なものではなく本当に必要なものを守るために一貫したメッセージを発すること。将来の正しい予測を見据えて、人口過密で絶えず変化し、資源が枯渇してゆく世界に向けて新しい世代を育成するような教育を行うこと。そして、イデオロギーを揺るがすような変革を起こすことが必要だ。ムヒカにとって、物事は必要だからなされるのではない。むしろその逆だ。現在の世界は「富の蓄積にばかり関心が向いていて、自分たちが対応できる範囲を超えた問題を生み出している」

　ムヒカは「節度ある生活を送ってもまだ他人と十分共有できる」と言う。ここにも、砂漠の中に牧草地を見るような異端児《オベハ・ネグラ》の無邪気さがある。ムヒカは大体において物事をこのように見ている。いずれにしても、ムヒカは例を示してメッセージを伝えるのが好きだ。

　ムヒカは、人類は、頻繁に携帯電話を買い替えたり、一年ももたない電気製品に頼ったりする必要はないことにそのうち気づくだろうと言う。「ランプを百年使い続けられるのならば、どんなものでももっと耐久性を持たせることができるはずだ。いや、何も洞窟時代に戻るべきだと言っているのではない。企業の利益にも意味を持たせることが大切なんだ」

知識、研究内容、情報などが、以前よりも多くの人に利用されるようになったというのは事実だ。しかし、方向性がなく、これらの情報に「ポジティブな意味を与えられる人」がいないことが問題なのだ。

今人類は、未だ存在しておらず、どの国も準備することができないグローバル・ガバナンスを必要としている。太平洋で起こっている海抜の上昇やプラスチック投棄の問題は、どの政府も解決できていない。社会と政治の乖離は重大な問題だ。このままでは何も良いことにはつながらない。そこで、アウトサイダーが〝救世者〟として登場するわけだ。政治家といっても色々で、くずみたいなやつらもいるが、彼らは結局自分たちの所属政党のためにしか行動しない。歴史上も、このようにしてあまり評判の良くない指導者たちが現れた。右派の政治家はいつも道徳に訴えるようなスピーチをして、民衆の前に現れる。そして政権を握り、すべてをめちゃくちゃにするのさ。

ラテンアメリカには個人主義的な指導者が何人かいるが、彼らは未来を曇らせる、〝救世者〟には程遠いとムヒカは考えている。ラテンアメリカという地域は、このような指導者たちを抑止するものとして機能している、というのがムヒカの見立てだ。ラテンアメリカ諸国がお互いにいかに遠いように見えても、実はそこには緩衝装置のような、象徴としての同盟関係が存在する。昔のヨーロッパでも採用されていた国境消滅モデルに向けて、ラテンアメリカも自然と進化している。共有してきた歴史の長さは違うが、運命はヨーロッパと同じ方向に向かっているとムヒカは信じている。

ラテンアメリカの統合を妨げる主な障害となっているのはサンパウロのブルジョワたちだ。連中は、ラテンアメリカ全体のことを考えることができるのに、ブラジルのことしか考えていない。私たちがメルコスールの拡大のためにやろうとしているのは、ラテンアメリカ全体を加盟させることだ。共通の目標に向かうことが必要だという意識はあるが、大国の後押しが欠けている。そのうち実現すると思うがね。

ムヒカは、ラテンアメリカのすべての国を少なくとも一度は訪れたことがあり、この地域を知りつくしている。メキシコから南端のティエラ・デル・フエゴ諸島に至るまで、そこには違いを超えた共通の感情があり、ひとつの大陸に所属しているという意識が深く根付いている。

ムヒカがいつもポジティブな例として挙げるのがブラジルで、この国にはありとあらゆる人種や宗教がまったく問題なく共存している。インディオ、青い目の黒人やムラート（訳注：白人と黒人の混血男性）、東洋系、北欧系など、ブラジルにいない人種はない。そして、男性も女性もまとまって、社会は完璧に機能している。
これに対し、メキシコはムヒカにとってネガティブな例だ。メキシコ人のことは高く評価しているし、この国がラテンアメリカにとって持つ意味も理解している。また、メキシコは地域の先頭に立つべきだとも考えているが、ブラジルより社会が分裂していて男性優位的《マチスタ》だと思っている。また、メキシコは、さらなる社会的統合を実現するために克服しなければならない、過去の遺物である文化的問題を抱えていると感じている。

グアダラハラに行った時、サパタ（訳注：メキシコ革命の指導者のひとり、エミリアーノ・サパタのことと思われる）が住んでいたという古い家に滞在したことがある。男性が部屋の片方に、女性がその反対側に集まっていた。息子たちは女性たちよりも丁重に扱われていた。先史時代の習慣だ。信じられないくらいめちゃくちゃな男性優位主義《マチスモ》なんだよ。彼らが話すとみんなカンティンフラス（訳注：メキシコ出身の俳優、コメディアン。ハリウッドでも活躍し、〝メキシコのチャーリー・チャップリン〟と言われた）みたいでなんとも可愛らしい。だが、あの男性優位主義《マチスモ》には頭を抱えたくなってしまう。他に何か足りないものがあるなら教えて欲しいよ！　ラテンアメリカの他の地域には人種差別があり、アンデス山脈の国々には白人と先住民の間にとてつもない格差が存在している。先住民たちは自分たちを守るために、自らを隔離して暮らしているんだ。これは何世紀にもわたる従属の結果として理解できる。

このようなレトリックに加えて、ムヒカはウルグアイと近隣諸国との間に、共通の利益とアルゼンチンの優位に対する対抗意識に基づいた緊密な関係を築くために、政府としての解決策を編みだした。これが、ロチャ県における深海港の建設計画の裏にあった考えだった。

この港はウルグアイの貨物ターミナルだが、ブラジル南部、パラグアイ、ボリビアのための貨物ターミナルにもしていくというもので、ムヒカは、大西洋に浮かぶこの新たな施設が数年のうちに稼働し始められるように下準備をして、政権を去った。

ムヒカの説明はとてもシンプルだった。つまり、ブエノスアイレス中心主義とバランスがとれるものをウルグアイ主導で建設し、これに他国を招き入れるということだ。なぜなら、メルコスールでその方法について議論していたら、失敗することが目に見えていたからだ。「本当は共同で何かしたかったが、それは不可能だということに気づいた。いつまでも議論ばかりしているわけにはいかなかった。もううんざりだ。もう議論は十分だ、自分たちでやるほうがいい」と、ムヒカは任期中ずっと考えていた。

ムヒカは、完成までに三十年から四十年はかかるだろうと見積もっていた。自分は開港を祝うことも、完全に稼働しているところを見ることもないということはわかっていたが、ムヒカが理解しているところの「ハイポリティックス」（軍事や政治問題に限られた外交）という言葉の意味を説明する時の例えとして、この港の例を用いた。

ムヒカは、地域のまとめ役という役割がウルグアイの進むべき道であると確信し、「ある決断をする場合、次の選挙にどう影響するかということだけでなく、その先のことも考えなければならない」と主張した。

また、この港の開発が進めば、アルゼンチンもこれを使用するために自分たちの仲間に加わるだろうと考えていた。ウルグアイは南米南部地域の真ん中に位置しており、「未来は大型船舶にある」とムヒカは見ていた。貿易と経済は政治を超えてひとつになると見ており、特にアルゼンチンとの関係で重要なのは、具体的な事実を作り上げることだった。つまり、アルゼンチンをこのプロジェクトに参加させる唯一の方法は、自分たちが仲間外れになっていると彼らに感じさせることなのだ。

地域港の建設と、アルゼンチン人がウルグアイの市民権を獲得しやすくするよう便宜を図ることは、ラテンアメリカで最も重要な国のひとつを真の統合に参加させる際にムヒカが用いた戦略だった。

この方法が正しかったかどうかを知るには時間だけが頼りだ。ムヒカは、大統領時代に、統合された未来を思い描いていた。それを頭の中で組み立て、説明し、言葉や論拠で埋めつくし、裏付けを与えようとした。

ウルグアイについては、数年のうちに油田が見つかり、それによって国の経済が根本から変わることになると言っていた。ムヒカは、ウルグアイ人が自国の石油を管理する時が来ることを案じていたので、鉱物や水と同じように北欧諸国のビジネスモデルを研究し、参考にした。

ムヒカは、天然資源についてもよく知っていた。何よりもまず土地についての知識が豊富だったが、水や鉱物、燃料、将来不足することが見込まれている基本的な資源についてもよく知っていた。大統領にはウルグアイにとっての将来的な経済成長への出発点が見えていた。

ムヒカは、たいした闘いではなかったが、土地に関するいくつかの闘いには勝ったと思っていた。自分は役に立った、努力は無駄ではなかったのだと思うようにしていた。

私たちは、国の所有物になっている土地を少しずつ手に入れ、コロニーをつくっている。ケブラダ・デ・ロス・クエルボスの近くやアルティガス県でもつくった。これには何年もかかる。このためにトゥパ出身の大統領と防衛大臣が必要だったんだ。国立入植研究所は、最近これまでにないほど大きくなった。短期間で世界を変えることはできないが、社会の周辺部にいる人たちが少しは良い生活ができるようになるかもしれない。そのために頑張らなければならない、それが私たちにできることだからね。

諦めもムヒカのひとつの特徴だ。ムヒカ自身の期待値は引き上げられることが多いので、ほぼ必ずと言っていいほどフラストレーションを感じる。そのため、短期的に適当な問題を解決しながら自らを慰めつつ、難しい課題について考え続ける必要があった。

ムヒカの洞察は、大統領というよりも、現実を読み解く洗練された分析家のような印象を与えることがあった。ここでもまた異端児振り《オベハ・ネグラ》が発揮されていたが、ムヒカのユニークさは、大統領らしくない振る舞いにおいてもっと際立っていた。

もしかすると、そのために、自分の周りの要職者たちや若手政治家を見て、十分な人材がいないことを心配していたのかもしれない。その中でムヒカがいつも期待の目を向けていたのが、ラウル・センディックだった。自分の人生に大きな影響を与えた人物の息子であることや、自分と価値観を共有していることなどがその理由だ。「抜け目のなさや知性など、彼には父親譲りのところがたくさんある」とムヒカは確信し、センディックは大統領になる可能性があると考えていた。もったいぶった希望の表現方法だったが、途中でセンディックの競争心の無さによってこの期待を相対的に考えなければならなくなった。

「駿馬は競馬場で判断する」というのは、誰がムヒカの後継者になるかという質問をされた時のムヒカの決まり文句だった。ムヒカは、オスカル・アンドラデやオスカル・デ・ロス・サントスにも素質があると思っていた。前者は建設現場の労働者で、後者は画家だったが、二人とも長年にわたって労働組合と政治活動で指導的立場を務めてきた。

この時ムヒカは自らのサクセス・ストーリーを繰り返そうとしていた。だからこそ、学校教育こそ受けていないが、政党活動から政治の世界に入り、法律の専門家でもなければジャケットやネクタイを身につけているわけでもない人たちを選んだのだ。ムヒカは一種の異端児《オベハ・ネグラ》モデルを確立しようとしていたのだが、異端児《オベハ・ネグラ》というものの性質から、誰にでもうまくいくとは限らなかった。

結局、ムヒカは、逆効果だからと言って、具体的には誰も選ぼうとはしなかった。自身がそうしたように、それぞれがそれぞれの道を進むべきだし、履歴書が十分でないと言って自分を疑った人々にとっては、自分が大統領に上り詰めたことが良い例になるだろうと言った。

また、いずれ政権の政治的傾向が入れ替わることがわかっていたし、またそれを期待してもいた。今後は間違いなく右派が政権を握るようになるだろう。ムヒカとは異なる社会階級出身で、一生をかけて準備してきた人が大統領の椅子に座る日が来るのはそう遠くないだろう、とムヒカは予言していた。

ムヒカは、過去の選挙で戦ったライバルの息子であり、エレーラの曾孫でもあるルイス・ラカジェ・ポウを特に念頭に置いていた。ムヒカは、何年かの〝行き詰まり〟があった後で、ウルグアイで世襲制が継続することは、それはそれでいいと思っている。ムヒカにとって重要なのは、確実に政権の交代が行われることだ。

ムヒカは選挙キャンペーンを行い、上院議員に選出された。これまでの生活を捨てるのは難しかったのだ。「仕事を辞めたら死んでしまう」と言っていたが、同時に大統領の任期を一期務めただけで、再選の可能性については一切否定していた。「人間は権力に溺れてはならないんだ。それは危険だからね」

人類の未来というテーマも、大統領の任期の最後の数年間、ムヒカの頭を悩ませていた問題だった。そして、国の最高司令官の立場から社会構造を見ることによって、代替的なシステムとして自主管理を主張し続けることの重要性を確認した。

「何年もかけて主張してきた割には、自主管理を行っている企業はあまりありません」

「確かにそうだ。だが、こういうやり方を望んでいる連中には、モデルがあるということさ。ポジティブなモデルさ。考え方が変わるぞ。例えばガラス業界では、従業員がクリスマスのボーナスの支払いを求めないことにしたんだが、何も問題なかった。彼らは、クリスマスのボーナスよりも、まず設備投資を行うことを優先したんだ。だが長期的に見ると、結局従業員は通常の二倍のボーナスを受け取ることになった」

「間違いなく、雇用主のリスクを従業員が負う形ですね」

「そうだ、だが従業員はちゃんと収入ももらっている。これは、権限の行使だと思うんだ。経営者が権限を直接握り、従業員も責任感を持てるように経営に取り込んでいくことだ」

「しかし、誰にでもできるというわけでは……」

「だが、このようなプロセスを率いることができる人はどこにでもいる。危機が生じてひどいことになれば、企業の目的は雇用を確保することで、その場合には給与を下げる覚悟もしなければならない。資本主義者の場合、そういうことはしない。彼らは会社をたたんで倒産し、どこかへ行ってしまう。ここで大事なのは金持ちになることではなく、雇用の安定性を確保することだ。生きていくために仕事を持つこと。これは大きな賭けなんだ」

「でも、このアイデアは拡大戦線内部でもあまり相手にしてもらえませんでしたね」

「日曜日は、プルナ社の組合幹部とこの問題について一日中議論した。この会社が良い例だ。このために私たちはフォンデス（訳注：Fondes。ムヒカ主導で設立された中小企業自主管理基金）を作ったんだ。これについては誰も私をサポートしてくれなかった。ダニロは今もフォンデスを支持してくれていないが、私がいなくなってもこれは続けて欲しい。何かを変えられると思うからね」

ある会話の中で、私たちは、ほとんどの人間は安定よりもリスクと利益を求めるものだとムヒカに言ったことがある。人間は社会的存在としてではなく個人として計画を立てるのではないかとムヒカを問い詰め、彼を会話に引き込むことができた。人間の本質について語ることは、ムヒカにとってはいつも心地良いテーマなのだ。

すべてが進化論や種の終焉に似た理論につながった。将来を予測し、不確実な未来に対する不安を少しでも和らげようとするための、あまり理論的根拠のない、直観に基づく即興的な哲学ではあったが。

「もしかすると、こういうことが起こっていること自体、人類の限界が近づいているということなのかもしれん。それが、私が抱いている懸念だ」とムヒカは言い、私たちがそんな極端な意見を言うならもう少し説明して欲しいと求めると、ムヒカは持論を展開した。「私たちは、生物学的に自分たちを超えるものを解き放ってしまったんだと思う。そうだとすると、人類は気づかないうちに、滅びるしかないのさ」

人間は自らの絶滅を招き寄せている、とムヒカは分析した。人類は絶滅の方向に向かっているが、自分たちがどちらに向かって歩いているのかさえわかっていないと感じているのだ。

人間の特徴のひとつは、生きていくために不可欠な空間を征服するということだ。アフリカに始まり、地球全体を征服した。人間は地球を手に入れ、もはや手放すことはできない。しかし、資本主義的文化では、進歩というものはもっと個人的なものだった。資本主義は人間の内側にあるエゴイズムを助長し、人々は自分のことばかり考えるようになる。原始人は集団で生活をする部族だが、決して牧歌的ではなかった。別の部族とは争い殺し合っていた。資本主義は個人主義で、社会全体のことは考えない。それが資本主義の本質だ。

人類は、ひとつの種として、ひとつの集合体として行動しなければならない。これが今の政治が抱える問題なのだが、誰もそれが見えていない。私たちは人類を悲惨な状態から救い出し、海洋と砂漠をコントロールし、それから銀河系に進出すればよい。なぜなら、この銀河系には私たちしか存在しないことは確かだからだ。

これは、人類全体の任務であるべきで、個人の任務ではない。問題は、私たちに個人に勝る能力が備わっているかどうかということだ。もしできないというならば、私たちは人類を滅ぼしてしまうような文明を作り上げてしまったということになる。資源がないわけではない。エネルギーは無限にあるのだから、資源も無限にあるはずだ。私たちは、宇宙の広大さに比べればシラミみたいなものだが、人類は資源を維持するために科学を重視して、人類全体として動かなければならない。だが、それができていない。こういう状況が私たちの種を滅ぼす可能性がある。自然はこれまでに、私たちにその偉大さを証明してきた。恐竜ですら消滅させられたのに、なぜ私たち人間を消滅させることなどできないと言えるのか?

ムヒカは、年をとってから、特に人生も終盤に差し掛かっている人たちに備わっている知恵に頼ってきた。ここでも自分の意見を正当化するために、ホメロスの『イリアス』を引き合いに出した。「もう一度読み返してみると、トロイアで人々が最も楽しみにしていた話はネストルの話だったことがわかる。彼は一番強い王でも、多くの兵士を持っていたわけでもないが、最高齢の王だった。つまり、一番の知恵者だったんだ」
より高みに達した人間は、高齢者の言うことをよく聞かなければならないとムヒカは主張する。その根拠として、もう一度頼ったのが自然の話だった。「信じられないことに、自然は、その時その時で私たちが必要としているものを与えてくれる。若い時にはたくましさを与えてくれるが、同時に愚かさも与える。年をとると体は弱くなるが、もっと先まで見えるようになる」
「賢い高齢者たち」が社会に貢献できるような国にするという考えは、ムヒカの強い関心をひいていた。そこで、高齢者を尊重するアジアの文化を例に挙げた。高齢者という社会の財産を活用し、経験豊富な人々の話に耳を傾け、新しい世代に知識を引き継ぐこと。これも、ムヒカが未来のために残そうとしている遺産と関係している。

高齢者は若者の役に立つことにとてつもない喜びを感じるものだ。それはもしかするとサバイバル本能なのかもしれない。種を永続させるための直感的な方法なのかもしれない。次の世代に夢を引き継ぎ、私たちが内側に持っているものを伝えていく必要がある。人間という創造物がどこまで辿り着くことができるかはわからない。だが、自分が持っている何かを次の世代に残すこと、それが基本的な考えなんだ。

ムヒカは、どうすれば時間をリセットできるかについても考えていた。「七十九歳で大統領の襷を返したら、色んな人から言われるだろう。『誰にも迷惑をかけない、いいじいさんだったな』とね。それが人間としての条件だ。大切なのは自分を信じることだ」と、実際に大統領の襷を手放す一年以上も前に言っていた。

すでに、元大統領として海外で講演するために何千ドルものオファーを受けていた。大統領職のすべての段階を経験したムヒカは、これまでの経験を一歩下がって見ることができるようになっていた。そして、自分の意見がかなり間違っていた可能性もあるが、次の世代への遺産は残すことができたという結論に達していた。また、自分は誰にとっても必要不可欠な存在というわけではないということも感じていた。

しかし、まだまだ意欲も見せていた。

間違ったこともあったかもしれないが、私はいつも夢を持っていたし、今もたくさん夢がある。私に戦略がないとは言わせない。くずみたいなものかもしれないが、私にだって戦略はある。夢を見るエネルギーも時間もまだあり余っているよ。

11 伝説

ムヒカは死とともに育った。若い時から、死はとても暗い影のようにつきまとい、無視することはできなかった。ムヒカが死について語る時は、まるでもうひとつのエピソードについて話しているかのようだ。そこに不安や恐れはなく、諦めがあるのみだった。父親が早くに他界したことで、子どもの頃に死というものに初めて触れた。青年時代にはゲリラの仲間たちが命を落とすのを見て死を身近に感じ、年をとってからは日常の生活に死を意識するようになった。その時を選ぼうとすることなく死を待っているが、ムヒカから夢を奪うことはできない。ムヒカは自分の死を人生の新しいワンシーンとして想像し、最後に死ぬのは自分で、そこで物語がすべて終わると思っている。

大統領として過ごした最後の冬、執務室で「四十五年前、拳銃を脇に差して人生の賭けに出たら、何もかもが私にとってあまり価値がないものになった。死を恐れたことは一度もないし、今はもっとそうだ」と語ってくれた。ムヒカが選挙キャンペーンに参加したり、歯に衣着せぬ意見を述べて国内外に多くの敵をつくったり、自分の仕事のことなどちっとも気にしていないことについて、人々はムヒカを非難した。しかし、ムヒカはそんな非難はまったく気にしなかった。四十年以上も前から、ムヒカにとって人生とは贈り物だったからだ。

何も価値がなくなったと告白した後、話を中断し、中国政府から贈られた巨大な黄色の陶器の壺に近づき、その中に手を入れた。かなり中まで入れたので、壺の外には肩しか出ていない状態だった。壺から何が出て来るかは謎だった。ムヒカといるといつも何が起こるかわからず、「内省」している時は特にそうだった。思い出の品や写真など、深い壺の中からはどんなものでも出てくる可能性があった。

結局、彼がそこに隠していたものはそれほど感情的な思い入れがあるものではなかったが、物理的な重要性があった。それはタバコとライターだった。現在起きている問題について話している間に二本吸い、そしてその大切な宝物をまた壺の中に納めた。問題は、ウルグアイでは公共の場での喫煙が禁じられていることや、大統領執務室にいたことではない。もっと複雑な問題だった。つまり、ムヒカは妻からも、側近からも、医者からも、喫煙を許されていなかったのだ。だから、ムヒカはこそこそ隠れて吸っていたのだが、それはアルコールや一部の食べ物についても同じだった。大統領の割には自分の健康にあまり気をつけていなかった。そんなことをしてもあまり意味がないと思っていたのだ。

ムヒカに「不死の男」と名付けたのは、外務大臣のルイス・アルマグロと副外務大臣のルイス・ポルトだった。彼らは、自分たちの間でムヒカのことをそう呼んでいた。ムヒカの意思からこれほどかけ離れているあだ名はないだろう。ムヒカは、若い時から死を選んでいた。ムヒカは死を意識的に受け入れ、ゲリラ闘争に参加することにはリスクがあることを知っていた。つまり、以前の生活には決して戻れなくなるということを。

ムヒカは大統領時代にも、身分証明書やわずかな現金、そして名前、メモ、電話番号が書かれた二つ折りの紙片をポケットに入れて持ち歩いていた。「ゲリラ活動をしていた時からの習慣でね」と教えてくれた。必要なものは常に一番上に置き、いつでも数秒ですべてを放棄することができるようにしていた。身分証明書と連絡先、現金、そして身を守るための「ちょっとしたもの」が必要なんだと微笑みながら、指で拳銃のジェスチャーをしてみせた。

私たちの会話では、死が話題になることが多かった。彼の反応が見たかったので、まず初めに私たちがその話を持ち出した。落ち着き、慣れた様子で死について語るムヒカの様子に私たちは興味を惹かれた。時間をかけて話し、多くの人にとってはとても居心地の悪いこのテーマについて詳しく分析することに何の不都合も感じていないようだった。

ムヒカ自ら死の話題を持ち出すこともあった。人生も終盤にさしかかった、大統領になった異端児《オベハ・ネグラ》の冗談は、執務室で、街中で、一般行事で繰り返された。ムヒカは、自分の縄張りだと感じているこのテーマについてあれこれ考えることに、ある種の楽しみさえ感じている。ゲリラ時代に受けた弾丸を体の中にいくつ抱えているかとか、難しい病を何度克服したかを数えたりもした。

死ぬのが好きだという人は誰もいないが、ある時期がくると、遅かれ早かれ死がやって来るということがわかるようになる。だからどうか死を恐れないでくれ！ 野山にいる虫のように死を受け入れるのさ。世界は巡り巡って続いていくし、お前さんが死んだって何も起こらない。恐れるだけ無駄なのさ。もっと自然体でいなければならん。もちろん、死は祝福すべきものではない。死を賛美しているわけでもない。だが、死は避けられないものなのだから、受け入れて生きていくしかないだろう。

このように考えているからこそ、ムヒカは他人の死に直面してもそれほど動転しないのかもしれない。悲しみに打ちひしがれ、肩を少しすくませ、ある種の諦めをもってため息をつくと、一歩離れて傍観者になる。私たちはこのようなムヒカを、家族やウーゴ・チャベスなどの親しい友人の葬儀や埋葬の場で幾度となく目にしてきた。

ムヒカは、チャベスが息をひきとる前にもう一度会いたいと思っていた。彼の痛みを和らげるために見舞いに行きたかった。ムヒカは随分前からチャベスの命がもう長くはないことを知っていた。タバレ・バスケスも腫瘍専門医という立場から、チャベスが病に打ち勝つことはないだろうとムヒカに伝えていた。

チャベスが他界し、長い葬儀と埋葬が執り行われた時、ムヒカは棺の傍で一番多く写真を撮られた大統領のひとりだった。ムヒカが泣いていたとか、棺を抱きしめたとか、友を救ってくれと懇願したとか様々な噂が流れたが、何もかも作り話だった。

チャベスの棺には一度も近づかなかった。現実とは何も関係のない作り話だ。私が遺体の前にいた時、マドゥロはいなかった。隣には、マグダラの聖女マリアのように泣いている准将がいた。

私は情にもろいが、遺体を見てもあまりなんとも思わん。冷たい人間だと思われるかもしれんが、実際私は傍観者として振る舞っていた。かなり冷静だった。しかし、カトリックという宗教には驚いたね。大半の参列者、特に女性たちが十字を切っていたよ。カツンコツンという靴音が鳴り響き、胸に手を当てて嘆き悲しむ人々がたくさんいた。

ムヒカが最も心を痛めるのは、何カ月も何年も病気を患い、その苦しみの果てには死があるのみとわかっている人たちを思う時だ。これはムヒカ自身が一番恐れていることでもある。意識や体の機能を失っても、呼吸器だけは動いているような状態が来ることを。

ムヒカの親しい人たちの中にも、このような状態になった人がいる。介護施設に入院し、すっかり衰弱した政界の友人の見舞いにも行ったし、実の妹は人生の大半を統合失調症と闘い、最期の数年は他人の助けに頼らざるを得なくなった。

悲劇なのは意思疎通ができなくなることで、世界とのつながりを保とうと努力しても、そこには通り抜けられない一本の細い糸しかないことに気づくことだ。「こういうふうになると、人生は残酷だ」とムヒカは繰り返していた。「そうならないことを祈っているが、私の番が来るかもしれない。その前に慈悲深い死がお迎えに来てくれることを願うよ。本当のことを言うと、死ぬほうがよっぽどいい。死が私たちを自由にしてくれることだってあるからね」

大統領在任中、ムヒカは消耗していた。なかなか眠れず、腰が痛むこともあり、記憶に小さな亀裂が入るような兆候が出ることもあり、脚の血行が悪くなったりしたが、どれも明晰な思考の妨げにはならなかった。「大事なのは頭が働いているかどうか。それが第一だ。私には責任があるからこそ多少の無理もきくし、生きる意欲にもつながっている」と言った。ムヒカの外遊にはすべて主治医が同行し、モンテビデオでも毎週一回診察を受け、健康管理をしていた。「医者の診察だけは我慢しなければならんのだよ」と言い、主治医のアドバイスをいくつか受け入れることさえあった。

健康に気をつける動機づけとして、父親の死を思い出していた。父親が亡くなった時ムヒカはまだ七歳だったが、とてもはっきりと父親のことを思い出すことができる。長い沈黙や居心地の悪い時間、そして大人が作り上げ、子どもは絶対に信じない嘘。

「父は肺がんで死んだと言われていたんだが、嘘だったと思うんだ」とムヒカは言う。「子どもは何でもお見通しだし、大人が思っている以上に感じやすいんだ」

今もなお、ムヒカは当時のことを背負って生きている。デメトリオ・ムヒカは四十七歳で亡くなり、ムヒカは父親の不在を感じていたが、母親がその隙間をどうやって埋めてくれたかをこう語る。

私のおふくろは八十歳で死んだ。今の私と大体同じくらいの年齢だ。父親はいなかったが、おふくろはとにかく肝っ玉が据わっていて、父親がいないことで私たちが苦労しないように頑張ってくれた。すごい女性《ひと》だった。五十キロの袋だってひとりで担ぐし、家事をこなして、家計も何もかもひとりで切り盛りしていた。彼女は田舎の出だったんだが、本当に何事にも動じない女性《ひと》だった。

ルシアといると死に対する恐怖感を振り払うことができた。「当時は仲間がどんどん死んでいった。ある日殺され、また次の日も殺されるといった調子でね」と思い出す。生きたいという気持ちが二人をひとつにした。当時街中を覆っていた死の恐怖と戦うために、二人は互いに救いを求めた。二人の愛とサバイバル本能は強く結びつき、その後決して離れることはなかった。二人が結婚することを決めた時にも、死を意識していた。「我々も年をとったものだな」と二人はお互いに言った。「私が死ぬか、お前が先に死ぬかどちらかだ」ムヒカはそう言って、結婚することを決めたのだった。二人は「書類上きちんとしておくため」と言っていた。

式はリンコン・デル・セロの自宅の台所で執り行われた。裁判官がわざわざ来て結婚式を執り行った。余生を過ごすために二人が選んだその場所で。ムヒカが「ここからあの世に行く」と言う場所で。穏やかで、最も甘美な死が迎えられる場所で。

ムヒカは時を経るごとに、誰も自分が思っているほど重要ではないし、何も達成できないのだということに気づかされた。懸命に生きてきた年数によって、退屈な知識と、一種の戦略上の謙虚さが生まれる。死を受け入れるためには、この状態に達することが必要なのだ。

死を受け入れられず、不幸なまま死んでいく人たちもいる。なんて悲しいことなんだ！　基本的に死というものは自然の法則だから、受け入れなければならない。重要なのは、自分の人生をとことん愛することだ。

私がこの世からいなくなった時のことを考えると、十年以内には私も評価してもらえるようになるんじゃないかと思っている。しかし、その時はもうすでに死んで、土に埋められてしまっている。だから、潔くおさらばして、後ろは振り返らない。自分はいつか死ぬんだと思うと、落ち着いてベッドに入って眠れるんだ。

そうは言っても、任期の最後の数年は、ムヒカも少し神秘主義的になることがあった。自然を主な信仰対象とする無神論者ではあり続けたが、宗教が長い歴史を経て作り上げたものも重んじるようになり始めた。ムヒカは、ゲリラ時代に弾丸を受けて軍病院に入っていた時、夜になると修道女たちが瀕死の病人の痛みを和らげるために見舞いに訪れていたことを語ってくれた。「安らかな死を助けることはわずかな奉仕なんかじゃない。その時から宗教というものを、これまでとは違う目で見るようになった。信仰は共有していなくても、尊重することはできる」

ムヒカは、数世紀にわたり様々な信仰が存続してきた理由を説明する二つの要素があると考えていた。それは自己を超越する必要性と、死と未知なるものに対する畏敬の念だ。

そして、自然こそ最も神に近いものであるとする多神教の立場から、これについて独自の理論を作り上げていた。

「『神』とは、私たちよりも二十五億万年前に誕生した単細胞だ。分裂を繰り返して生殖する原核生物にとっての死とは何なのか？　死はどこにあるのか？　原核生物の死は、細胞が分裂した時に訪れるなんて、興味深いじゃないか！　最も効率的な生き物はおそらく微生物だろう。微生物は自分たちが生息している環境と最も緊密に関わり、その環境の中でだけ生息する。ここに、生命のヒントがある。原核生物は少なくとも二十五億年前に地上に存在していたが、私たちのような多細胞生物はつい昨日地上に現れたばかりなんだ」

「それに対して、研究の結果その結論を導き出したのは人間だと主張する人もいるかもしれませんよね」

「そう言われたら、それは人間の傲慢だと答えるよ。そこには人間を中心に据える神人同形論的な考え方がある。地球上の生命に優先順位をつけて考えてみると、人類はとてももちっぽけで、取るに足らない存在だということがわかる」

「選挙キャンペーンでよく耳にする議論ですね」

「考えてもみろよ。口に出すべきでないことがあるのはわかっているさ。誰も私の言っていることが理解できないからね。例えば、すべての源は光だとかね。これについては確信を持っているんだ。インカ帝国の『太陽神』信仰は絶対に正しかった。光合成はすべての基礎だ。時々、こういう話をすることもあるんだが、ほとんどの場合、馬の耳に念仏なんだ」

「その話をするのは悪いことではないと思いますよ。必ず熱心に耳を傾けてくれる人はいますから」

「確かにそうだな。それに、こういうことが理解できるようになると、謙虚になることができる。私たち人間は絶対的に取るに足らない存在で、そのことを知っておく必要がある。光合成のプロセスには実際は約三十もの反応があるんだが、私たちが知っているのは最初と最後の反応だけだ。地上にはそれより重要なことは他にないのに、私たちは自分たちがすごく重要な存在だと思い込んでおる」

「そして不死だとも」

「人生はこんなにも短いのだから、ここからここまでが自分の人生だと囲いをつくり、それを守るべきだ。その囲いは置いたままにしておく。そうすれば、すべてがそれに続いてゆく。人間にとってはその与えられた囲いの中で生きることが重要で、そこから逸脱することなく、責任感を持って人生を生きなければならんのだ」

八十歳目前で大統領の座を退くということは、誰にとっても大きな挑戦で、ましてやとても強烈な存在感を放ったムヒカのような人物にとってはなおさらそうだった。だからこそ、ムヒカは、三月一日にタバレ・バスケスに大統領の襷を渡した後に何をするかを計画していた。「じっとしていたら死んでしまうよ」と、上院議員として使用する執務室を選びながら口が腐るほど言い続け、海外講演への招待を受ける返事をしていた。

また、自分の祖先の故郷であるスペインのムヒカ市（Muxika）への旅行も計画していた。そこを初めて訪れたのは大統領在任中だった。今度はルシアとともに、仕事も儀礼も関係なく訪れ、丸一週間滞在して、人口わずか数千人のその村を堪能し、自分の歴史の一部を吸収したいと思っていた。

ムヒカは、任期の半ば頃にはもうこの瞬間を夢見ていた。年をとってから自分のルーツに以前よりも少し興味を持つようになっていた。ウルグアイにやって来た最初のムヒカは誰だったのかを調べ、一家の家系図にまで辿り着くことができた。

ムヒカ第一号は、一七四二年にウルグアイにやって来たそうだ。私のために徹底的に調査をして、書類を色々と持って来てくれたんだ。モンテビデオが建設されてから十年後だ。彼はキプロス人と結婚していた。相手は十五歳の少女で、彼は十九歳だった。二人はスペインのトロサで結婚して、ここに来たんだ。

初めは苗字をMuxikaと書いていたが、その後スペイン語化され、スペルが少しずつ変わっていき、Mujicaと署名するようになった。この人の孫が私の祖父《じい》さんのドン・ホセ・クルス・ムヒカで、祖父さんの墓はブセオ墓地にある。祖父さんは車で行商をしていた。フロリダ県の農場でものを売って回っていたんだ。父も同じことをした。うちの家族はいつも田舎が好きだった。

ルーツに戻ること、リンコン・デル・セロの農園に農業学校を作ること、異端児《オベハ・ネグラ》にとって神聖なこの場所を耕し、人生を楽しみ続けること。これらすべてを引退後の日々のために準備してきた。私たちがムヒカに大統領になるのかと聞き、彼が「私には向いていないよ」と答えた時から十年近くが過ぎた。ムヒカは大統領となり、自分がそれに向いていたのかいなかったのか、確かめることなく任期を終えた。

「私はうまく国を治められるかわからないが、票は集められる。ものすごい数の票を集められる」と、行政府の長としての最後の数日に私たちに言った。自分の管理能力は疑問視していたが、自分が他とは違う政治家の模範例になれることについては自信があった。

ムヒカが役に立ったか立たなかったかは、何を基準にするか、によるだろう。ムヒカの世界的な人気については議論するまでもないが、想像していた国内の揺れは「〜すべき」という考えを揺るがしただけで、国の構造にまでは影響しなかった。ムヒカが政権への切符を手にしてから、別の種類の破壊が起きたような印象を受けるが、抜本的な改革は行われなかった。

どのイベントに行っても、あるいは街を歩いているだけで、何十人もの人から写真撮影をせがまれるムヒカは、「最後の写真は棺桶の中で撮るよ」と言った。

ワシントン訪問中、大統領を引退したら何をするのかとしつこく質問された時、ムヒカ市への旅行のこと、農園に作る農業学校のことを話した後、「そして、墓場にでも行くさ」と答えた。「墓場」と口にした後でしばらく黙った。何秒か間をおいて、もう一度言った。「墓場に行くよ、自分の墓にね」

『ブスケダ』誌の同僚たちのアドバイスと支援に、インタビューを引き受け、情報を提供してくれた数々の人々に、そして、長年にわたって私たちと時間を共有してくれたホセ・ムヒカに感謝する。

著者：アンドレス・ダンサ（一九七六年モンテビデオ生まれ）
ウルグアイカトリック大学社会コミュニケーション学部卒業。現在同大学で教鞭をとる傍ら、十九年以上ジャーナリストとして活躍。文学雑誌のコラムニストとしてキャリアを開始し、その後『エル・オブセルバドール』紙に寄稿。一九九六年から週刊誌『ブスケダ』に勤務。複数の大統領の外国訪問に同行し、アルゼンチン、ベルギー、日本ではジャーナリズム講座を実施するなどしている。現在『ブスケダ』誌編集長。

著者：エルネスト・トゥルボヴィッツ（一九六七年モンテビデオ生まれ）
ＩＰＡ（Instituto de Profesores Artigas）で歴史を専攻し、二十三年間ジャーナリストとして活躍。ラジオ局「センテナリオ」や「パナメリカーナ」に勤務した他、『ウルティマス・ノティシアス』紙や『トレス』誌の他、スペイン、エルサルバドル、アルゼンチンのメディアでも勤務経験がある。
現在は『ブスケダ』誌の政治欄の編集者で、ホセ・ムヒカ大統領の外国訪問に十二カ国以上同行した。

訳 ――― 大橋美帆
京都大学法学部卒、筑波大学大学院地域研究研究科修了（ラテンアメリカ研究）。外務省在外公館専門調査員として在マイアミ日本総領事館、国連日本政府代表部に勤務後、翻訳・通訳者に。共訳書に『世界格差・貧困百科事典』（明石書店）。本書が初の訳書となる。

翻訳協力 ――― 株式会社トランネット

装丁 ――― オーク
編集 ――― 仙波敦子

悪役　世界でいちばん貧しい大統領の本音

2015年10月　初版第一刷発行
2016年6月10日　初版第六刷発行
著　アンドレス・ダンサ
著　エルネスト・トゥルボヴィッツ
訳　大橋美帆

発行者　政門一芳
発行所　株式会社 汐文社
東京都千代田区富士見2-13-3　〒102-0071
電話：03-6862-5200　FAX：03-6862-5202
URL　http://www.choubunsha.com
印刷　新星社西川印刷株式会社
製本　東京美術紙工協業組合

ISBN978-4-8113-2249-0